准考证号：

考生姓名：

工作单位：

2025 年全国环境影响评价工程师职业资格考试

环境影响评价相关法律法规

免费兑换 备考课程

考生注意事项

1. 答题前，考生须在试题册指定位置上填写工作单位、考生姓名和准考证号；在答题卡指定位置上填写考生姓名和准考证号，并涂写准考证号信息点。
2. 选择题的答案必须涂写在答题卡相应题号的选项上，非选择题的答案必须书写在答题卡指定位置的边框区域内。超出答题区域书写的答案无效；在草稿纸、试题册上答题无效。
3. 填（书）写部分必须使用黑色字迹签字笔或者钢笔书写，字迹工整、笔迹清楚；涂写部分必须使用 2B 铅笔填涂。
4. 考试结束，将答题卡和试题册按规定交回。

一、**单项选择题**（共90题，每题1分。每题的备选项中，只有1个最符合题意）

1. 根据《中华人民共和国环境保护法》，下列原则中，属于环境保护应当坚持的是（　　）。

A. 精准整治、公众参与　　B. 保护优先、损害担责

C. 预防为主、专项整治　　D. 重点整治、损害担责

2. 根据《中华人民共和国环境保护法》，应当划定生态保护红线的区域是（　　）。

A. 生态环境脆弱区　　B. 自然生态系统区域

C. 野生动物自然分布区域　　D. 野生植物自然分布区域

3. 根据《中华人民共和国环境保护法》，关于建设项目防治污染设施与主体工程“三同时”的说法，正确的是（　　）。

A. 同时规划、同时审批、同时施工

B. 同时设计、同时施工、同时竣工

C. 同时设计、同时施工、同时投产使用

D. 同时设计、同时竣工、同时投产使用

4. 根据《中华人民共和国环境保护法》，关于排污许可管理制度的说法，正确的是（　　）。

A. 排污费应当全部专项用于环境保护工作，任何单位和个人不得截留

B. 依照法律规定征收环境保护税的企业，应征收排污费

C. 实行排污许可管理的其他生产经营者可自行排放污染物

D. 实行排污许可管理的企业未取得排污许可证时，不得排放污染物

5. 根据《中华人民共和国环境保护法》，关于农业和农村环境污染防治有关规定的说法，正确的是（　　）。

A. 鼓励使用化学农药

B. 禁止将废水施入农田

C. 禁止将固体废物施入农田

D. 施用农药应防止重金属污染

6. 根据《规划环境影响评价条例》，不属于专项规划环境影响报告书审查意见应当包括的内容是（　　）。

A. 环境质量监测数据的时效性

B. 环境影响预测评价的可靠性

C. 环境影响评价结论的科学性

D. 预防不良环境影响措施的有效性

7. 根据《规划环境影响评价条例》，应当对规划环境影响报告书提出不予通过意见的情形是（　　）。

A. 未附具对公众意见采纳与不采纳情况的

B. 对不良环境影响的预测和评估不准确的

C. 预防不良环境影响的措施存在严重缺陷的

D. 对规划实施可能产生的不良环境影响的程度不能作出科学判断的

8. 根据《关于规划环境影响评价加强空间管制、总量管控和环境准入的指导意见（试行）》，关于规划环境影响评价加强空间管制要求的说法，正确的是（　　）。

A. 加强空间管制，应优先保障生活空间

B. 应根据区域生态重要性划定生态空间

C. 应根据生态敏感性空间分布情况划定生态空间

D. 应论证生产空间、生活空间布局的环境合理性

9. 某石化企业拟新建污水处理设施，根据《建设项目环境影响评价分类管理名录（2021年版）》，关于分类管理的说法，正确的是（　　）。

A. 按石化项目确定

B. 按污水处理项目确定

C. 按污水处理与石化项目就高确定

D. 按污水处理与石化项目就低确定

10. 某项目环境影响报告书自批准之日起超过5年，方决定开工建设，根据《中华人民共和国环境影响评价法》，关于该项目环境影响报告书管理要求的说法，正确的是（　　）。

A. 应报原审批部门重新审批　　B. 应报原审批部门重新审核

C. 应报现行审批权限部门重新审核　　D. 应报现行审批权限部门审批

11. 根据《关于印发〈污染影响类建设项目重大变动清单（试行）〉的通知》，属于重大变动的情形的是（　　）。

A. 建设项目因生产能力增加的　　B. 主要原辅材料用量增加的

C. 建设项目使用功能发生变化　　D. 废气主要排放口排气筒高度降低的

12. 某建设单位公开征求建设项目环境影响有关意见，根据《环境影响评价公众参与办法》，不属于该单位应当公开的信息是（　　）。

A. 环评文件审批部门　　B. 查阅报告书的方式和途径

C. 公众提出意见的起止时间　　D. 公众提出意见的方式和途径

13. 根据《关于加强高耗能、高排放建设项目生态环境源头防控的指导意见》，关于严把建设项目环境准入关有关要求的说法，错误的是（　　）。

A. 石化、现代煤化工项目，应纳入国家产业规划

B. 新建焦化项目，应布设在依法合规设立并经规划环评的产业园区

C. 改建平板玻璃项目，应布设在依法合规设立并经规划环评的产业园区

D. 扩建有色金属冶炼项目，应布设在依法合规设立并经规划环评的产业园区

14. 根据《关于加强重点行业建设项目区域削减措施监督管理的通知》，下列属于该文件中的重点行业是（　　）。

A. 石化　　B. 制药

C. 水泥　　D. 电镀

15. 根据《电解铝建设项目环境影响评价文件审批原则（2024 年版）》，对新建电解铝项目有关要求的说法，错误的是（　）

A. 核算温室气体排放量

B. 在地下水氟化物超标区建设

C. 循环水浓缩倍数应达到国际先进水平

D. 应配套建设重金属回收设施

16. 根据《关于加强“未批先建”建设项目环境影响评价管理工作的通知》，关于开工建设界定的说法错误的是（　）。

A. 电网项目中变电工程开工建设包括主体工程基础开挖

B. 高速公路建设项目开工建设是指其永久性工程正式破土开槽开始施工

C. 高速公路建设项目开工建设指临时道路平整

D. 火电项目开工建设指主厂房基础垫层浇筑第一方混凝土

17. 根据《建设项目环境影响后评价管理办法（试行）》，以下不属于环境影响后评价主要内容的是（　）。

A. 环境影响预测评价　　B. 建设项目过程回顾

C. 环境保护补救方案　　D. 环境保护措施有效性评估

18. 根据《建设项目环境影响报告书（表）编制监督管理办法》，可作为技术单位编制环境影响报告书（表）的单位是（　）。

A. 生态环境主管部门设置的公益二类事业单位

B. 由生态环境主管部门作为挂靠单位的社会组织

C. 受建设单位委托开展环境影响报告书（表）技术咨询的单位

D. 受审批部门委托开展环境影响报告书（表）技术咨询的单位

19. 根据《建设项目环境影响报告书（表）编制监督管理办法》，下列属于建设项目环境影响报告书（表）报告质量问题情况的是（　）。

A. 扩大环境影响评价范围的　　B. 降低环境影响评价工作等级

C. 按相关规定提出环境保护措施　　D. 提高环境影响评价工作等级

20. 根据《中华人民共和国大气污染防治法》，关于扬尘污染防治有关的规定，说法错误的是（　）。

A. 生活垃圾填埋场应实施分区作业

B. 装卸散装物料，应采取密闭或者喷淋

C. 运输散装物料的车辆，应采取防止扬尘污染的措施

D. 储存易产生扬尘的物料，优先采用严密围挡的措施

21. 某设区的市级生态环境主管部门与气象主管机构会商在第三方服务机构的技术支持下预测到重污染天气，上报市级人民政府后确定预警等级。根据《中华人民共和国大气污染防治法》，应当发布重污染天气预警的机构是（　）。

A. 市级人民政府　　B. 市气象局主管部门机构

C. 第三方服务机构　　D. 市生态环境主管部门

22. 根据《中华人民共和国水污染防治法》，符合水污染防治规定的水污染物排放方式是（　　）。

A. 利用渗井排放　　B. 利用裂隙排放

C. 利用管渠排放　　D. 利用溶洞排放

23. 根据《中华人民共和国水污染防治法》，不得向农田灌溉渠道排放的废（污）水是（　　）。

A. 医疗污水　　B. 城镇生活污水

C. 畜禽养殖废水　　D. 农产品加工废水

24. 根据《中华人民共和国水污染防治法》，关于船舶水污染防治的说法，错误的是（　　）。

A. 禁止向水体排放船舶废油

B. 禁止向水体倾倒船舶垃圾

C. 禁止向水体排放船舶压载水

D. 禁止采取冲滩方式进行船舶拆解作业

25. 根据《中华人民共和国海洋环境保护法》，由入海流域管理机构负责管控的是（　　）的排放。

A. 总氮和总磷　　B. 总氮

C. 总磷和重金属　　D. 石油和重金属

26. 根据《中华人民共和国海洋环境保护法》，关于工程建设项目污染防治有关规定的说法，错误的是（　　）。

A. 海洋工程建设项目不得使用含超标准有毒有害物质的材料

B. 海洋工程建设项目应严禁采用爆破工艺

C. 海洋油气钻井可以向海洋排放符合国家有关规定的钻屑

D. 勘探开发海洋油气资源，应当按照有关规定编制油气污染应急预案

27. 某拟建房地产项目附近已有城市快速路。根据《中华人民共和国噪声污染防治法》，关于该项目噪声污染防治要求的说法，正确的是（　　）。

A. 合理划定建筑物与快速路的防噪声距离

B. 地方人民政府应制定噪声污染防治方案

C. 交通工程部门应采取有效噪声防治措施

D. 快速路建设单位应在该路段设置声屏障

28. 某工程在噪声敏感建筑物集中区域施工作业，根据《中华人民共和国噪声污染防治法》，应当按照规定设置噪声自动监测系统的单位是（　　）。

A. 建设单位　　B. 施工单位

C. 监测管理部门　　D. 地方人民政府

29. 根据《中华人民共和国噪声污染防治法》，新建居民住房的房地产开发经营者应在销售场所公示并纳入买卖合同内容的是（　　）。

A. 住房共用设备位置　　B. 住房建筑隔声材料使用情况

C. 住房室内噪声监测方案　　D. 住房可能受到噪声影响的情况

30. 根据《中华人民共和国固体废物污染环境防治法》，下列工业固体废物信息中，不属于产生单位应向所在地生态环境部门提供的是（　　）。

A. 种类　　B. 流向

C. 主要成分　　D. 数量

31. 根据《中华人民共和国固体废物污染环境防治法》，关于危险废物污染环境防治的有关规定，正确的是（　　）。

A. 危险废物产生单位贮存危险废物不可超过一年

B. 禁止将危险废物与旅客在同一运输工具上载运

C. 转移危险废物的单位应填写危险废物电子转移联单

D. 盛装固体废物的设备转他用时应消毒处理

32. 根据《中华人民共和国土壤污染防治法》，应当依法开展土壤环境影响评价的规划或建设项目是（　　）。

A. 大气污染源排放监测规划　　B. 各类土地利用规划

C. 编制环境影响报告的建设项目　　D. 设区的市区的建设项目

33. 根据《中华人民共和国土壤污染防治法》，下列污染土壤资料中，不属于修复施工单位应报生态环境主管部门的是（　　）。

A. 转运数量　　B. 转运去向

C. 转运记录　　D. 运输线路

34. 根据《中华人民共和国土壤污染防治法》，关于永久基本农田集中区域可能造成污染物污染的建设项目管理的有关规定，正确的是（　　）。

A. 不得新建　　B. 严格限制改建

C. 严格限制扩建　　D. 已建成的，应限期整改

35. 某建设用地地块有土壤污染风险，拟变更为住宅用地。根据《中华人民共和国土壤污染防治法》，应开展土壤污染状况调查的单位是（　　）。

A. 土地出让人　　B. 土地使用权人

C. 自然资源主管部门　　D. 生态环境主管部门

36. 根据《中华人民共和国放射性污染防治法》，关于向环境排放放射性废液有关规定的说法，错误的是（　　）。

A. 禁止利用天然裂隙排放

B. 必须符合国家放射性污染防治标准

C. 必须采用符合国务院环境保护行政主管部门规定的排放方式

D. 应当向省级生态环境主管部门申请放射性核素允许的排放量

37. 根据《中华人民共和国放射性污染防治法》，可以处置高水平放射性固体废物的方式是（　　）。

A. 河流处置　　B. 湖泊处置

C. 海洋处置　　D. 深地质处置

38. 根据《中华人民共和国清洁生产促进法》，下列技术改造内容中属于清洁生产措施的是（　　）。

A. 改造硝化反应器，提高安全性

B. 调整工艺参数，提高反应转化率

C. 增加自动化设备，减少劳动定员

D. 增加机械化生产，降低劳动强度

39. 根据《中华人民共和国水法》，关于半干旱地区水资源开发利用有关规定的说法，正确的是（　　）。

A. 应充分考虑城市发展用水　　B. 应首先满足农业生产用水

C. 应充分考虑生态环境用水　　D. 应首先满足工业生产用水

40. 根据《中华人民共和国水法》，关于水资源、水域和水工程保护中禁止类和许可类的说法，错误的是（　　）。

A. 禁止围湖造地　　B. 禁止河道采砂

C. 未经批准，禁止围垦河道　　D. 禁止在河道种植阻水植物

41. 根据《中华人民共和国长江保护法》，关于长江流域已建小水电工程不符合生态保护要求的说法，正确的是（　　）。

A. 应分类整改并限期退出

B. 应分批整改或限期退出

C. 应分批整改并采取措施逐步退出

D. 应分类整改或采取措施逐步退出

42. 根据《中华人民共和国长江保护法》，下列长江流域的区域中属于禁止新建尾矿库的是（　　）。

A. 支流岸线一公里范围内　　B. 干流岸线三公里范围内

C. 支流岸线三公里范围内　　D. 重要支流岸线三公里范围内

43. 黄河流域某工程对鱼类有阻隔影响。根据《中华人民共和国黄河保护法》，不属于该工程应结合实际采取的措施是（　　）。

A. 增殖放流　　B. 人工繁育

C. 河湖连通　　D. 网箱养殖

44. 根据《中华人民共和国黄河保护法》，评估黄河流域生态系统总体状况的重要依据是（　　）。

A. 水土流失评价结果　　B. 植被覆盖率评价结果

C. 水环境质量评价结果　　D. 水生生物完整性评价结果

45. 根据《中华人民共和国青藏高原生态保护法》，关于青藏高原生态保护修复有关规定的说法，正确的是（　　）。

A. 禁止采伐天然林

B. 对沙化草原实行禁牧、休牧制度

C. 国土绿化优先使用外来树种草种

D. 应当将雪山、冰川划入生态保护红线

46. 某建设项目拟占用黑土地，对耕作层土壤进行剥离。根据《中华人民共和国黑土地保护法》，不符合剥离土壤用途的是（　　）。

A. 土地复垦　　B. 污染场地修复

C. 劣质耕地改良　　D. 新开垦耕地改良

47. 根据《中华人民共和国防沙治沙法》，经国务院同意可以在沙化土地封禁保护区范围内开展的活动是（　　）。

A. 安置移民　　B. 采伐林木

C. 挖掘草药　　D. 修建铁路

48. 根据《中华人民共和国土地管理法》，应当办理农用地转用审批手续的情形是（　　）。

A. 耕地转为草地　　B. 林地转为工矿用地

C. 农田转为水塘　　D. 耕地转为农田水利用地

49. 根据《中华人民共和国矿产资源法》，关于矿区生态修复方案编制和审批的说法，错误的是（　　）。

A. 应报原矿业权出让部门批准

B. 应在有关范围内公示征求意见

C. 应包括尾矿库生态修复的专门措施

D. 应在闭坑后的合理期限内编制完成

50. 根据《中华人民共和国森林法》，关于建设工程临时使用林地有关规定的说法，错误的是（　　）。

A. 应在期满后二年内恢复植被

B. 临时使用期限一般不超过二年

C. 应当经县级以上人民政府林业主管部门批准

D. 临时使用的林地上不得修建永久性建筑物

51. 根据《中华人民共和国湿地保护法》，不属于湿地分级管理应考虑的因素是（　　）。

A. 生态区位　　B. 湿地面积

C. 湿地内动物的保护等级　　D. 维护生态功能的重要程度

52. 根据《中华人民共和国湿地保护法》，应当禁止的行为是（　　）。

A. 填埋人工湿地　　B. 围垦人工湿地

C. 排干自然湿地　　D. 截断湿地水源

53. 《中华人民共和国野生动物保护法》不适用于（　　）。

A. 珍贵、濒危陆生野生动物保护

B. 珍贵、濒危水生野生动物保护

C. 有重要社会价值陆生野生动物保护

D. 有重要社会价值水生野生动物保护

54. 根据《中华人民共和国渔业法》，关于渔业资源保护有关规定的说法，正确的是（　　）。

A. 禁止围垦重要苗种基地

B. 禁止捕杀水生野生动物

C. 禁止捕获水生动物苗种

D. 禁止在鱼类洄游通道建闸、筑坝

55. 某拟建原油输送管线项目选线拟穿越一处不可移动文物。根据《中华人民共和国文物保护法》，该项目应优先采用的做法是（　　）。

A. 实施文物原址保护

B. 实施文物迁移异地保护

C. 报有关部门批准拆除文物

D. 优化路由，尽可能避开文物

56. 根据《中华人民共和国河道管理条例》，不得直接占用河道滩地设施的是（　　）。

A. 堰坝　　B. 仓储设施

C. 排洪泵站　　D. 行洪设施

57. 根据《中华人民共和国自然保护区条例》，自然保护区内部分为（　　）。

A. 核心区和缓冲区

B. 核心区和实验区

C. 核心区、缓冲区和实验区

D. 核心区、缓冲区和外围保护地市

58. 根据《危险化学品安全管理条例》，下列装置、设施和场所中，其距离应符合国家规定的是（　　）。

A. 汽车加油站与体育场　　B. 危险化学品储存设施与车站

C. 危险化学品生产设施与通信干线　　D. 危险化学品生产设施与装卸码头

59. 根据《医疗废物管理条例》，关于医疗废物集中处置单位的贮存、处置设施选址有关规定的说法，错误的是（　　）。

A. 应远离交通干道　　B. 应远离工业企业

C. 应远离居民居住区　　D. 应远离水源保护区

60. 根据《风景名胜区条例》，风景名胜区内禁止从事的活动是（　　）。

A. 修建橡胶坝　　B. 开采露天矿

C. 修建取水口　　D. 建设游客中心

61. 根据《关于生产和使用消耗臭氧层物质建设项目管理有关工作的通知》，关于消耗臭氧层物质（ODS）管理有关要求的说法，正确的是（　　）。

A. 禁止新建生产含 ODS 产品的建设项目

B. 扩建使用含 ODS 产品的项目，禁止增加 ODS 排放量

C. 改建生产溶剂用途的 ODS 项目，禁止增加 ODS 生产能力

D. 异址建设生产制冷剂用途的 ODS 项目，禁止增加 ODS 排放量

62. 根据《土地复垦条例》，关于生产建设活动损毁土地复垦原则的说法，正确的是（　　）。

A. 谁损毁，谁复垦　　B. 谁占用，谁复垦

C. 谁生产，谁复垦　　D. 谁监管，谁复垦

63. 根据《关于做好畜禽规模养殖项目环境影响评价管理工作的通知》，关于优化项目选址、合理布置养殖场区有关要求的说法，错误的是（　　）。

A. 选址应避开禁止养殖区域

B. 项目环评应优化养殖场区内部布置

C. 养殖区应位于场区主导风向上风向

D. 应与畜禽养殖污染防治规划相协调

64. 根据《地下水管理条例》，关于地下水污染防治的说法，错误的是（　　）。

A. 已受污染的潜水和承压水，应混合开采

B. 含水层水质差异大的多层地下水，应分层开采

C. 采矿项目环评文件应包括地下水污染防治内容

D. 泉域保护范围内，不得新建可能造成地下水污染的建设项目

65. 根据《排污许可管理条例》，排污许可分类管理的依据是（　　）。

A. 排污单位的投资规模、生产工艺以及排污量

B. 排污单位建设项目环境影响评价文件的类别

C. 排污单位建设项目环境影响评价文件的审批部门级别

D. 排污单位的污染物产生量、排放量和对环境的影响程度

66. 根据《中共中央　国务院关于深入打好污染防治攻坚战的意见》，关于加快推动绿色低碳发展的做法，错误的是（　　）。

A. 加快形成绿色低碳生活方式

B. 推进能源资源节约高效利用

C. 坚决遏制高耗能高排放项目发展

D. 聚焦国家重大战略打造绿色发展高地

67. 根据《中共中央　国务院关于完整准确全面贯彻新发展理念做好碳达峰碳中和工作的意见》，关于严格控制化石能源消费有关要求的说法，正确的是（　　）。

A.“十五五”时期，应严控煤炭消费增长

B.“十五五”时期，天然气消费应进入峰值平台期

C. 应加快推进页岩气等非常规油气资源规模化开发

D. 应统筹火电发展和保供调峰，严控火电装机规模

68. 根据《关于进一步加强生物多样性保护的意见》，关于构建完备的生物多样性保护监测体系的做法，错误的是（　　）。

A. 完善生物多样性评估体系

B. 完善生物多样性保护与监测信息云平台

C. 完善生物多样性调查监测技术标准体系

D. 每10年更新《中国生物多样性红色名录》

69. 根据《2030年前碳达峰行动方案》，关于能源绿色低碳转型行动有关要求的做法，错误的是（　　）。

A. 因地制宜开发水电　　B. 逐步调整汽油消费规模

C. 鼓励建设海上风电基地　　D. 全面推进核电大规模开发

70. 根据《"十四五"节能减排综合工作方案》，关于重点区域污染物减排工程的说法，正确的是（　　）。

A. 到2025年，黄河干流水质达到Ⅱ类

B. 到2025年，长江流域水质稳定达到Ⅱ类

C. 应持续推进大气污染防治重点区域秋冬季攻坚行动

D. 应推进大气污染防治重点区域挥发性有机物和臭氧协同减排

71. 根据《"十四五"节能减排综合工作方案》，关于挥发性有机物综合整治的做法，错误的是（　　）。

A. 推进原辅材料和产品源头替代工程

B. 工业涂装行业，强制使用低挥发性有机物含量的涂料

C. 易挥发有机液体浮顶罐，推广全接液浮盘和高效双重密封技术

D. 石化化工行业，全面提升废气收集率、治理设施同步运行率和去除率

72. 根据《中华人民共和国土壤污染防治法》，下列原则中，不属于土壤污染防治应当坚持的是（　　）。*

A. 预防为主、统筹规划　　B. 风险管控、污染担责

C. 分类管理、公众参与　　D. 保护优先、风险管控

注：鉴于真题尚未收集齐全，为了便于学习，此类加*的题目为仿真题。

73. 根据《中华人民共和国土壤污染防治法》，关于农用地保护的说法，错误的是（　　）。*

A. 禁止向农用地排放可能造成土壤污染的尾矿

B. 禁止向农用地排放可能造成土壤污染的矿渣

C. 禁止向农用地排放可能造成土壤污染的清淤底泥

D. 禁止向农用地排放重金属或者其他含有毒有害物质的污水

74. 根据《中华人民共和国土壤污染防治法》，关于有土壤污染风险的建设用地地块变更为住宅用地的说法，正确的是（　　）。*

A. 用途变更为住宅用地的，变更前应当按照规定进行土壤污染状况调查

B. 列入建设用地土壤污染风险管控和修复名录的地块，可作为住宅用地

C. 土壤污染状况调查报告应当报地方人民政府生态环境主管部门，由地方人民政府生态环境主管部门会同农业农村主管部门组织评审

D. 土壤污染状况调查报告应当报地方人民政府自然资源主管部门，由地方人民政府

自然资源主管部门会同生态环境主管部门组织评审

75. 根据《中华人民共和国放射性污染防治法》，关于放射性废液排放或处理、贮存要求的说法，错误的是（　　）。*

A. 禁止利用渗井、渗坑排放放射性废液

B. 必须按照国家放射性污染防治标准的要求，对不得向环境排放的放射性废液进行处理或者贮存

C. 向环境排放符合国家放射性污染防治标准的放射性废液，必须采用符合国务院环境保护行政主管部门规定的排放方式

D. 向环境排放符合国家放射性污染防治标准的放射性废液，应当向省级环境保护行政主管部门申请放射性核素排放量，并定期报告排放计量结果

76. 根据《中华人民共和国清洁生产促进法》，关于企业在进行技术改造时应当采取的清洁生产措施的说法，错误的是（　　）。*

A. 不得使用毒性大、危害严重的原料

B. 生产过程中产生的废物、废水和余热等，进行综合利用或者循环使用

C. 采用能够达到国家或者地方规定的污染物排放标准和污染物排放总量控制指标的污染防治技术

D. 采用资源利用率高、污染物产生量少的工艺和设备，替代资源利用率低、污染物产生量多的工艺和设备

77. 根据《中华人民共和国水法》，关于核定水域纳污能力，提出限制排污总量意见的说法，正确的是（　　）。*

A. 应当按照水体的自然净化能力核定水域纳污能力

B. 应当按照水质现状和水体的自然净化能力核定水域纳污能力

C. 应当按照水质现状和水功能区对水质的要求核定水域纳污能力

D. 应当按照水功能区对水质的要求和水体的自然净化能力核定水域纳污能力

78. 根据《中华人民共和国文物保护法》，关于文物保护单位保护范围及建设控制地带保护的说法，错误的是（　　）。*

A. 在文物保护单位保护范围内，不得建设污染文物保护单位及其环境的设施

B. 在文物保护单位建设控制地带内，不得进行可能影响文物保护单位安全及其环境的活动

C. 在全国重点文物保护单位建设控制地带内进行建设工程，应当征得国务院文物行政部门的批准

D. 在文物保护单位建设控制地带内进行建设工程，工程设计方案应当根据文物保护单位的级别，经相应的文物行政部门同意后，报城乡建设规划部门批准

79. 根据《中华人民共和国森林法》，关于禁止毁林开垦、开采的说法，错误的是（　　）。*

A. 禁止在幼林地砍柴

B. 禁止擅自移动森林保护标志

C. 禁止向林地排放含重金属的污水

D. 禁止毁林开垦、采石、采砂、采土

80. 某水电站大坝位于香鱼洄游通道，对渔业资源有严重影响。根据《中华人民共和国渔业法》，建设单位应当采取的补救措施是（　　）。*

A. 设置禁渔区　　B. 实施增殖放流

C. 加大下泄生态流量　　D. 增设分层取水设施

81. 根据《中华人民共和国土地管理法》，关于保护耕地的说法，错误的是（　　）。*

A. 国家实行占用耕地补偿制度

B. 国家保护耕地，严格控制耕地转为非耕地

C. 非农业建设经批准占用耕地的，由省级人民政府负责开垦与所占用耕地的数量相当的耕地

D. 非农业建设经批准占用耕地的，没有条件开垦的，应当按照规定缴纳耕地开垦费，专款用于开垦新的耕地

82. 根据《中华人民共和国土地管理法》，属于禁止占用耕地的行为是（　　）。*

A. 挖砂　　B. 建坟

C. 取土　　D. 挖塘养鱼

83. 根据《中华人民共和国河道管理条例》，关于在河道管理范围和堤防安全保护区禁止行为的说法，错误的是（　　）。*

A. 禁止在堤防和护堤地存放物料

B. 禁止在河道管理范围内弃置淤泥

C. 禁止在堤防安全保护区内取土

D. 禁止在河道管理范围内修建围堤

84. 根据《中华人民共和国自然保护区条例》，关于自然保护区保护的说法，正确的是（　　）。*

A. 实验区禁止开展旅游活动

B. 缓冲区禁止进行教学实习

C. 核心区禁止进行标本采集

D. 外围保护地带不得建设工业设施

85. 根据《风景名胜区条例》，关于风景名胜区保护的说法，错误的是（　　）。*

A. 禁止在风景名胜区的核心景区内建设宾馆

B. 禁止在风景名胜区修建储存放射性物品的设施

C. 禁止违反风景名胜区规划，在风景名胜区内设立各类开发区

D. 在风景名胜区内进行建设活动的，应当制定污染防治和水土保持方案

86. 根据《土地复垦条例》，关于土地复垦义务人应当保护土壤质量与生态环境的说法，错误的是（　　）。*

A. 禁止将重金属污染物或者其他有毒有害物质用作回填或者充填材料

B. 首先对拟损毁的耕地进行表土剥离，剥离的表土应当用于农用地土壤改良

C. 受有毒有害物质污染的土地复垦后，达不到国家有关标准的，不得用于种植食用农作物

D. 应当建立土地复垦质量控制制度，遵守土地复垦标准和环境保护标准，保护土壤质量与生态环境，避免污染土壤和地下水

87. 根据《畜禽规模养殖污染防治条例》，下列区域中，不属于禁止建设畜禽养殖场的是（　　）。*

A. 农产品主产区　　B. 饮用水水源保护区

C. 自然保护区的缓冲区　　D. 文化教育科学研究区

88. 根据《畜禽规模养殖污染防治条例》，关于病害畜禽养殖废弃物处理的说法，错误的是（　　）。*

A. 制造有机肥料　　B. 进行焚烧处理

C. 进行化制处理　　D. 进行深埋处理

89. 根据《消耗臭氧层物质管理条例》，关于消耗臭氧层物质及其管理的说法，错误的是（　　）。*

A. 该条例所称消耗臭氧层物质，是指对臭氧层有破坏作用并列入《中国受控消耗臭氧层物质清单》的化学品

B. 从事含消耗臭氧层物质的制冷设备报废处理等经营活动的单位，应当对消耗臭氧层物质进行回收、无害化处置

C. 从事消耗臭氧层物质销毁等经营活动的单位，应当按照规定对消耗臭氧层物质进行无害化处置，不得直接排放

D. 消耗臭氧层物质的生产、使用单位，应当按照规定采取必要的措施，防止或者减少消耗臭氧层物质的泄漏和排放

90. 根据《全国主体功能区规划》，国家层面禁止开发区域管制原则不包括（　　）。*

A. 实现污染物“零排放”，提高环境质量

B. 依据法律法规规定和相关规划实施强制性保护

C. 严禁各类开发活动，尽可能减少对自然生态系统的干扰

D. 严格控制人为因素对自然生态和文化自然遗产原真性、完整性的干扰

二、不定项选择题（共 30 题，每题 2 分。每题的备选项中，至少有 1 个符合题意。多选、错选、少选均不得分）

91. 根据《中华人民共和国固体废物污染环境防治法》，固体废物利用包括（　　）。

A. 污染焚烧　　B. 废煤焦油生产炭黑

C. 医疗废物微波消毒　　D. 废硫酸液回收生产硫酸

92. 根据《中华人民共和国固体废物污染环境防治法》，关于污泥污染环境防治的说法，正确的有（　　）。

A. 限制重金属或者其他有毒有害物质含量超标的污泥进入农用地

B. 城镇污水处理设施维护运营单位应当安全处理污泥

C. 城镇污水处理设施维护运营单位应对污泥的流向进行跟踪、登记

D. 按照国家有关规定处理消淤疏浚过程中产生的底泥

93. 根据《中华人民共和国土壤污染防治法》，关于企业拆除生产设施有关规定的说法，正确的有（　　）。

A. 应制定长期跟监测方案

B. 应采取土壤污染防治措施

C. 应编制环评文件

D. 土壤污染重点监管单位应制定土壤污染防治工作方案

94. 根据《中华人民共和国土壤污染防治法》，关于可能造成土壤污染建设项目选址有关规定的说法，正确的有（　　）。

A. 禁止在医院周边新建　　B. 禁止在学校周边改建

C. 禁止在居民区周边扩建　　D. 禁止在文旅设施周边新建

95. 某地块污染物含量超过土壤污染风险管控标准。根据《中华人民共和国土壤污染防治法》，该地块土壤污染状况调查报告内容应当包括（　　）。

A. 污染类型　　B. 污染来源

C. 地块基本信息　　D. 地下水是否受污染

96. 根据《中华人民共和国水法》，开发利用水资源应当坚持的原则包括（　　）。

A. 节流优先　　B. 污水处理再利用

C. 开源与节流相结合　　D. 地表水与地下水统一调度开发

97. 根据《中华人民共和国长江保护法》，关于长江流域禁止和限制行为有关规定的说法，正确的有（　　）。

A. 禁止从事采矿活动

B. 禁止水上运输剧毒化学品

C. 严格限制在自然保护地实施航道整治工程

D. 严格限制在生态保护红线实施航道整治工程

98. 根据《中华人民共和国黄河保护法》，黄河流域确定生态流量应考虑的因素有（　　）。

A. 气候状况　　B. 水资源条件

C. 水土流失状况　　D. 生活生产用水状况

99. 根据《中华人民共和国土地管理法》，关于永久基本农田保护有关规定的说法，正确的有（　　）。

A. 禁止建窑　　B. 禁止种植蔬菜

C. 禁止挖塘养鱼　　D. 禁止发展果业

100. 根据《中华人民共和国自然保护区条例》，关于自然保护区实验区内禁止行为有关规定的说法，正确的有（　　）。

A. 不得建设旅游设施　　B. 不得从事教学实习活动

C. 不得建设污染环境的生产设施　　D. 不得建设破坏景观的生产设施

101. 根据《关于做好畜禽规模养殖项目环境影响评价管理工作的通知》，畜禽粪便、污水综合利用模式有（　　）。

A. 异位发酵床　　B. 粪便垫料回用

C. 污水肥料化利用　　D. 粪污全量收集还田利用

102. 根据《2030 年前碳达峰行动方案》，关于能源绿色低碳转型行动有关要求的说法，正确的有（　　）。

A. “十五五 ”时期严控煤炭消费增长

B. 合理划出禁止散烧区域，逐步减少直至禁止煤炭散烧

C. 有序淘汰煤电落后产能，加快现役机组节能升级和灵活性改造

D. 严格控制新增煤电项目，新建机组煤耗标准达到国际先进水平

103. 根据《“十四五”节能减排综合工作方案》，关于 2025 年污染排放总量比 2020 年下降比例的说法，正确的有（　　）。

A. 氨氮下降 8%　　B. 氮氧化物下降 8%

C. 化学需氧量下降 8%　　D. 挥发性有机物下降 8%

104. 根据《空气质量持续改善行动计划》，关于强化多污染物减排，切实降低排放强度的说法，正确的有（　　）。

A. 稳步推进大气氨污染防控

B. 限期完成泥炭超低排放改造

C. 开展餐饮油烟、恶臭异味专项治理

D. 强化 VOCs 全流程、全环节综合治理

105. 根据《入河排污口监督管理办法》，下列位于国际河湖的入河排污口中，不属于流域生态环境监督管理的机构审批的有（　　）。

A. 工矿企业排污口　　B. 城镇污水处理厂排污口

C. 农村污水处理设施排污口　　D. 规模化畜禽养殖场排污口

106. 根据《生态环境分区管控管理暂行规定》，关于生态环境分区管控方案动态更新有关要求的说法，正确的有（　　）。

A. 生态功能不降低　　B. 生态环境质量不下降

C. 资源环境承载能力不突破　　D. 重点管控单元面积不减少

107. 根据《中华人民共和国环境保护法》，下列区域中，属于各级人民政府应当采取措施予以保护，严禁破坏的有（　　）。*

A. 重要的水源涵养区域　　B. 著名溶洞和化石分布区

C. 濒危野生动物自然分布区域　　D. 各种类型的自然生态系统区域

108. 根据《中华人民共和国环境保护法》，下列行为中，属于法律禁止的有（　　）。*

A. 通过高压深井向地下排放污染物

B. 篡改、伪造在线监测数据

C. 初期雨水通过暗管直接排入地表水体

D. 污水处理达标后排入无防渗漏措施的封闭水体

109. 根据《关于进一步加强产业园区规划环境影响评价工作的意见》，关于加强产业园区规划环境影响评价工作的说法，正确的有（　　）。*

A. 产业园区招商引资、入园建设项目环评审批等应将规划环评结论及审查意见作为重要依据

B. 产业园区规划审批机关在审批规划时，应将规划环评结论及审查意见作为决策的重要依据

C. 产业园区管理机构应切实担负起规划环评的主体责任，对规划环评的质量和结论负责，并接受所属人民政府的监督

D. 产业园区入园建设项目开展环评工作时，应以产业园区规划环评为依据，重点分析项目环评与规划环评结论及审查意见的符合性

110. 根据《关于进一步加强石油天然气行业环境影响评价管理的通知》，关于石油天然气行业环境影响评价管理的说法，正确的有（　　）。*

A. 油气开采项目原则上应当以区块为单位开展环评

B. 编制油气开发相关专项规划，应当依法同步编制规划环境影响报告书

C. 对于已纳入区块环评的单项工程，无论是否发生变更，可不重复开展建设项目环评

D. 油气开采包含陆地油气长输管道的，其长输管道项目，原则上应当单独编制环评文件

111. 根据《建设项目环境保护管理条例》，建设项目环境影响报告书（表）审批中应当重点审查（　　）。*

A. 环境保护措施的有效性

B. 清洁生产水平的先进性

C. 环境影响评价结论的科学性

D. 环境影响分析预测评估的可靠性

112. 某建设单位委托技术单位编制建设项目环境影响报告书，因建设单位提供虚假资料，致使提交给生态环境主管部门的环境影响报告书评价结论不正确。根据《中华人民共和国环境影响评价法》，关于建设单位、技术单位及相关人员法律责任的说法，正确的有（　　）。*

A. 对建设单位处五十万元以上二百万元以下的罚款

B. 对技术单位处所收费用三倍以上五倍以下的罚款

C. 对建设单位法定代表人处五万元以上二十万元以下的罚款

D. 编制主持人五年内禁止从事环境影响报告书（表）编制工作

113. 某设区的市环境空气质量未达到国家大气环境质量标准。根据《中华人民共和国大气污染防治法》，关于该市大气污染防治的说法，错误的有（　　）。*

A. 该市人民政府应当及时编制大气环境质量限期达标规划

B. 该市大气环境质量限期达标规划应当报国务院生态环境主管部门备案

C. 该市人民政府应当每年向省级人民代表大会报告大气环境质量限期达标规划执行情况

D. 该市人民政府可在严于国家大气污染物排放标准要求的基础上，制定地方大气污染物排放标准

114. 某地区拟建设生活垃圾焚烧项目。根据《中华人民共和国大气污染防治法》，关于该项目大气污染防治措施的说法，正确的有（　　）。*

A. 该项目应当设置合理的防护距离

B. 该项目应当安装净化装置或者采取其他措施，防止排放恶臭气体

C. 该项目应当配备有效的持久性有机污染物净化装置，实现达标排放

D. 该项目应当采取有利于减少持久性有机污染物排放的技术方法和工艺

115. 根据《中华人民共和国水污染防治法》，水污染防治应当坚持的原则包括（　　）。*

A. 预防为主　　B. 防治结合

C. 总量控制　　D. 综合治理

116. 根据《中华人民共和国水污染防治法》，下列污染物中，属于禁止向水体排放的有（　　）。*

A. 油类　　B. 含病原体污水

C. 工业废渣、城镇垃圾　　D. 含有中放射性物质的废水

117. 根据《中华人民共和国环境噪声污染防治法》，下列区域中，属于噪声敏感建筑物集中区域的有（　　）。*

A. 医疗区　　B. 旅游度假区

C. 文教科研区　　D. 以居民住宅为主的区域

118. 根据《中华人民共和国固体废物污染环境防治法》，关于电器电子产品污染环境防治的说法，错误的有（　　）。*

A. 国家建立电器电子产品的使用者责任延伸制度

B. 国家对废弃电器电子产品实行多集道回收和集中处理制度

C. 国家鼓励电器电子产品的生产者开展生态设计，促进资源回收利用

D. 电器电子产品的生产者应当以自建方式建立与产品销售量相匹配的废旧产品回收体系

119. 根据《中华人民共和国土壤污染防治法》，下列地块中，属于地方人民政府生态环境主管部门应当会同自然资源主管部门进行重点监测的有（　　）。*

A. 曾作为污水灌溉区的地块

B. 曾用于固体废物填埋的地块

C. 曾发生过特大污染事故的地块

D. 产出农产品污染物含量超标的地块

120. 根据《中华人民共和国土壤污染防治法》，关于土壤污染风险管控和修复效果评估的说法，正确的有（ ）。

A. 实施风险管理效果评估、修复效果评估活动，应当编制效果评估报告

B. 风险管控、修复活动完成后，风险管控、修复单位应当实施后期管理

C. 效果评估报告应当包括是否达到土壤污染风险评估报告确定的风险管控、修复目标等内容

D. 从事风险管控效果评估的单位应当具有相应的专业能力，并对效果评估报告的真实性、准确性和完整性负责

参考答案及解析

一、单项选择题

1. B 【解析】根据《中华人民共和国环境保护法》第 5 条的规定，环境保护坚持保护优先、预防为主、综合治理、公众参与、损害担责的原则。

2. A 【解析】根据《中华人民共和国环境保护法》第 29 条的规定，国家在重点生态功能区、生态环境敏感区和脆弱区等区域划定生态保护红线，实行严格保护。各级人民政府对具有代表性的各种类型的自然生态系统区域，珍稀、濒危的野生动植物自然分布区域，重要的水源涵养区域，具有重大科学文化价值的地质构造、著名溶洞和化石分布区、冰川、火山、温泉等自然遗迹，以及人文遗迹、古树名木，应当采取措施予以保护，严禁破坏。

3. C 【解析】根据《中华人民共和国环境保护法》第 41 条的规定，建设项目中防治污染的设施，应当与主体工程同时设计、同时施工、同时投产使用。防治污染的设施应当符合经批准的环境影响评价文件的要求，不得擅自拆除或者闲置。

4. D 【解析】根据《中华人民共和国环境保护法》第 43 条的规定，排放污染物的企业事业单位和其他生产经营者，应当按照国家有关规定缴纳排污费。排污费应当全部专项用于环境污染防治，任何单位和个人不得截留、挤占或者挪作他用，选项 A 错误。依照法律规定征收环境保护税的，不再征收排污费，选项 B 错误。第 45 条的规定，国家依照法律规定实行排污许可管理制度。实行排污许可管理的企业事业单位和其他生产经营者应当按照排污许可证的要求排放污染物，选项 C 错误；未取得排污许可证的，不得排放污染物。

5. D 【解析】根据《中华人民共和国环境保护法》第 49 条的规定，禁止将不符合农用标准和环境保护标准的固体废物、废水施入农田。施用农药、化肥等农业投入品及进行灌溉，应当采取措施，防止重金属和其他有毒有害物质污染环境。

6. A 【解析】根据《规划环境影响评价条例》第 19 条的规定，专项规划环境影响报告书的审查意见应当包括下列内容：①基础资料、数据的真实性；②评价方法的适当性；③环境影响分析、预测和评估的可靠性；④预防或者减轻不良环境影响的对策和措施的合理性和有效性；⑤公众意见采纳与不采纳情况及其理由的说明的合理性；⑥环境影响评价结论的科学性。

7. D 【解析】根据《规划环境影响评价条例》第 21 条的规定，有下列情形之一的，审查小组应当提出不予通过环境影响报告书的意见：①依据现有知识水平和技术条件，对规划实施可能产生的不良环境影响的程度或者范围不能作出科学判断的；②规划实施可能造成重大不良环境影响，并且无法提出切实可行的预防或者减轻对策和措

施的。（速记：影响不能判断，措施无法提出）

8. D 【解析】规划环境影响评价加强空间管制部分要求：①加强空间管制，是指在明确并保护生态空间的前提下，提出优化生产空间和生活空间的意见和要求，推进构建有利于环境保护的国土空间开发格局。②应在生态空间明确的基础上，结合环境质量目标及环境风险防范要求，对规划提出的生产空间、生活空间布局的环境合理性进行论证，基于环境影响的范围和程度，对生产空间和生活空间布局提出优化调整建议，避免或减缓生产活动对人居环境和人群健康的不利影响。③应在全面分析区域生态重要性和生态敏感性空间分布规律的基础上，结合区域经济发展规划、土地利用规划、城乡规划、生态环境保护规划等综合确定生态空间，并与全国和省级主体功能区规划、生态功能区划、水生态环境功能区划、生物多样性保护优先区域保护规划、自然保护区发展规划等相协调。生态空间应包括重点生态功能区、生态敏感区、生态脆弱区、生物多样性保护优先区和自然保护区等法定禁止开发区域，以及其他对于维持生态系统结构和功能具有重要意义的区域。

9. B 【解析】根据《建设项目环境影响评价分类管理名录（2021 年版）》的规定，建设内容不涉及主体工程的改建、扩建项目，其环境影响评价类别按照改建、扩建的工程内容确定。

10. B 【解析】根据《中华人民共和国环境影响评价法》第 24 条的规定，建设项目的环境影响评价文件自批准之日起超过五年，方决定该项目开工建设的，其环境影响评价文件应当报原审批部门重新审核；原审批部门应当自收到建设项目环境影响评价文件之日起十日内，将审核意见书面通知建设单位。

11. C 【解析】污染影响类建设项目界定重大变更的部分细化原则见下表。

性质	建设项目开发、使用功能发生变化的
规模	生产、处置或储存能力增大 30%及以上的
	重新选址；在原厂址附近调整（包括总平面布置变化）导致环境防护距离范围变化且新增敏感点的
生产工艺	新增产品品种或生产工艺（含主要生产装置、设备及配套设施）、主要原辅材料、燃料变化，导致以下情形之一： （1）新增排放污染物种类的（毒性、挥发性降低的除外）； （2）位于环境质量不达标区的建设项目相应污染物排放量增加的； （3）废水第一类污染物排放量增加的； （4）其他污染物排放量增加 10%及以上的
环境保护措施	新增废气主要排放口（废气无组织排放改为有组织排放的除外）；主要排放口排气筒高度降低 10%及以上的

12. A 【解析】根据《环境影响评价公众参与办法》第 10 条的规定，建设项目环境影响报告书征求意见稿形成后，建设单位应当公开下列信息，征求与该建设项目环境

影响有关的意见：①环境影响报告书征求意见稿全文的网络链接及查阅纸质报告书的方式和途径；②征求意见的公众范围；③公众意见表的网络链接；④公众提出意见的方式和途径；⑤公众提出意见的起止时间。

13. C　**【解析】**石化、现代煤化工项目应纳入国家产业规划，选项 A 正确。新建、扩建石化、化工、焦化、有色金属冶炼、平板玻璃项目应布设在依法合规设立并经规划环评的产业园区，选项 B、D 正确，选项 C 错误。各级生态环境部门和行政审批部门要严格把关，对于不符合相关法律法规的，依法不予审批。

14. A　**【解析】**《关于加强重点行业建设项目区域削减措施监督管理的通知》适用于生态环境部和省级生态环境主管部门审批的编制环境影响报告书的石化、煤化工、燃煤发电（含热电）、钢铁、有色金属冶炼、制浆造纸行业新增主要污染物排放量的建设项目。市级生态环境主管部门审批的编制环境影响报告书的重点行业建设项目可参照执行。

15. B　**【解析】**严格限制在环境空气、地表水、地下水、土壤氟化物超标的地区新建、扩建电解铝和以残极为原料的铝用炭素项目。确需建设的，应采取氟化物区域削减或治理措施，确保项目建成运行后，区域氟化物超标问题得到改善。

16. C　**【解析】**除火电、水电和电网项目外，建设项目开工建设是指，建设项目的永久性工程正式破土开槽开始施工，在此以前的准备工作，如地质勘探、平整场地、拆除旧有建筑物、临时建筑、施工用临时道路、通水、通电等不属于开工建设。火电项目开工建设是指，主厂房基础垫层浇筑第一方混凝土。电网项目中变电工程和线路工程开工建设是指，主体工程基础开挖和线路基础开挖。水电项目筹建及准备期相关工程按照《关于进一步加强水电建设环境保护工作的通知》（环办〔2012〕4 号）执行。

17. A　**【解析】**建设项目环境影响后评价文件应当包括以下内容：①建设项目过程回顾；②建设项目工程评价；③区域环境变化评价；④环境保护措施有效性评估；⑤环境影响预测验证；⑥环境保护补救方案和改进措施；⑦环境影响后评价结论。

18. C　**【解析】**根据《建设项目环境影响报告书（表）编制监督管理办法》第 9 条的规定，编制单位应当是能够依法独立承担法律责任的单位，其中，下列单位不得作为技术单位编制环境影响报告书（表）：①生态环境主管部门或者其他负责审批环境影响报告书（表）的审批部门设立的事业单位；②由生态环境主管部门作为业务主管单位或者挂靠单位的社会组织，或者由其他负责审批环境影响报告书（表）的审批部门作为业务主管单位或者挂靠单位的社会组织；③由“①②”中的事业单位、社会组织出资的单位及其再出资的单位；④受生态环境主管部门或者其他负责审批环境影响报告书（表）的审批部门委托，开展环境影响报告书（表）技术评估的单位；⑤“④”中的技术评估单位出资的单位及其再出资的单位；⑥“④”中的技术评估单位的出资单位，或者由“④”中的技术评估单位出资人出资的其他单位，或者由“④”中的技术评估单位法定代表人出资的单位。

19. B 【解析】市级以上生态环境主管部门对相关单位及人员予以通报批评的环境影响报告书（表）质量问题情形和予以处罚的环境影响报告书（表）严重质量问题情形见下表。

项目	质量问题（通报批评）	严重质量问题（处罚）
环境保护目标	遗漏环境保护目标，或者环境保护目标与建设项目位置关系描述不明确或者错误的	遗漏自然保护区、饮用水水源保护区或者以居住、医疗卫生、文化教育为主要功能的区域等环境保护目标的
确定工作等级、评价范围和评价标准	（1）降低环境影响评价工作等级，降低环境影响评价标准，或者缩小环境影响评价范围的； （2）环境影响因素分析不全或者错误的	—
工程分析	（1）建设项目概况描述不全或者错误的； （2）评价因子中遗漏建设项目相关行业污染源源强核算或者污染物排放标准规定的相关污染物的； （3）污染源源强核算内容不全，核算方法或者结果错误的	建设项目概况中的建设地点、主体工程及其生产工艺，或者改扩建和技术改造项目的现有工程基本情况、污染物排放及达标情况等描述不全或者错误的
环境现状调查、监测与评价	（1）环境质量现状数据来源、监测因子、监测频次或者布点等不符合相关规定，或所引用数据无效的； （2）环境影响评价范围内的相关环境要素现状调查与评价、区域污染源调查内容不全或者结果错误的	未开展环境影响评价范围内的相关环境要素现状调查与评价，或者编造相关内容、结果的
环境影响预测与评价	环境影响预测与评价方法或者结果错误，或者相关环境要素、环境风险预测与评价内容不全的	未开展相关环境要素或者环境风险预测与评价，或者编造相关内容、结果的
环保措施	未按相关规定提出环境保护措施，所提环境保护措施或者其可行性论证不符合相关规定的	（1）所提环境保护措施无法确保污染物排放达到国家和地方排放标准或者有效预防和控制生态破坏，未针对建设项目可能产生的或者原有环境污染和生态破坏提出有效防治措施的； （2）建设项目所在区域环境质量未达到国家或者地方环境质量标准，所提环境保护措施不能满足区域环境质量改善目标管理相关要求的

续表

项目	质量问题（通报批评）	严重质量问题（处罚）
结论	有前款规定的情形，致使环境影响评价结论不正确、不合理或者同时有《建设项目环境影响报告书（表）编制监督管理办法》中严重质量问题规定情形的，予以处罚	(1) 建设项目类型及其选址、布局、规模等不符合环境保护法律法规和相关法定规划，但给出环境影响可行结论的； (2) 其他基础资料明显不实，内容有重大缺陷、遗漏、虚假，或者环境影响评价结论不正确、不合理的

20. D 【解析】根据《中华人民共和国大气污染防治法》第 70、72 条的规定，运输煤炭、垃圾、渣土、砂石、土方、灰浆等散装、流体物料的车辆应当采取密闭或者其他措施防止物料遗撒造成扬尘污染，并按照规定路线行驶。装卸物料应当采取密闭或者喷淋等方式防治扬尘污染。贮存煤炭、煤矸石、煤渣、煤灰、水泥、石灰、石膏、砂土等易产生扬尘的物料应当密闭；不能密闭的，应当设置不低于堆放物高度的严密围挡，并采取有效覆盖措施防治扬尘污染。码头、矿山、填埋场和消纳场应当实施分区作业，并采取有效措施防治扬尘污染。

21. A 【解析】根据《中华人民共和国大气污染防治法》第 95 条的规定，省、自治区、直辖市、设区的市人民政府生态环境主管部门应当会同气象主管机构建立会商机制，进行大气环境质量预报。省、自治区、直辖市、设区的市人民政府依据重污染天气预报信息，进行综合研判，确定预警等级并及时发出预警。任何单位和个人不得擅自向社会发布重污染天气预报预警信息。

22. C 【解析】根据《中华人民共和国水污染防治法》第 39 条的规定，禁止利用渗井、渗坑、裂隙、溶洞，私设暗管，篡改、伪造监测数据，或者不正常运行水污染防治设施等逃避监管的方式排放水污染物。

23. A 【解析】根据《中华人民共和国水污染防治法》第 58 条的规定，禁止向农田灌溉渠道排放工业废水或者医疗污水。向农田灌溉渠道排放城镇污水以及未综合利用的畜禽养殖废水、农产品加工废水的，应当保证其下游最近的灌溉取水点的水质符合农田灌溉水质标准。

24. C 【解析】根据《中华人民共和国水污染防治法》第 59 条的规定，船舶的残油、废油应当回收，禁止排入水体。禁止向水体倾倒船舶垃圾。进入中华人民共和国内河的国际航线船舶排放压载水的，应当采用压载水处理装置或者采取其他等效措施，对压载水进行灭活等处理。禁止排放不符合规定的船舶压载水。根据《中华人民共和国水污染防治法》第 62 条的规定，禁止采取冲滩方式进行船舶拆解作业。

25. A 【解析】根据《中华人民共和国海洋环境保护法》第 50 条的规定，入海河流流域省、自治区、直辖市人民政府应当按照国家有关规定，加强入海总氮、总磷排放的管控，制定控制方案并组织实施。

26. B 【解析】根据《中华人民共和国海洋环境保护法》第 65 条的规定，工程建设项目不得使用含超标准放射性物质或者易溶出有毒有害物质的材料；不得造成领海基点及其周围环境的侵蚀、淤积和损害，不得危及领海基点的稳定。第 66 条的规定，工程建设项目需要爆破作业时，应当采取有效措施，保护海洋环境，选项 B 错误。第 67 条的规定，钻井所使用的油基泥浆和其他有毒复合泥浆不得排放入海；水基泥浆和无毒复合泥浆及钻屑的排放，应当符合国家有关规定。第 70 条的规定，勘探开发海洋油气资源，应当按照有关规定编制油气污染应急预案，报国务院生态环境主管部门海域派出机构备案。

27. A 【解析】根据《中华人民共和国噪声污染防治法》第 19 条的规定，确定建设布局，应当根据国家声环境质量标准和民用建筑隔声设计相关标准，合理划定建筑物与交通干线等的防噪声距离，并提出相应的规划设计要求。第 88 条的规定，交通干线，是指铁路、高速公路、一级公路、二级公路、城市快速路、城市主干路、城市次干路、城市轨道交通线路、内河高等级航道。

28. A 【解析】根据《中华人民共和国噪声污染防治法》第 42 条的规定，在噪声敏感建筑物集中区域施工作业，建设单位应当按照国家规定，设置噪声自动监测系统，与监督管理部门联网，保存原始监测记录，对监测数据的真实性和准确性负责。

29. D 【解析】根据《中华人民共和国噪声污染防治法》第 67 条的规定，新建居民住房的房地产开发经营者应当在销售场所公示住房可能受到噪声影响的情况以及采取或者拟采取的防治措施，并纳入买卖合同。新建居民住房的房地产开发经营者应当在买卖合同中明确住房的共用设施设备位置和建筑隔声情况。

30. C 【解析】根据《中华人民共和国固体废物污染环境防治法》第 39 条的规定，产生工业固体废物的单位应当向所在地生态环境主管部门提供工业固体废物的种类、数量、流向、贮存、利用、处置等有关资料，以及减少工业固体废物产生、促进综合利用的具体措施，并执行排污许可管理制度的相关规定。

31. B 【解析】根据《中华人民共和国固体废物污染环境防治法》第 81 条的规定，从事收集、贮存、利用、处置危险废物经营活动的单位，贮存危险废物不得超过一年，选项 A 错误。第 82 条的规定，转移危险废物的，应按照国家有关规定填写、运行危险废物电子或者纸质转移联单，选项 C 错误。第 83 条的规定，运输危险废物，应当采取防止污染环境的措施，并遵守国家有关危险货物运输管理的规定。禁止将危险废物与旅客在同一运输工具上载运。选项 B 正确。第 84 条的规定，收集、贮存、运输、利用、处置危险废物的场所、设施、设备和容器、包装物及其他物品转作他用时，应当按照国家有关规定经过消除污染处理，方可使用，选项 D 错误。

32. B 【解析】根据《中华人民共和国土壤污染防治法》第 18 条的规定，各类涉及土地利用的规划和可能造成土壤污染的建设项目，应当依法进行环境影响评价。环境影响评价文件应当包括对土壤可能造成的不良影响及应当采取的相应预防措施等内容。

33. C 【解析】根据《中华人民共和国土壤污染防治法》第 41 条的规定，修复施工单位转运污染土壤的，应当制定转运计划，将运输时间、方式、线路和污染土壤数量、去向、最终处置措施等，提前报所在地和接收地生态环境主管部门。

34. A 【解析】根据《中华人民共和国土壤污染防治法》第 50 条的规定，在永久基本农田集中区域，不得新建可能造成土壤污染的建设项目；已经建成的，应当限期关闭拆除。

35. B 【解析】根据《中华人民共和国土壤污染防治法》第 59 条的规定，对土壤污染状况普查、详查和监测、现场检查表明有土壤污染风险的建设用地地块，地方人民政府生态环境主管部门应当要求土地使用权人按照规定进行土壤污染状况调查。用途变更为住宅、公共管理与公共服务用地的，变更前应当按照规定进行土壤污染状况调查。

36. D 【解析】根据《中华人民共和国放射性污染防治法》第 42 条的规定，产生放射性废液的单位，必须按照国家放射性污染防治标准的要求，对不得向环境排放的放射性废液进行处理或者贮存。产生放射性废液的单位，向环境排放符合国家放射性污染防治标准的放射性废液，必须采用符合国务院环境保护行政主管部门规定的排放方式。禁止利用渗井、渗坑、天然裂隙、溶洞或者国家禁止的其他方式排放放射性废液。

37. D 【解析】根据《中华人民共和国放射性污染防治法》第 43 条的规定，低、中水平放射性固体废物在符合国家规定的区域实行近地表处置。高水平放射性固体废物实行集中的深地质处置。

38. B 【解析】根据《中华人民共和国清洁生产促进法》第 19 条的规定，企业在进行技术改造过程中，应当采取以下清洁生产措施：①采用无毒、无害或者低毒、低害的原料，替代毒性大、危害严重的原料；②采用资源利用率高、污染物产生量少的工艺和设备，替代资源利用率低、污染物产生量多的工艺和设备；③对生产过程中产生的废物、废水和余热等进行综合利用或者循环使用；④采用能够达到国家或者地方规定的污染物排放标准和污染物排放总量控制指标的污染防治技术。

39. C 【解析】根据《中华人民共和国水法》第 21 条的规定，开发、利用水资源，应当首先满足城乡居民生活用水，并兼顾农业、工业、生态环境用水以及航运等需要。在干旱和半干旱地区开发、利用水资源，应当充分考虑生态环境用水需要。

40. B 【解析】根据《中华人民共和国水法》第 39 条的规定，国家实行河道采砂许可制度。在河道管理范围内采砂，影响河势稳定或者危及堤防安全的，有关县级以上人民政府水行政主管部门应当划定禁采区和规定禁采期，并予以公告。

41. D　**【解析】**根据《中华人民共和国长江保护法》第23条的规定，对长江流域已建小水电工程，不符合生态保护要求的，县级以上地方人民政府应当组织分类整改或者采取措施逐步退出。

42. B　**【解析】**根据《中华人民共和国长江保护法》第26条的规定，禁止在长江干支流岸线一公里范围内新建、扩建化工园区和化工项目。禁止在长江干流岸线三公里范围内和重要支流岸线一公里范围内新建、改建、扩建尾矿库；但是以提升安全、生态环境保护水平为目的的改建除外。

43. D　**【解析】**根据《中华人民共和国黄河保护法》第42条的规定，对鱼类等水生生物洄游产生阻隔的涉水工程应当结合实际采取建设过鱼设施、河湖连通、增殖放流、人工繁育等多种措施，满足水生生物的生态需求。

44. D　**【解析】**根据《中华人民共和国黄河保护法》第40条的规定，国务院农业农村主管部门应当会同国务院有关部门和黄河流域省级人民政府，建立黄河流域水生生物完整性指数评价体系，组织开展黄河流域水生生物完整性评价，并将评价结果作为评估黄河流域生态系统总体状况的重要依据。

45. D　**【解析】**根据《中华人民共和国青藏高原生态保护法》第20条的规定，青藏高原省级人民政府应当将大型冰帽冰川、小规模冰川群等划入生态保护红线，对重要雪山冰川实施封禁保护，采取有效措施，严格控制人为扰动。第24条的规定，对严重退化、沙化、盐碱化、石漠化的草原和生态脆弱区的草原，实行禁牧、休牧制度，选项B错误。第25条的规定，国家全面加强青藏高原天然林保护，严格限制采伐天然林，加强原生地带性植被保护，优化森林生态系统结构，健全重要流域防护林体系，选项A错误。青藏高原县级以上地方人民政府及其有关部门应当科学实施国土绿化，因地制宜，合理配置乔灌草植被，优先使用乡土树种草种，提升绿化质量，加强有害生物防治和森林草原火灾防范，选项C错误。

46. B　**【解析】**根据《中华人民共和国黑土地保护法》第21条的规定，剥离的黑土应当就近用于新开垦耕地和劣质耕地改良、被污染耕地的治理、高标准农田建设、土地复垦等。

47. D　**【解析】**根据《中华人民共和国防沙治沙法》第22条的规定，在沙化土地封禁保护区范围内，禁止一切破坏植被的活动。禁止在沙化土地封禁保护区范围内安置移民。对沙化土地封禁保护区范围内的农牧民，县级以上地方人民政府应当有计划地组织迁出，并妥善安置。沙化土地封禁保护区范围内尚未迁出的农牧民的生产生活，由沙化土地封禁保护区主管部门妥善安排。未经国务院或者国务院指定的部门同意，不得在沙化土地封禁保护区范围内进行修建铁路、公路等建设活动。

48. B　**【解析】**根据《中华人民共和国土地管理法》第44条的规定，建设占用土地，涉及农用地转为建设用地的，应当办理农用地转用审批手续。

49. D 【解析】根据《中华人民共和国矿产资源法》第 46 条的规定，开采矿产资源前，采矿权人应当依照法律、法规和国务院自然资源主管部门的规定以及矿业权出让合同编制矿区生态修复方案，随开采方案报原矿业权出让部门批准。矿区生态修复方案应当包括尾矿库生态修复的专门措施。编制矿区生态修复方案，应当在矿区涉及的有关范围内公示征求意见，并专门听取矿区涉及的居民委员会、村民委员会、农村集体经济组织和居民代表、村民代表的意见。

50. A 【解析】根据《中华人民共和国森林法》第 38 条的规定，需要临时使用林地的，应当经县级以上人民政府林业主管部门批准；临时使用林地的期限一般不超过二年，并不得在临时使用的林地上修建永久性建筑物。临时使用林地期满后一年内，用地单位或者个人应当恢复植被和林业生产条件。

51. C 【解析】根据《中华人民共和国湿地保护法》第 14 条的规定，国家对湿地实行分级管理，按照生态区位、面积以及维护生态功能、生物多样性的重要程度，将湿地分为重要湿地和一般湿地。重要湿地包括国家重要湿地和省级重要湿地，重要湿地以外的湿地为一般湿地。重要湿地依法划入生态保护红线。

52. C 【解析】根据《中华人民共和国湿地保护法》第 28 条的规定，禁止下列破坏湿地及其生态功能的行为：①开（围）垦、排干自然湿地，永久性截断自然湿地水源；②擅自填埋自然湿地，擅自采砂、采矿、取土；③排放不符合水污染物排放标准的工业废水、生活污水及其他污染湿地的废水、污水，倾倒、堆放、丢弃、遗撒固体废物；④过度放牧或者滥采野生植物，过度捕捞或者灭绝式捕捞，过度施肥、投药、投放饵料等污染湿地的种植养殖行为；⑤其他破坏湿地及其生态功能的行为。

53. D 【解析】根据《中华人民共和国野生动物保护法》第 2 条的规定，在中华人民共和国领域及管辖的其他海域，从事野生动物保护及相关活动，适用本法。本法规定保护的野生动物，是指珍贵、濒危的陆生、水生野生动物和有重要生态、科学、社会价值的陆生野生动物。

54. A 【解析】根据《中华人民共和国渔业法》第 31 条的规定，禁止捕捞有重要经济价值的水生动物苗种。因养殖或者其他特殊需要，捕捞有重要经济价值的苗种或者禁捕的怀卵亲体的，必须经国务院渔业行政主管部门或者省、自治区、直辖市人民政府渔业行政主管部门批准，在指定的区域和时间内，按照限额捕捞。第 32 条的规定，在鱼、虾、蟹洄游通道建闸、筑坝，对渔业资源有严重影响的，建设单位应当建造过鱼设施或者采取其他补救措施。第 37 条的规定，国家对白鳍豚等珍贵、濒危水生野生动物实行重点保护，防止其灭绝。禁止捕杀、伤害国家重点保护的水生野生动物。因科学研究、驯养繁殖、展览或者其他特殊情况，需要捕捞国家重点保护的水生野生动物的，依照《中华人民共和国野生动物保护法》的规定执行。第 34 条的规定，禁止围湖造田。沿海滩涂未经县级以上人民政府批准，不得围垦；重要的苗种基地和养殖场所不得围垦。

55. D 【解析】根据《中华人民共和国文物保护法》第 20 条的规定，建设工程选址，应当尽可能避开不可移动文物；因特殊情况不能避开的，对文物保护单位应当尽可能实施原址保护。

56. B 【解析】根据《中华人民共和国河道管理条例》第 25 条的规定，在河道管理范围内进行下列活动，必须报经河道主管机关批准；涉及其他部门的，由河道主管机关会同有关部门批准：①采砂、取土、淘金、弃置砂石或者淤泥；②爆破、钻探、挖筑鱼塘；③在河道滩地存放物料、修建厂房或者其他建筑设施；④在河道滩地开采地下资源及进行考古发掘。

57. C 【解析】根据《中华人民共和国自然保护区条例》第 18 条的规定，自然保护区可以分为核心区、缓冲区和实验区。

58. C 【解析】根据《危险化学品安全管理条例》第 19 条的规定，危险化学品生产装置或者储存数量构成重大危险源的危险化学品储存设施（运输工具加油站、加气站除外），与下列场所、设施、区域的距离应当符合国家有关规定：①居住区以及商业中心、公园等人员密集场所；②学校、医院、影剧院、体育场（馆）等公共设施；③饮用水水源、水厂以及水源保护区；④车站、码头（依法经许可从事危险化学品装卸作业的除外）、机场以及通信干线、通信枢纽、铁路线路、道路交通干线、水路交通干线、地铁风亭以及地铁站出入口；⑤基本农田保护区、基本草原、畜禽遗传资源保护区、畜禽规模化养殖场（养殖小区）、渔业水域以及种子、种畜禽、水产苗种生产基地；⑥河流、湖泊、风景名胜区、自然保护区；⑦军事禁区、军事管理区；⑧法律、行政法规规定的其他场所、设施、区域。

59. B 【解析】根据《医疗废物管理条例》第 24 条的规定，医疗废物集中处置单位的贮存、处置设施，应当远离居（村）民居住区、水源保护区和交通干道，与工厂、企业等工作场所有适当的安全防护距离，并符合国务院环境保护行政主管部门的规定。

60. B 【解析】根据《风景名胜区条例》第 26 条的规定，在风景名胜区内禁止进行下列活动：①开山、采石、开矿、开荒、修坟立碑等破坏景观、植被和地形地貌的活动；②修建储存爆炸性、易燃性、放射性、毒害性、腐蚀性物品的设施；③在景物或者设施上刻划、涂污；④乱扔垃圾。第 29 条的规定，在风景名胜区内进行下列活动，应当经风景名胜区管理机构审核后，依照有关法律、法规的规定报有关主管部门批准：①设置、张贴商业广告；②举办大型游乐等活动；③改变水资源、水环境自然状态的活动；④其他影响生态和景观的活动。

61. C 【解析】关于消耗臭氧层物质（ODS）管理的有关要求：①禁止新建、扩建生产和使用作为制冷剂、发泡剂、灭火剂、溶剂、清洗剂、加工助剂、气雾剂、土壤熏蒸剂等受控用途的消耗臭氧层物质的建设项目。②改建、异址建设生产受控用途的消耗臭氧层物质的建设项目，禁止增加消耗臭氧层物质生产能力。③新建、改建、扩建生产化工原料用途的消耗臭氧层物质的建设项目，生产的消耗臭氧层物质仅用于企业自身下游化工产品的专用原料用途，不得对外销售。④新建、改建、扩建副产四氯化碳的建设项目，应当配套建设四氯化碳处置设施。

62. A 【解析】根据《土地复垦条例》第 3 条的规定，生产建设活动损毁的土地，按照“谁损毁，谁复垦”的原则，由生产建设单位或者个人负责复垦。

63. C 【解析】畜禽养殖区及畜禽粪污贮存、处理和畜禽尸体无害化处理等产生恶臭影响的设施，应位于养殖场区主导风向的下风向位置，并尽量远离周边环境保护目标。

64. A 【解析】根据《地下水管理条例》第 43 条的规定，多层含水层开采、回灌地下水应当防止串层污染。多层地下水的含水层水质差异大的，应当分层开采；对已受污染的潜水和承压水，不得混合开采。

65. D 【解析】根据《排污许可管理条例》第 2 条的规定，根据污染物产生量、排放量、对环境的影响程度等因素，对排污单位实行排污许可分类管理。

66. C 【解析】坚决遏制高耗能高排放项目盲目发展，选项 C 错误。

67. C 【解析】严格控制化石能源消费。加快煤炭减量步伐，“十四五”时期严控煤炭消费增长，“十五五”时期逐步减少。石油消费“十五五”时期进入峰值平台期。统筹煤电发展和保供调峰，严控煤电装机规模，加快现役煤电机组节能升级和灵活性改造。逐步减少直至禁止煤炭散烧。加快推进页岩气、煤层气、致密油气等非常规油气资源规模化开发。强化风险管控，确保能源安全稳定供应和平稳过渡。

68. D 【解析】每 5 年更新《中国生物多样性红色名录》，选项 D 错误。

69. D 【解析】能源绿色低碳转型行动的内容：①推进煤炭消费替代和转型升级；②大力发展新能源（坚持陆海并重，推动风电协调快速发展，完善海上风电产业链，鼓励建设海上风电基地）；③因地制宜开发水电；④积极安全有序发展核电；⑤合理调控油气消费（保持石油消费处于合理区间，逐步调整汽油消费规模，大力推进先进生物液体燃料、可持续航空燃料等替代传统燃油，提升终端燃油产品能效）；⑥加快建设新型电力系统。

70. C 【解析】重点区域污染物减排工程。持续推进大气污染防治重点区域秋冬季攻坚行动，加大重点行业结构调整和污染治理力度。以大气污染防治重点区域及珠三角地区、成渝地区等为重点，推进挥发性有机物和氮氧化物协同减排，加强细颗粒物和臭氧协同控制。持续打好长江保护修复攻坚战，扎实推进城镇污水垃圾处理和工业、农业面源、船舶、尾矿库等污染治理工程，到 2025 年，长江流域总体水质保持为优，干流水质稳定达到Ⅱ类。着力打好黄河生态保护治理攻坚战，实施深度节水控水行动，加强重要支流污染治理，开展入河排污口排查整治，到2025年，黄河干流上中游（花园口以上）水质达到Ⅱ类。

71. B　【解析】挥发性有机物综合整治工程部分内容：推进原辅材料和产品源头替代工程，实施全过程污染物治理。以工业涂装、包装印刷等行业为重点，推动使用低挥发性有机物含量的涂料、油墨、胶粘剂、清洗剂。深化石化化工等行业挥发性有机物污染治理，全面提升废气收集率、治理设施同步运行率和去除率。对易挥发有机液体储罐实施改造，对浮顶罐推广采用全接液浮盘和高效双重密封技术，对废水系统高浓度废气实施单独收集处理。加强油船和原油、成品油码头油气回收治理。

72. A　【解析】根据《中华人民共和国土壤污染防治法》第3条的规定，土壤污染防治应当坚持预防为主、保护优先、分类管理、风险管控、污染担责、公众参与的原则。

73. D　【解析】选项D错误，禁止向农用地排放重金属或者其他有毒有害物质含量超标的污水、污泥，以及可能造成土壤污染的清淤底泥、尾矿、矿渣等。

74. A　【解析】选项B错误，列入建设用地土壤污染风险管控和修复名录的地块，不得作为住宅、公共管理与公共服务用地。选项C、D错误，对土壤污染状况普查、详查和监测、现场检查表明有土壤污染风险的建设用地地块，地方人民政府生态环境主管部门应当要求土地使用权人按照规定进行土壤污染状况调查。用途变更为住宅、公共管理与公共服务用地的，变更前应当按照规定进行土壤污染状况调查。前两款规定的土壤污染状况调查报告应当报地方人民政府生态环境主管部门，由地方人民政府生态环境主管部门会同自然资源主管部门组织评审。

75. D　【解析】选项D错误，产生放射性废气、废液的单位向环境排放符合国家放射性污染防治标准的放射性废气、废液，应当向审批环境影响评价文件的环境保护行政主管部门申请放射性核素排放量，并定期报告排放计量结果。

76. A　【解析】选项A错误，采用无毒、无害或者低毒、低害的原料，替代毒性大、危害严重的原料。

77. D　【解析】根据《中华人民共和国水法》第32条的规定，县级以上人民政府水行政主管部门或者流域管理机构应当按照水功能区对水质的要求和水体的自然净化能力，核定该水域的纳污能力，向环境保护行政主管部门提出该水域的限制排污总量意见。

78. C　【解析】选项C错误，在全国重点文物保护单位的保护范围内进行其他建设工程或者爆破、钻探、挖掘等作业的，必须经省、自治区、直辖市人民政府批准，在批准前应当征得国务院文物行政部门同意。

79. C　【解析】选项C错误，禁止向林地排放重金属或者其他有毒有害物质含量超标的污水、污泥，以及可能造成林地污染的清淤底泥、尾矿、矿渣等。

80. B 【解析】根据《中华人民共和国渔业法》第 32 条的规定，在鱼、虾、蟹洄游通道建闸、筑坝，对渔业资源有严重影响的，建设单位应当建造过鱼设施或者采取其他补救措施（建造渔业资源增殖放流站）。

81. C 【解析】选项 C 错误，非农业建设经批准占用耕地的，按照“占多少，垦多少”的原则，由占用耕地的单位负责开垦与所占用耕地的数量和质量相当的耕地。

82. B 【解析】根据《中华人民共和国土地管理法》第 37 条的规定，禁止占用耕地建窑、建坟或者擅自在耕地上建房、挖砂、采石、采矿、取土等。

83. B 【解析】选项 B 错误，在河道管理范围内弃置砂石或者淤泥，必须报经河道主管机关批准；涉及其他部门的，由河道主管机关会同有关部门批准。

84. C 【解析】选项 A 错误，在自然保护区的实验区内开展参观、旅游活动的，由自然保护区管理机构编制方案，方案应当符合自然保护区管理目标。选项 B 错误，因教学科研的目的，需要进入自然保护区的缓冲区从事非破坏性的科学研究、教学实习和标本采集活动的，应当事先向自然保护区管理机构提交申请和活动计划，经自然保护区管理机构批准。选项 D 错误，在自然保护区的外围保护地带建设的项目，不得损害自然保护区内的环境质量；已造成损害的，应当限期治理。

85. A 【解析】根据《风景名胜区条例》第 26 条的规定，在风景名胜区内禁止进行下列活动：①开山、采石、开矿、开荒、修坟立碑等破坏景观、植被和地形地貌的活动；②修建储存爆炸性、易燃性、放射性、毒害性、腐蚀性物品的设施；③在景物或者设施上刻划、涂污；④乱扔垃圾。根据第 27 条的规定，禁止违反风景名胜区规划，在风景名胜区内设立各类开发区和在核心景区内建设宾馆、招待所、培训中心、疗养院以及与风景名胜资源保护无关的其他建筑物；已经建设的，应当按照风景名胜区规划，逐步迁出。根据第 30 条的规定，风景名胜区内的建设项目应当符合风景名胜区规划，并与景观相协调，不得破坏景观、污染环境、妨碍游览。在风景名胜区内进行建设活动的，建设单位、施工单位应当制定污染防治和水土保持方案，并采取有效措施，保护好周围景物、水体、林草植被、野生动物资源和地形地貌。

86. B 【解析】选项 B 错误，土地复垦义务人应当首先对拟损毁的耕地、林地、牧草地进行表土剥离，剥离的表土用于被损毁土地的复垦。

87. A 【解析】根据《畜禽规模养殖污染防治条例》第 11 条的规定，禁止在下列区域内建设畜禽养殖场、养殖小区：①饮用水水源保护区，风景名胜区；②自然保护区的核心区和缓冲区；③城镇居民区、文化教育科学研究区等人口集中区域；④法律、法规规定的其他禁止养殖区域。

88. A 【解析】根据《畜禽规模养殖污染防治条例》第 21 条的规定，染疫畜禽以及染疫畜禽排泄物、染疫畜禽产品、病死或者死因不明的畜禽尸体等病害畜禽养殖废弃物，应当按照有关法律、法规和国务院农牧主管部门的规定，进行深埋、化制、焚烧等无害化处理，不得随意处置。

89. B 【解析】选项 B 错误，从事含消耗臭氧层物质的制冷设备、制冷系统或者灭火系统的维修、报废处理等经营活动的单位，应当按照规定对消耗臭氧层物质进行回收、循环利用或者交由从事消耗臭氧层物质回收、再生利用、销毁等经营活动的单位进行无害化处置。

90. C 【解析】根据《全国主体功能区规划》的国家层面禁止开发区域管制原则，国家禁止开发区域要依据法律法规规定和相关规划实施强制性保护，严格控制人为因素对自然生态和文化自然遗产原真性、完整性的干扰，严禁不符合主体功能定位的各类开发活动，引导人口逐步有序转移，实现污染物“零排放”，提高环境质量。

二、不定项选择题

91. BD 【解析】根据《中华人民共和国固体废物污染环境防治法》第 124 条（八）的规定，利用，是指从固体废物中提取物质作为原材料或者燃料的活动。

92. BCD 【解析】根据《中华人民共和国固体废物污染环境防治法》第 71 条的规定，城镇污水处理设施维护运营单位或者污泥处理单位应当安全处理污泥，保证处理后的污泥符合国家有关标准，对污泥的流向、用途、用量等进行跟踪、记录，并报告城镇排水主管部门、生态环境主管部门。第 72 条的规定，禁止重金属或者其他有毒有害物质含量超标的污泥进入农用地。从事水体清淤疏浚应当按照国家有关规定处理清淤疏浚过程中产生的底泥，防止污染环境。

93. BD 【解析】根据《中华人民共和国土壤污染防治法》第 22 条的规定，企业事业单位拆除设施、设备或者建筑物、构筑物的，应当采取相应的土壤污染防治措施。土壤污染重点监管单位拆除设施、设备或者建筑物、构筑物的，应当制定包括应急措施在内的土壤污染防治工作方案，报地方人民政府生态环境、工业和信息化主管部门备案并实施。

94. ABC 【解析】根据《中华人民共和国土壤污染防治法》第 32 条的规定，县级以上地方人民政府及其有关部门应当按照土地利用总体规划和城乡规划，严格执行相关行业企业布局选址要求，禁止在居民区和学校、医院、疗养院、养老院等单位周边新建、改建、扩建可能造成土壤污染的建设项目。

95. ABCD 【解析】根据《中华人民共和国土壤污染防治法》第 36 条的规定，实施土壤污染状况调查活动，应当编制土壤污染状况调查报告。土壤污染状况调查报告应当主要包括地块基本信息、污染物含量是否超过土壤污染风险管控标准等内容。污染物含量超过土壤污染风险管控标准的，土壤污染状况调查报告还应当包括污染类型、污染来源以及地下水是否受到污染等内容。

96. ABCD 【解析】根据《中华人民共和国水法》第 23 条的规定，地方各级人民政府应当结合本地区水资源的实际情况，按照地表水与地下水统一调度开发、开源与节流相结合、节流优先和污水处理再利用的原则，合理组织开发、综合利用水资源。

97. BCD 【解析】根据《中华人民共和国长江保护法》第 27 条的规定，严格限制在长江流域生态保护红线、自然保护地、水生生物重要栖息地水域实施航道整治工程；确需整治的，应当经科学论证，并依法办理相关手续。第 51 条的规定，禁止在长江流域水上运输剧毒化学品和国家规定禁止通过内河运输的其他危险化学品。

98. ABD 【解析】根据《中华人民共和国黄河保护法》第 37 条的规定，确定生态流量和生态水位的管控指标，应当进行科学论证，综合考虑水资源条件、气候状况、生态环境保护要求、生活生产用水状况等因素。

99. ACD 【解析】根据《中华人民共和国土地管理法》第 37 条的规定，禁止占用耕地建窑、建坟或者擅自在耕地上建房、挖砂、采石、采矿、取土等。禁止占用永久基本农田发展林果业和挖塘养鱼。

100. CD 【解析】根据《中华人民共和国自然保护区条例》第 32 条的规定，在自然保护区的核心区和缓冲区内，不得建设任何生产设施。在自然保护区的实验区内，不得建设污染环境、破坏资源或者景观的生产设施；建设其他项目，其污染物排放不得超过国家和地方规定的污染物排放标准。在自然保护区的实验区内已经建成的设施，其污染物排放超过国家和地方规定的排放标准的，应当限期治理；造成损害的，必须采取补救措施。

101. ABCD 【解析】根据《关于做好畜禽规模养殖项目环境影响评价管理工作的通知》，项目环评应结合地域、畜种、规模等特点以及地方相关部门制定的畜禽粪污综合利用目标等要求，加强畜禽养殖粪污资源化利用，因地制宜选择经济高效适用的处理利用模式，采取粪污全量收集还田利用、污水肥料化利用、粪便垫料回用、异位发酵床、粪污专业化能源利用等模式处理利用畜禽粪污，促进畜禽规模养殖项目“种养结合”绿色发展。

102. BCD 【解析】推进煤炭消费替代和转型升级。加快煤炭减量步伐，“十四五”时期严格合理控制煤炭消费增长，“十五五”时期逐步减少。严格控制新增煤电项目，新建机组煤耗标准达到国际先进水平，有序淘汰煤电落后产能，加快现役机组节能升级和灵活性改造，积极推进供热改造，推动煤电向基础保障性和系统调节性电源并重转型。大力推动煤炭清洁利用，合理划定禁止散烧区域，多措并举、积极有序推进散煤替代，逐步减少直至禁止煤炭散烧。

103. AC 【解析】到 2025 年，全国单位国内生产总值能源消耗比 2020 年下降 13.5%，能源消费总量得到合理控制，化学需氧量、氨氮、氮氧化物、挥发性有机物排放总量比 2020 年分别下降 8%、8%、10%以上、10%以上。

104. ACD 【解析】强化多污染物减排，切实降低排放强度：①强化 VOCs 全流程、全环节综合治理；②推进重点行业污染深度治理；③开展餐饮油烟、恶臭异味专项治理；④稳步推进大气氨污染防控。

105. CD 【解析】根据《入河排污口监督管理办法》第 11 条的规定，设置工矿企业排污口、工业以及其他各类园区污水处理厂排污口和城镇污水处理厂排污口，应当按照本办法的规定，报有审批权的流域生态环境监督管理机构或者地方生态环境主管部门审批；未经批准的，禁止通过上述入河排污口排放污水。

106. ABC 【解析】根据《生态环境分区管控管理暂行规定》第 19 条的规定，动态更新应满足以下要求：①以相关法律法规为依据，按照相关技术指南要求开展；②以生态功能不降低、生态环境质量不下降、资源环境承载能力不突破为底线；③原则上优先保护单元的空间格局应当保持基本稳定，重点管控单元的空间格局应当与环境治理格局相匹配，生态环境准入清单管理要求应当保持一定的延续性。严禁不符合规定随意变更生态环境分区管控方案，以及在更新过程中弄虚作假、降低标准、变通突破等行为。

107. ABC 【解析】根据《中华人民共和国环境保护法》第 29 条的规定，各级人民政府对具有代表性的各种类型的自然生态系统区域，珍稀、濒危的野生动植物自然分布区域，重要的水源涵养区域，具有重大科学文化价值的地质构造、著名溶洞和化石分布区、冰川、火山、温泉等自然遗迹，以及人文遗迹、古树名木，应当采取措施予以保护，严禁破坏。

108. ABC 【解析】根据《中华人民共和国环境保护法》第 42 条的规定，严禁通过暗管、渗井、渗坑、灌注（通过高压深井向地下排放污染物）或者篡改、伪造监测数据，或者不正常运行防治污染设施等逃避监管的方式违法排放污染物。

109. ABCD 【解析】选项 A、D 正确，入园建设项目开展环评工作时，应以产业园区规划环评为依据，重点分析项目环评与规划环评结论及审查意见的符合性；产业园区招商引资、入园建设项目环评审批等应将规划环评结论及审查意见作为重要依据。选项 B 正确，规划审批机关在审批规划时，应将规划环评结论及审查意见作为决策的重要依据，在审批中未采纳环境影响报告书结论及审查意见的，应当作出说明并存档备查。选项 C 正确，产业园区管理机构应切实担负起规划环评的主体责任，对规划环评的质量和结论负责，并接受所属人民政府的监督。

110. ABD 【解析】选项 C 错误，对于已纳入区块环评且未产生重大变动情形的单项工程，各级生态环境主管部门不得要求重复开展建设项目环评。

111. ACD 【解析】根据《建设项目环境保护管理条例》第 9 条的规定，环境保护行政主管部门审批环境影响报告书、环境影响报告表，应当重点审查建设项目的环境可行性、环境影响分析预测评估的可靠性、环境保护措施的有效性、环境影响评价结论的科学性等，并分别自收到环境影响报告书之日起 60 日内、收到环境影响报告表之日起 30 日内，作出审批决定并书面通知建设单位。

112. AC 【解析】根据《中华人民共和国环境影响评价法》第 32 条的规定，建设项目环境影响报告书、环境影响报告表存在基础资料明显不实，内容存在重大缺陷、遗漏或者虚假，环境影响评价结论不正确或者不合理等严重质量问题的，由设区的市级以上人民政府生态环境主管部门对建设单位处五十万元以上二百万元以下的罚款，并对建设单位的法定代表人、主要负责人、直接负责的主管人员和其他直接责任人员，处五万元以上二十万元以下的罚款。接受委托编制建设项目环境影响报告书、环境影响报告表的技术单位违反国家有关环境影响评价标准和技术规范等规定，致使其编制的建设项目环境影响报告书、环境影响报告表存在基础资料明显不实，内容存在重大缺陷、遗漏或者虚假，环境影响评价结论不正确或者不合理等严重质量问题的，由设区的市级以上人民政府生态环境主管部门对技术单位处所收费用三倍以上五倍以下的罚款；情节严重的，禁止从事环境影响报告书、环境影响报告表编制工作；有违法所得的，没收违法所得。编制单位有本条第 1 款、第 2 款规定的违法行为的，编制主持人和主要编制人员五年内禁止从事环境影响报告书、环境影响报告表编制工作；构成犯罪的，依法追究刑事责任，并终身禁止从事环境影响报告书、环境影响报告表编制工作。

113. CD 【解析】选项 C 错误，城市人民政府每年在向本级人民代表大会或者其常务委员会报告环境状况和环境保护目标完成情况时，应当报告大气环境质量限期达标规划执行情况，并向社会公开。选项 D 错误，国务院生态环境主管部门或者省、自治区、直辖市人民政府制定大气污染物排放标准，应当以大气环境质量标准和国家经济、技术条件为依据。

114. ABCD 【解析】根据《中华人民共和国大气污染防治法》第 79、80 条的规定，向大气排放持久性有机污染物的企业事业单位和其他生产经营者以及废弃物焚烧设施的运营单位，应当按照国家有关规定，采取有利于减少持久性有机污染物排放的技术方法和工艺，配备有效的净化装置，实现达标排放。企业事业单位和其他生产经营者在生产经营活动中产生恶臭气体的，应当科学选址，设置合理的防护距离，并安装净化装置或者采取其他措施，防止排放恶臭气体。

115. ABD 【解析】根据《中华人民共和国水污染防治法》第 3 条的规定，水污染防治应当坚持预防为主、防治结合、综合治理的原则，优先保护饮用水水源，严格控制工业污染、城镇生活污染，防治农业面源污染，积极推进生态治理工程建设，预防、控制和减少水环境污染和生态破坏。

116. ACD 【解析】根据《中华人民共和国水污染防治法》第 33、34、37 条的规定，禁止向水体排放油类、酸液、碱液或者剧毒废液。禁止向水体排放、倾倒放射性固体废物或者含有高放射性和中放射性物质的废水。禁止向水体排放、倾倒工业废渣、城镇垃圾和其他废弃物。

117. ACD 【解析】根据《中华人民共和国噪声污染防治法》第 14 条的规定（《中华人民共和国环境噪声污染防治法》已废止），将以用于居住、科学研究、医疗卫生、文化教育、机关团体办公、社会福利等的建筑物为主的区域，划定为噪声敏感建筑物集中区域，加强噪声污染防治。

118. AD 【解析】选项 A 错误，国家建立电器电子、铅蓄电池、车用动力电池等产品的生产者责任延伸制度。选项 D 错误，电器电子、铅蓄电池、车用动力电池等产品的生产者应当按照规定以自建或者委托等方式建立与产品销售量相匹配的废旧产品回收体系，并向社会公开，实现有效回收和利用。

119. BC 【解析】根据《中华人民共和国土壤污染防治法》第 17 条的规定，地方人民政府生态环境主管部门应当会同自然资源主管部门对下列建设用地地块进行重点监测：①曾用于生产、使用、贮存、回收、处置有毒有害物质的；②曾用于固体废物堆放、填埋的；③曾发生过重大、特大污染事故的；④国务院生态环境、自然资源主管部门规定的其他情形。

120. ACD 【解析】选项 B 错误，风险管控、修复活动完成后，需要实施后期管理的，土壤污染责任人应当按照要求实施后期管理。

准考证号：________

考生姓名：________

工作单位：________

2024 年全国环境影响评价工程师职业资格考试

环境影响评价相关法律法规

免费兑换 备考课程

考生注意事项

1. 答题前，考生须在试题册指定位置上填写工作单位、考生姓名和准考证号；在答题卡指定位置上填写考生姓名和准考证号，并涂写准考证号信息点。
2. 选择题的答案必须涂写在答题卡相应题号的选项上，非选择题的答案必须书写在答题卡指定位置的边框区域内。超出答题区域书写的答案无效；在草稿纸、试题册上答题无效。
3. 填（书）写部分必须使用黑色字迹签字笔或者钢笔书写，字迹工整、笔迹清楚；涂写部分必须使用 2B 铅笔填涂。
4. 考试结束，将答题卡和试题册按规定交回。

一、单项选择题（共 90 题，每题 1 分。每题的备选项中，只有 1 个最符合题意）

1. 根据《中华人民共和国环境保护法》，下列不属于应当划定生态保护红线的区域是（　　）。

A. 优化开发区

B. 生态环境敏感区

C. 重点生态功能区

D. 生态环境脆弱区

2. 根据《中华人民共和国环境保护法》，下列关于开发利用自然资源的说法，错误的是（　　）。

A. 合理开发，保障生态安全

B. 全面开发，加大资源供给

C. 制定有关生态保护方案

D. 实施有关生态恢复治理方案

3. 根据《中华人民共和国环境保护法》，下列关于排放污染物的企事业单位防治污染的说法，错误的是（　　）。

A. 应当安装使用自动监测设备

B. 严禁通过渗坑等逃避监管的方式排放污染物

C. 严禁通过渗井等逃避监管的方式排放污染物

D. 严禁通过暗管等逃避监管的方式排放污染物

4. 根据《中华人民共和国环境保护法》，下列关于重点污染物排放总量控制制度、排污许可管理制度有关规定的说法，错误的是（　　）。

A. 国家实行重点污染物排放总量控制制度

B. 未取得排污许可证的企业不得排放污染物

C. 国家依照法律法规实行排污许可管理制度

D. 重点污染物排放总量控制指标由国务院下达

5. 根据《中华人民共和国环境保护法》，关于对严重污染环境的设备采取的措施，下列说法错误的是（　　）。

A. 禁止转移

B. 禁止处置

C. 禁止使用

D. 禁止生产

6. 根据《规划环境影响评价条例》，下列选项中，不属于规划环境影响篇章或者说明应当包括的内容的是（　　）。

A. 规划草案的调整建议

B. 不良环境影响的预测

C. 资源环境承载能力分析

D. 与相关规划的环境协调性分析

7. 根据《规划环境影响评价条例》，专项规划环境影响报告书审查意见应当包括的内容是（　　）。

A. 基础资料的时效性

B. 评价方法的适当性

C. 环境影响预测的真实性

D. 公众参与深度的合法性

8. 根据《规划环境影响评价条例》，对于规划环境影响报告书，审查小组提出不予通过意见的情形是（　　）。

A. 规划实施可能造成重大不良环境影响的

B. 预防或减轻不良影响对策和措施存在严重缺陷的

C. 对不良环境影响的分析、预测和评估不准确、不深入，需要进一步论证的

D. 依据现有知识水平和技术条件，对规划实施可能产生的不良环境影响的程度不能作出科学判断的

9. 规划环境影响评价技术机构弄虚作假，造成规划环境影响评价文件严重失实。根据《规划环境影响评价条例》，下列关于规划环境影响评价技术机构应当承担法律责任的说法，错误的是（　　）。

A. 构成犯罪的，依法追究刑事责任

B. 由国务院生态环境主管部门予以通报

C. 处所收费用 1 倍以上 3 倍以下的罚款

D. 列入影响评价信用平台失信名单

10. 根据《关于进一步加强产业园区规划环境影响评价工作的意见》（环环评〔2020〕65 号），下列关于产业园区规划环境影响评价的说法，错误的是（　　）。

A. 入园建设项目开展环境影响评价工作时，应以产业园区规划环评为依据

B. 产业园区规划环境影响结论及审查意见应依法作为规划审批决策的依据

C. 产业园区管理机构在产业园区开发建设规划获批后依法开展环评工作

D. 产业园区入园建设项目环评审批等应将规划环评结论及审查意见作为重要依据

11. 某港口拟实施进港公路改建工程，建设内容不涉及港口主体工程。根据《建设项目环境影响评价分类管理名录》（2021 年版），下列关于该改建工程环境影响评价类别的说法，正确的是（　　）。

A. 按进港公路改建工程内容确定

B. 按港口工程确定

C. 按港口建设项目重大变动清单确定

D. 按进港公路与港口工程中最高等级确定

12. 根据《建设项目环境影响报告表编制技术指南（污染影响类）》（试行），下列关于

用地（用海）面积填写要求的说法，错误的是（　　）。

A. 改建项目，按总占地面积填写

B. 海洋工程按占用海域面积填写

C. 租用厂房的建设项目，按实际租赁面积填写

D. 用地（用海）面积是指建设项目所占有或使用的土地水平投影面积

13. 根据《建设项目环境影响报告表编制技术指南（生态影响类）》（试行），应当设置环境风险专项评价的项目类别是（　　）。

A. 石油开采项目

B. 城镇天然气管线建设项目

C. 排放挥发性有机物的码头项目

D. 企业厂区内危险化学品输送管线项目

14. 某建设项目，在其环境影响评价报告表批准后的第 6 年才决定开工建设。根据《中华人民共和国环境影响评价法》，下列关于该建设项目环境影响评价报告表的说法，正确的是（　　）。

A. 应当报原审批部门登记备案

B. 应当报原审批部门重新审核

C. 应当报现行审批权限部门重新审批

D. 应当报现行审批权限部门重新审核

15. 某建设项目的环境影响报告书已通过审批，拟变动环境保护措施。根据《污染影响类建设项目重大变动清单（试行）》，下列情形中，属于重大变动的是（　　）。

A. 废气中铬酸雾排放量增加 5%

B. 废气中氯化氢排放量增加 5%

C. 废水中化学需氧量排放量增加 5%

D. 废水中第一类污染物排放量增加 5%

16. 根据《关于进一步加强石油天然气行业环境影响评价管理的通知》（环办环评函〔2019〕910 号），下列关于石油天然气行业环境影响评价管理的说法，错误的是（　　）。

A. 油气开采原则上应以区块为单位开展环评

B. 新区块确定产能建设规模后，不得开展单井环评

C. 高含硫天然气净化厂应当采用先进高效硫黄回收工艺

D. 陆地油气长输管道项目，原则上应单独编制环评文件

17. 根据《关于加强高耗能、高排放建设项目生态环境源头防控的指导意见》，下列关于提升清洁生产和污染防治水平的说法，错误的是（　　）。

A. 大宗物料优先采用铁路、管道或水路运输

B. 鼓励使用清洁燃料，不得新建燃煤自备锅炉

C. 鼓励重点区域高炉—转炉长流程钢铁企业转型为电炉短流程企业

D. 新建“两高”项目单位产品物耗、能耗、水耗等达到清洁生产先进水平

18. 根据《钢铁/焦化建设项目环境影响评价文件审批原则》，下列关于审批钢铁/焦化建设项目环境影响评价文件的说法，正确的是（　　）。

A. 禁止在合规园区外新建、扩建钢铁冶炼项目

B. 独立焦化企业新建焦炉须同步配套建设干熄焦装置

C. 新建炼钢项目大宗固废应依托区域综合利用设施处置

D. 新建、扩建焦化项目应布设在依法合规设立的产业园区

19. 某建设项目于2022年2月建设完毕后未经环保验收即投入运营，2024年3月生态环境主管部门发现该项目未依法报批环评文件。根据《关于加强“未批先建”建设项目环境影响评价管理工作的通知》，关于生态环境主管部门对此行为的处理，下列说法错误的是（　　）。

A. 可以责令建设单位恢复原状

B. 强制建设单位限期补办环评手续

C. 对其“未批先建”行为不予行政处罚

D. 对其违反竣工环保验收的违法行为予以处罚

20. 根据《建设项目环境影响后评价管理办法》(试行)，下列不属于建设项目环境影响后评价文件应当包括的内容是（　　）。

A. 区域环境变化评价

B. 环境影响预测验证

C. 环境保护补救方案

D. 环境影响经济损益分析

21. 根据《建设项目环境影响报告书（表）编制监督管理办法》，可以作为环境影响报告书（表）编制单位的是（　　）。

A. 个体工商户

B. 生态环境主管部门设立的事业单位

C. 具备环境影响评价技术能力的建设单位

D. 受审批部门委托开展环境影响报告书（表）技术评估的单位

22. 根据《关于严惩弄虚作假提高环评质量的意见》，下列不属于环评领域典型弄虚作假行为的是（　　）。

A. 隐瞒工程建设内容的

B. 预测参数选取错误的

C. 编造地表水环境影响预测结果的

D. 污染物排放及达标情况明显不属于本项目的

23. 根据《建设项目竣工环境保护验收暂行办法》，下列不属于建设单位不得提出竣工环境保护验收合格意见的情形是（　　）。

A. 造成生态破坏未完全恢复的

B. 竣工环境保护验收报告内容存在重大缺项的

C. 环境保护设施不能与主体工程同时投产或者使用的

D. 因违反生态环境保护法律法规受到处罚，被责令限期改正，尚未改正完成的

24. 根据《中华人民共和国大气污染防治法》，下列关于高污染燃料禁燃区燃煤和其他能源污染防治的说法，错误的是（　　）。

A. 禁燃区禁止销售高污染燃料

B. 禁燃区禁止燃用高污染燃料

C. 集中供热管网覆盖地区禁止新建分散燃气供热锅炉

D. 禁燃区禁止扩建燃用高污染燃料的设施

25. 根据《中华人民共和国大气污染防治法》，下列关于施工单位扬尘污染防治责任的说法，错误的是（　　）。

A. 建筑土方、工程渣土应当及时清运

B. 应当制定施工扬尘污染防治实施方案

C. 应当在施工工地采取有效防尘降尘措施

D. 应当对裸露建设地面进行绿化、铺装

26. 根据《中华人民共和国水污染防治法》，下列关于水污染防治的说法，正确的是（　　）。

A. 禁止向农灌渠排放工业废水

B. 禁止在饮用水水源准保护区内设置排污口

C. 禁止在饮用水水源二级保护区内建设与供水无关的项目

D. 禁止在饮用水水源准保护区内新建排放污染物的建设项目

27. 根据《中华人民共和国水污染防治法》，船舶进行散装液体污染危害性货物的过驳作业，应当编制作业方案，采取有效的安全和污染防治措施，并报（　　）批准。

A. 作业地水域管理机构

B. 县级以上渔业主管部门

C. 县级以上生态环境主管部门

D. 作业地海事管理机构

28. 某地拟建一高速公路，路线涉及饮用水水源保护区。根据《中华人民共和国水污染防治法》，关于该项目选线的说法，错误的是（　　）。

A. 必须避绕准保护区

B. 必须避绕一级保护区

C. 必须避绕一级和二级保护区

D. 必须避绕饮用水水源保护区

29. 根据《中华人民共和国海洋环境保护法》，下列关于入海排污口设置的说法，错误的是（　　）。

A. 禁止在海水浴场等区域新设工业排污口

B. 禁止在港区海域新设城镇污水处理厂排污口

C. 禁止在重要渔业水域新设城镇污水处理厂排污口

D. 在有条件的地区，应当将排污口深水设置，实行离岸排放

30. 根据《中华人民共和国海洋环境保护法》，下列关于海洋倾倒疏浚物污染防治的说法，错误的是（　　）。

A. 可以就近海洋倾倒

B. 应当取得倾倒许可证

C. 应当出具疏浚物成分检验报告

D. 应当避免或者减少海洋倾倒

31. 根据《中华人民共和国噪声污染防治法》，下列选项中，不属于噪声污染防治应当坚持的原则是（　　）。

A. 统筹规划　　　　B. 源头防控

C. 分类管理　　　　D. 风险防控

32. 某噪声重点排污单位已按规定安装使用噪声自动监测设备。根据《中华人民共和国噪声污染防治法》，对监测数据真实性和准确性负责的单位是（　　）。

A. 该排污单位　　　　B. 监测设备制造商

C. 第三方运维单位　　　　D. 生态环境主管部门

33. 根据《中华人民共和国噪声污染防治法》，下列不属于建设单位履行建筑施工噪声污染防治责任的是（　　）。

A. 制定噪声污染防治实施方案

B. 监督施工单位落实噪声污染防治实施方案

C. 按照规定将噪声污染防治费用列入工程造价

D. 在施工合同中明确施工单位的噪声污染防治责任

34. 根据《中华人民共和国固体废物污染环境防治法》，关于产生工业固体废物单位管理的有关规定，下列说法错误的是（　　）。

A. 应当取得排污许可证

B. 应当建立工业固体废物管理台账

C. 应当向所在地生态环境主管部门提供减少工业固体废物产生、促进综合利用的具体措施

D. 应当在单位终止后，对未处置的工业固体废物作出妥善处置

35. 根据《中华人民共和国固体废物污染环境防治法》，下列关于污泥污染环境防治的说法，错误的是（　　）。

A. 禁止含有毒有害物质的污泥进入农用地

B. 禁止擅自倾倒城镇污水处理设施产生的污泥

C. 禁止擅自堆放城镇污水处理设施产生的污泥

D. 污泥处理单位应对污泥流向等进行跟踪、记录，并报告城镇排水主管部门、生态环境主管部门

36. 根据《中华人民共和国固体废物污染环境防治法》，禁止与危险废物在同一运输工具上载运的是（　　）。

A. 旅客　　　　B. 普通货物

C. 生活垃圾　　　　D. 固体废物

37. 根据《中华人民共和国土壤污染防治法》，下列关于土壤污染防治管理的说法，正确的是（　　）。

A. 依托使用尾矿库的单位应进行土壤污染状况监测

B. 依托使用尾矿库的单位应进行土壤污染状况定期评估

C. 尾矿库运营、管理单位应当按照规定，采取措施防止土壤污染

D. 尾矿库运营、管理单位应当进行土壤污染状况监测和定期评估

38. 某地方人民政府生态环境主管部门定期对一固废处置单位周边土壤环境质量进行监测，发现监测结果超标。根据《中华人民共和国土壤污染防治法》，固废处置单位应当履行的责任是（　　）。

A. 应采取相应改进措施

B. 应制定自行监测方案

C. 应进行土壤隐患排查

D. 应开展土壤污染修复

39. 根据《中华人民共和国土壤污染防治法》，下列关于土壤污染风险管控和修复的说法，正确的是（　　）。

A. 土壤污染修复活动中产生的废水，就近排放

B. 土壤污染修复完成后设立公告牌公开相关情况

C. 实施风险管控效果评估活动，应当编制效果评估报告

D. 转运属于危险废物的污染土壤，修复施工单位应当就近依托生活垃圾焚烧设施处置

40. 根据《中华人民共和国土壤污染防治法》，下列关于实施风险管控、修复活动和修复单位管理的说法，正确的是（　　）。

A. 转运污染土壤的，应制定转运计划

B. 转运污染土壤的，应制定应急预案

C. 转运污染土壤的，应将运输方式、线路报沿线交通运输主管部门

D. 污染土壤转运完成后，应将转运数量、去向报生态环境主管部门备案

41. 根据《中华人民共和国土壤污染防治法》，下列关于永久基本农田集中区域建设项目管理的说法，正确的是（　　）。

A. 严格控制新建造成土壤污染的建设项目

B. 严格控制扩建造成土壤污染的建设项目

C. 已经建成的造成土壤污染的建设项目，应当限期关闭拆除

D. 已经建成的造成土壤污染的建设项目，应当限期整改提升

42. 根据《中华人民共和国放射性污染防治法》，编制放射性固体废物处置场所选址规划所依据的条件是（　　）。

A. 经济条件　　B. 技术条件

C. 地形条件　　D. 地质条件

43. 根据《中华人民共和国放射性污染防治法》，下列关于放射性固体废物处置方式的说法，错误的是（　　）。

A. 禁止在内河水域和海洋上处置放射性固体废物

B. 高水平放射性固体废物实行集中的深地质处置

C. 中水平放射性固体废物实行集中的深地质处置

D. 低水平放射性固体废物在符合国家规定的区域实行近地表处置

44. 根据《中华人民共和国清洁生产促进法》，下列不属于清洁生产措施的是（　　）。

A. 采用自动化设备，降低劳动强度

B. 采用无铬钝化液，替代含铬钝化液

C. 增加中水处理措施，提高中水回用率

D. 增加封闭投料系统，减少粉尘产生

45. 某水资源不足地区编制国土空间规划。根据《中华人民共和国水法》，下列说法正确的是（　　）。

A. 应对城市结构加以控制

B. 应对城市功能加以限制

C. 应对城市布局加以控制

D. 应对城市规模加以限制

46. 根据《中华人民共和国水法》，下列关于水资源、水域保护的说法，错误的是（　　）。

A. 禁止在地下水超采区开采地下水

B. 禁采期内，禁止在河道禁采区采砂

C. 禁止在饮用水水源保护区内设置排污口

D. 禁止在河道管理范围内从事影响河势稳定的活动

47. 根据《中华人民共和国长江保护法》，下列关于外来物种和非本地物种种质资源管理的说法，正确的是（　　）。

A. 禁止在长江流域养殖外来物种种质资源

B. 禁止在长江流域开放水域养殖外来物种种质资源

C. 禁止在长江流域投放非本地物种种质资源

D. 禁止在长江流域封闭水域投放非本地物种种质资源

48. 根据《中华人民共和国长江保护法》，禁止在长江流域水上运输的货品是（　　）。

A. 危险废物　　B. 剧毒化学品

C. 易制毒化学品　　D. 危险化学品

49. 根据《中华人民共和国黄河保护法》，黄河流域省级人民政府在制定生态环境分区管控方案和生态环境准入清单时，应当衔接的是（　　）。

A. 生态保护红线　　B. 环境质量底线

C. 资源利用上线　　D. 国土空间规划

50. 根据《中华人民共和国黄河保护法》，关于黄河流域重点水域禁渔期管理的说法，正确的是（　　）。

A. 禁止从事生产性捕捞

B. 禁止从事渔业资源捕捞

C. 禁止从事天然渔业资源捕捞

D. 禁止从事天然渔业资源生产性捕捞

51. 根据《中华人民共和国青藏高原生态保护法》，下列关于青藏高原生态保护修复的说法，正确的是（　　）。

A. 青藏高原的基本草原原则上划为禁牧区

B. 禁止在若尔盖等泥炭沼泽湿地开采泥炭

C. 应加强对雪山冰川旅游资源的保护性开发

D. 应实行人工修复为主、自然恢复与人工修复为辅的系统治理

52. 根据《中华人民共和国黑土地保护法》，关于建设项目占用黑土地的规定，下列说法错误的是（　　）。

A. 确需占用黑土地的，须补充数量和质量相当的耕地

B. 建设项目占用黑土地的，应当按照规定的标准对耕作层的土壤进行剥离

C. 建设项目主体应当制定剥离黑土的再利用方案

D. 剥离的耕作层黑土须用于建设项目临时占地的土地复垦

53. 根据《中华人民共和国防沙治沙法》，下列关于沙化土地封禁保护区管理的说法，错误的是（　　）。

A. 禁止安置移民

B. 禁止修建铁路

C. 禁止一切破坏植被的活动

D. 应当有计划地组织农牧民迁出并安置

54. 根据《中华人民共和国土地管理法》，国家实行特殊保护的土地类型是（　　）。

A. 耕地

B. 军事设施用地

C. 城镇住宅用地

D. 交通建设设施用地

55. 根据《中华人民共和国矿产资源法》，非经国务院授权的有关主管部门同意不得开采矿产资源的区域是（　　）。

A. 公路两侧一定距离以内

B. 河流两侧一定距离以内

C. 工业区附近一定距离以内

D. 港口工程设施圈定地区以内

56. 根据《中华人民共和国森林法》，需要申请采伐许可证的行为是（　　）。

A. 采伐林地上的林木

B. 采伐自然保护区以外的竹林

C. 农民采伐自留地私人所有的零星林木

D. 农村居民采伐房前屋后私人所有的零星林木

57. 根据《中华人民共和国草原法》，应当划为基本草原的是（　　）。

A. 放牧场　　B. 人工草地

C. 滩涂草地　　D. 草原科研试验基地

58. 根据《中华人民共和国湿地保护法》，属于湿地的水域是（　　）。

A. 水田

B. 养殖虹鳟鱼的鱼塘

C. 养殖贝类的人工滩涂

D. 有涵养水源生态功能的季节性积水水域

59. 根据《中华人民共和国野生动物保护法》，该法不适用于（　　）。

A. 珍贵、濒危的陆生野生动物保护

B. 珍贵、濒危的水生野生动物保护

C. 具有重要生态价值的陆生野生动物保护

D. 具有重要生态价值的水生野生动物保护

60. 根据《中华人民共和国渔业法》，捕捞禁止使用的网具是（　　）。

A. 大于最小网目尺寸的网具

B. 大于最大网目尺寸的网具

C. 小于最小网目尺寸的网具

D. 小于最大网目尺寸的网具

61. 某重点工程项目无法避让不可移动的全国重点文物保护单位。根据《中华人民共和国文物保护法》，关于对该文物保护单位的做法，正确的是（　　）。

A. 不得拆除

B. 应实施原址保护，确定保护措施，报省级人民政府批准

C. 无法实施原址保护的，应实施迁移异地保护，报省级人民政府批准

D. 无法实施原址保护的，应实施迁移异地保护，报国务院文物行政部门批准

62. 根据《中华人民共和国河道管理条例》，河道管理范围内可以进行的生产活动是（　　）。

A. 种植高粱类农作物

B. 种植柑橘类经济果林

C. 种植西瓜等伏地瓜果

D. 种植甘蔗等经济作物

63. 根据《中华人民共和国自然保护区条例》，下列关于自然保护区功能区划分及保护的说法，正确的是（　　）。

A. 核心区外围划为实验区

B. 缓冲区外围划为外围保护地带

C. 缓冲区可以进入进行繁殖珍稀、濒危野生动物等活动

D. 自然保护区内保存完好的天然状态的生态系统，应当划为核心区

64. 根据《中华人民共和国自然保护区条例》，下列关于自然保护区内禁止行为的说法，错误的是（　　）。

A. 禁止缓冲区开展生产经营活动

B. 未经批准，禁止任何人进入核心区

C. 禁止在外围保护地带开展旅游和生产经营活动

D. 经批准后可以在缓冲区从事非破坏性的科学研究、教学实习

65. 根据《危险化学品安全管理条例》，下列选项中的两者距离必须符合国家有关规定的是（　　）。

A. 危险化学品储存设施与码头

B. 危险化学品生产装置与湖泊

C. 危险化学品生产装置与耕地

D. 运输工具加气站与风景名胜区

66. 根据《医疗废物管理条例》，下列关于医疗卫生机构医疗废物管理的说法，错误的是（　　）。

A. 不得露天存放医疗废物

B. 医疗废物的暂时贮存设施、设备应当定期消毒和清洁

C. 高危险医疗废物应当交危险废物集中处置单位消毒

D. 应当使用专用运送工具收集、运送医疗废物至内部暂存点

67. 根据《风景名胜区条例》，风景名胜区内禁止的活动是（　　）。

A. 修建道路

B. 修建索道

C. 采石开矿

D. 建设娱乐设施

68. 根据《关于生产和使用消耗臭氧层物质建设项目管理有关工作的通知》，关于消耗臭氧层物质管理有关要求的说法，正确的是（　　）。

A. 禁止使用含消耗臭氧层物质的产品

B. 禁止新建、扩建副产四氯化碳的建设项目

C. 禁止扩建生产作为灭火剂受控用途的消耗臭氧层物质的建设项目

D. 禁止改建生产作为清洗剂受控用途的消耗臭氧层物质的建设项目

69. 根据《土地复垦条例》，下列损毁土地不属于土地复垦义务人负责复垦的是（　　）。

A. 露天采坑

B. 矸石堆场

C. 修建公路设置的临时弃土场

D. 泥石流损毁的土地

70. 根据《畜禽规模养殖污染防治条例》，下列措施不属于畜禽粪便综合利用的是（　　）。

A. 深埋　　B. 还田

C. 制取沼气　　D. 制造有机肥

71. 根据《畜禽规模养殖污染防治条例》，下列关于畜禽养殖废弃物处理的说法，错误的是（　　）。

A. 畜禽养殖废弃物未经处理，不得直接向环境排放

B. 从事畜禽养殖废弃物收集活动，应当防止畜禽养殖废弃物泄漏

C. 病害畜禽养殖废弃物应当按照有关规定，进行焚烧等无害化处理

D. 向环境排放经过处理的畜禽养殖废弃物，应当符合环境质量标准

72. 根据《地下水管理条例》，下列应当禁止的行为是（　　）。

A. 利用地下水池贮存含重金属废水

B. 利用地下管道方式输送含病原体的污水

C. 利用地下管道方式输送含有毒污染物的废水

D. 利用废弃矿坑贮存城镇污水处理产生的污泥

73. 根据《排污许可管理条例》，下列关于排污管理的说法，错误的是（　　）。

A. 污染物排放口位置和数量应与排污许可证规定相符

B. 排污单位应当依法开展自行监测，并保存原始监测记录 3 年

C. 排污单位应当按照生态环境主管部门的规定建设规范化污染物排放口

D. 实施技术改造的排污单位应当在建设污染防治设施的同时，建设规范化污染物排放口

74. 根据《中共中央　国务院关于深入打好污染防治攻坚战的意见》，下列不属于加快推动绿色低碳发展的内容是（　　）。

A. 深入推进碳达峰行动

B. 推动能源清洁低碳转型

C. 加快形成绿色低碳生活方式

D. 停批停建高耗能高排放项目

75. 根据《中共中央　国务院关于完整准确全面贯彻新发展理念做好碳达峰碳中和工作的意见》，纳入国家有关领域产业规划方可新建的项目是（　　）。

A. 水泥项目　　B. 电解铝项目

C. 煤制烯烃项目　　D. 钢铁项目

76. 根据《关于进一步加强生物多样性保护的意见》，下列关于推进重要生态系统一体化保护和修复的说法，正确的是（　　）。

A. 统筹推进山水林田湖一体化保护和修复

B. 统筹推进山水林田湖草一体化保护和修复

C. 统筹推进山水林田湖草沙一体化保护和修复

D. 统筹推进山水林田湖草沙冰一体化保护和修复

77. 根据《全国主体功能区规划》，新设立的国家地质公园属于（　　）。

A. 国家层面优化开发区域

B. 国家层面重点开发区域

C. 国家层面限制开发区域

D. 国家层面禁止开发区域

78. 根据《2030年前碳达峰行动方案》，下列关于推进产业园区循环化发展的说法，错误的是（　　）。

A. 到2030年，重点产业园区应全部完成循环化改造

B. 应搭建基础设施和公共服务共享平台，加强园区物质流管理

C. 以提升资源产出率和循环利用率为目标，开展园区循环化改造

D. 应推动园区企业循环式生产、产业循环式组合，组织企业实施清洁生产改造

79. 根据《"十四五"节能减排综合工作方案》，下列关于实施园区节能环保提升工程的说法，正确的是（　　）。

A. 引导工业企业向省级工业园区集聚

B. 鼓励工业企业、园区优先利用可再生能源

C. 全面实施挥发性有机物集中治理的"绿岛"项目建设

D. 出水浓度超标的污水处理厂开展片区管网系统化整治

80. 根据《"十四五"节能减排综合工作方案》，关于到2025年降低溶剂型原料使用量和使用比例的说法，正确的是（　　）。

A. 油墨使用比例降低20个百分点

B. 胶粘剂使用量降低20个百分点

C. 清洗剂使用量降低20个百分点

D. 工业涂料使用比例降低20个百分点

81. 根据《空气质量持续改善行动计划》，下列不属于重点区域的是（　　）。

A. 汾渭平原　　B. 珠三角地区

C. 长三角地区　　D. 京津冀及周边地区

82. 根据《空气质量持续改善行动计划》，下列关于优化产业结构，促进产业产品绿色升级的说法，错误的是（　　）。

A. 禁止新增重点行业产能

B. 推动绿色环保产业健康发展

C. 坚决遏制高排放项目盲目上马

D. 全面开展传统产业集群升级改造

83. 根据《污染地块土壤环境管理办法》（试行），土地使用权人应当按照风险管控方案要求采取相关措施，下列措施不适合的是（　　）。

A. 应开展环境监测

B. 应及时清理污染源

C. 发现污染扩散，应开展原位修复

D. 应采取污染阻断措施，防止污染扩散

84. 根据《国家危险废物名录》（2021 年版），下列不属于危险废物的是（　　）。

A. 具有易燃性危险特性的废气

B. 具有腐蚀性危险特性的废液

C. 具有反应性危险特性的废渣

D. 具有感染性危险特性的废料

85. 甲省 A 市某单位拟将一些危险废物转移到乙省 B 市。根据《危险废物转移管理办法》，下列跨省转移危险废物的生态环境主管部门之间协商要求的说法，正确的是（　　）。

A. A 市商乙省

B. A 市商 B 市

C. 甲省商乙省

D. 甲省商 B 市

86. 根据《尾矿污染环境防治管理办法》，下列关于尾矿污染防治的说法，错误的是（　　）。

A. 产生尾矿的单位应当建立尾矿环境管理台账

B. 尾矿库运营单位应采取边坡绿化等措施防止扬尘污染

C. 尾矿水应当全部返回选矿工艺使用，不得外排

D. 采用传送带方式输送尾矿的，应当采取封闭等措施

87. 根据《深入打好重污染天气消除、臭氧污染防治和柴油货车污染治理攻坚战行动方案》，关于柴油货车清洁化行动，下列说法错误的是（　　）。

A. 应推进传统汽车清洁化

B. 应提高公路、铁路货运量

C. 应推动车辆全面达标排放

D. 应加快推动机动车新能源化发展

88. 根据《国务院办公厅关于加强入河入海排污口监督管理工作的实施意见》，入海排污口的设置实行（　　）。

A. 备案制　　　　B. 审核制

C. 核准制　　　　D. 审批制

89. 根据《生态保护红线生态环境监督办法》(试行)，下列不属于生态保护红线应当坚持的保护原则是(　　)。

A. 问题导向

B. 公众参与

C. 发展优先

D. 分类监督

90. 根据《国家公园管理暂行办法》，国家公园内允许开展的人为活动是(　　)。

A. 生产农业生产工具

B. 生产农作物病虫害防治药物

C. 暂时不能搬迁的原住居民采矿

D. 暂时不能搬迁的原住居民修缮生活设施

二、不定项选择题(共30题，每题2分。每题的备选项中，至少有1个符合题意。多选、错选、少选均不得分)

91. 根据《中华人民共和国环境保护法》，下列关于环境影响评价的说法，正确的有(　　)。

A. 编制乡镇发展规划，应当进行环境影响评价

B. 未依法进行环境影响评价的建设项目，不得开工建设

C. 建设对环境有影响的项目，应当依法进行环境影响评价

D. 未依法进行环境影响评价的开发利用规划，不得组织实施

92. 根据《中华人民共和国环境保护法》，下列关于加强农业环境保护和防止农业生产污染的说法，正确的有(　　)。

A. 推动农村环境综合整治

B. 加强对农业污染源的监测预警

C. 促进农业环境保护新技术的使用

D. 粮食生产推广高效农药广泛使用

93. 根据《规划环境影响评价条例》，规划环境影响评价应当分析、预测和评估的内容包括(　　)。

A. 规划实施可能对环境产生的长远影响

B. 规划实施可能对生态系统产生的整体影响

C. 规划实施可能对人群健康产生的长远影响

D. 规划实施的当前利益与长远利益之间的关系

94. 根据《规划环境影响评价条例》，跟踪评价的内容应当包括(　　)。

A. 跟踪评价的结论

B. 规划优化调整建议

C. 公众对规划实施所产生的环境影响的意见

D. 规划实施中所采取的预防或者减轻不良环境影响的对策和措施有效性的分析和评估

95.《建设项目环境影响评价分类管理名录》(2021 年版)所称环境敏感区包括(　　)。

A. 天然湿地　　B. 天然渔场

C. 自然公园　　D. 海洋特别保护区

96. 根据《中华人民共和国环境影响评价法》，建设项目环境影响报告书的内容应当包括(　　)。

A. 建设项目概况

B. 保护措施监督检查清单

C. 对建设项目实施环境监测的建议

D. 建设项目对环境影响的经济损益分析

97. 根据《建设项目环境保护管理条例》和《建设项目环境影响登记表备案管理办法》，下列关于环境影响评价文件报批(备案)的说法，错误的有(　　)。

A. 建设单位应当在开工建设前报批环境影响报告书

B. 建设单位应当在建成并投入生产运营前，报批环境影响报告表

C. 建设单位应当在开工建设前，在线填报并提交环境影响登记表

D. 建设单位应当在建设项目建成并投入生产运营前，在线填报并提交环境影响登记表

98. 根据《建设项目环境保护管理条例》，作出不予批准建设项目环境影响报告书(表)决定的情形包括(　　)。

A. 建设项目选址不符合相关法定规划的

B. 未采取必要措施预防和控制生态破坏的

C. 建设项目的环境影响报告书(表)的基础资料数据已超时效要求的

D. 所在区域环境质量未达到国家环境质量标准的

99. 甲环评单位法定代表人乙在环评工程师丙知情但全过程未参与环评工作的情况下，伪造丙签名，将多份盖有甲单位公章的编制单位和编制人员情况表出售给丁单位，用于丁承接建设项目环境影响报告书(表)，并按项目数量向丙支付报酬，该行为已由法院认定为提供虚假证明文件罪。根据有关法律和《建设项目环境影响报告书(表)编制监督管理办法》《关于严惩弄虚作假提高环评质量的意见》(环环评〔2020〕48 号)，对该弄虚作假行为负有责任的单位或个人包括(　　)。

A. 甲　　B. 乙

C. 丙　　D. 丁

100. 根据《中华人民共和国大气污染防治法》，下列关于工业废气污染源监测的说法，正确的有(　　)。

A. 应当安装自动监测设备

B. 应当使用手工监测设备

C. 应当保存原始监测记录

D. 应按照规定对工业废气进行监测

101. 根据《中华人民共和国海洋环境保护法》，开发利用海洋和海岸带资源，为维护生物多样性应当实施有效保护的对象包括（　　）。

A. 大型海洋牧场

B. 重要海洋生态系统

C. 重要海洋生物物种

D. 重要海洋生物遗传资源

102. 拟建公路经过噪声敏感建筑物集中区域。根据《中华人民共和国噪声污染防治法》，关于该建设单位拟采取噪声污染防治措施的说法，正确的有（　　）。

A. 采取减少振动、降低噪声的措施

B. 沿线划定禁止建设区域和限制建设区域

C. 选线尽量避开噪声敏感建筑物集中区域

D. 可能造成噪声污染的重点路段设置声屏障

103. 根据《中华人民共和国固体废物污染环境防治法》，危险废物管理计划应当包括（　　）。

A. 危险废物收集措施

B. 危险废物利用、处置措施

C. 减少危险废物产生量的措施

D. 降低危险废物危害性的措施

104. 根据《中华人民共和国土壤污染防治法》，土壤污染风险管控和修复活动包括（　　）。

A. 土壤污染状况调查

B. 土壤污染风险评估

C. 土壤风险管控效果评估

D. 编制土壤管控报告评价专篇

105. 根据《中华人民共和国土壤污染防治法》，下列关于土壤污染责任人承担责任义务的说法，正确的有（　　）。

A. 土壤污染责任人承担实施土壤污染调查和修复费用

B. 土壤污染责任人负有实施土壤污染风险管控和修复的义务

C. 农用地土壤污染责任人不明确的，由自然资源主管部门认定

D. 土壤污染责任人变更的，由变更后承继其债权、债务的单位或个人履行相关土壤污染风险管控和修复义务

106. 根据《中华人民共和国水法》，核定水域纳污能力的依据包括（　　）。

A. 社会经济发展的需求

B. 水体的自然净化能力

C. 流域水污染控制能力

D. 水功能区对水质的要求

107. 长江流域已建小水电工程不符合生态保护要求。根据《中华人民共和国长江保护法》，县级以上地方人民政府可以采取的措施包括（　　）。

A. 分类整改　　B. 关闭退出

C. 恢复原状　　D. 采取措施逐步退出

108. 根据《中华人民共和国长江保护法》，关于严格限制实施航道整治工程的区域包括（　　）。

A. 渔业养殖水域

B. 自然保护地水域

C. 生态保护红线水域

D. 水生生物重要栖息地水域

109. 根据《中华人民共和国黄河保护法》，依法设立自然保护地的区域包括（　　）。

A. 野生动物重要栖息地

B. 重要文化遗迹分布区

C. 重要典型生态系统的完整分布区

D. 珍贵濒危野生动物天然集中分布区

110. 根据《中华人民共和国土地管理法》，为了公共利益的需要，可以征收农民集体所有土地的情形包括（　　）。

A. 军事和外交需要用地的

B. 商业房地产开发建设需要用地的

C. 由政府组织实施的社会福利事业需要用地的

D. 由政府组织实施的交通基础设施建设需要用地的

111. 根据《中华人民共和国湿地保护法》，下列关于占用湿地管理的说法，正确的有（　　）。

A. 居民安居工程可占用国家重要湿地

B. 临时占用湿地的期限一般不得超过二年

C. 不得在临时占用的湿地上修建永久性建筑物

D. 临时占用湿地期满后一年内，应当恢复湿地面积和生态条件

112. 根据《中华人民共和国自然保护区条例》，自然保护区内禁止的行为包括（　　）。

A. 挖沙　　B. 捕捞

C. 开垦　　D. 研究观测

113. 根据《畜禽规模养殖污染防治条例》，禁止建设畜禽养殖小区的区域包括（　　）。

A. 耕地　　B. 风景名胜区

C. 自然保护区实验区　　D. 饮用水水源保护区

114. 根据《排污许可管理条例》，下列关于排污单位排污管理的说法，正确的有（　　）。

A. 排污单位应当按照排污许可证规定，提交排污许可证执行报告

B. 排污许可证执行报告的污染物排放量可作为年度生态环境统计的依据

C. 排污许可证执行报告的污染物排放量不作为重点污染物排放总量考核依据

D. 排污单位应按照规定在全国排污许可证管理信息平台公开污染物排放信息

115. 根据《全国主体功能区规划》，关于国家层面禁止开发区域功能定位的说法，正确的有（　　）。

A. 珍稀动植物基因资源保护地

B. 人与自然和谐相处的示范区

C. 保护自然文化资源的重要区域

D. 保障农产品供给安全的重要区域

116. 根据《2030 年前碳达峰行动方案》，关于推进煤炭消费替代和转型升级的说法，正确的有（　　）。

A. 严格控制新增煤电项目，新建机组煤耗标准达到国际先进水平

B. 新建跨区外送电力通道可再生能源电量比例原则上不低于 50%

C. 大力推动煤炭清洁利用，合理划定禁止散烧区域，推进散煤替代

D. 加快煤炭减量，“十四五”时期逐步减少，“十五五”时期严控煤炭消费增长

117. 根据《“十四五”节能减排综合工作方案》，推进超低排放改造的行业包括（　　）。

A. 钢铁　　B. 水泥

C. 焦化　　D. 玻璃

118. 根据《空气质量持续改善行动计划》，下列关于强化多污染物减排，切实降低排放强度的说法，正确的有（　　）。

A. 稳步推进大气氨污染防控

B. 限期完成有色行业超低排放改造

C. 开展餐饮油烟、恶臭异味专项治理

D. 强化 VOCs 全流程、全环节综合治理

119. 根据《农用地土壤环境管理办法》（试行），下列关于农用地土壤污染预防的说法，正确的有（　　）。

A. 禁止向农田灌溉渠道排放医疗污水

B. 禁止向农田灌溉渠道排放工业废水

C. 农田灌溉用水应当符合农田灌溉水质标准

D. 禁止向农田灌溉渠道排放农产品加工废水

120. 转移危险废物的，使用三辆车一次性转移至某单位，其中两辆车转移同一类，另一辆车转移其余两类。根据《危险废物转移管理办法》，该单位可以填写危险废物转移联单的份数有（　　）。

A. 1 份　　B. 2 份

C. 3 份　　D. 4 份

参考答案及解析

一、单项选择题

1. A 【解析】根据《中华人民共和国环境保护法》第 29 条的规定，国家在重点生态功能区、生态环境敏感区和脆弱区等区域划定生态保护红线，实行严格保护。

2. B 【解析】根据《中华人民共和国环境保护法》第 30 条的规定，开发利用自然资源，应当合理开发，保护生物多样性，保障生态安全，依法制定有关生态保护和恢复治理方案并予以实施。

3. A 【解析】根据《中华人民共和国环境保护法》第 42 条的规定，重点排污单位应当按照国家有关规定和监测规范安装使用监测设备，保证监测设备正常运行，保存原始监测记录。严禁通过暗管、渗井、渗坑、灌注或者篡改、伪造监测数据，或者不正常运行防治污染设施等逃避监管的方式违法排放污染物。

4. B 【解析】根据《中华人民共和国环境保护法》第 44、45 条的规定，国家实行重点污染物排放总量控制制度。重点污染物排放总量控制指标由国务院下达，省、自治区、直辖市人民政府分解落实。国家依照法律规定实行排污许可管理制度。实行排污许可管理的企业事业单位和其他生产经营者应当按照排污许可证的要求排放污染物；未取得排污许可证的，不得排放污染物。选项 B 错误，很多企业排放污染物无须取得排污许可证，申领排污许可证是有前提条件的。

5. B 【解析】根据《中华人民共和国环境保护法》第 46 条的规定，国家对严重污染环境的工艺、设备和产品实行淘汰制度。任何单位和个人不得生产、销售或者转移、使用严重污染环境的工艺、设备和产品。

6. A 【解析】根据《规划环境影响评价条例》第 11 条的规定，环境影响篇章或者说明应当包括下列内容，作为规划草案的组成部分一并报送规划审批机关：①规划实施对环境可能造成影响的分析、预测和评估。主要包括资源环境承载能力分析、不良环境影响的分析和预测以及与相关规划的环境协调性分析。②预防或者减轻不良环境影响的对策和措施。主要包括预防或者减轻不良环境影响的政策、管理或者技术等措施。

7. B 【解析】根据《规划环境影响评价条例》第 19 条的规定，审查小组的成员应当客观、公正、独立地对环境影响报告书提出书面审查意见，规划审批机关、规划编制机关、审查小组的召集部门不得干预。审查意见应当包括下列内容：①基础资料、数据的真实性；②评价方法的适当性；③环境影响分析、预测和评估的可靠性；④预防或者减轻不良环境影响的对策和措施的合理性和有效性；⑤公众意见采纳与不采纳情况及其理由的说明的合理性；⑥环境影响评价结论的科学性。审查意见应当经审查小组四分之三以上成员签字同意。审查小组成员有不同意见的，应当如实记录和反映。

8. D 【解析】根据《规划环境影响评价条例》第 21 条的规定，有下列情形之一的，审查小组应当提出不予通过环境影响报告书的意见：①依据现有知识水平和技术条件，对规划实施可能产生的不良环境影响的程度或者范围不能作出科学判断的；②规划实施可能造成重大不良环境影响，并且无法提出切实可行的预防或者减轻对策和措施的。

9. D 【解析】根据《规划环境影响评价条例》第 34 条的规定，规划环境影响评价技术机构弄虚作假或者有失职行为，造成环境影响评价文件严重失实的，由国务院生态环境主管部门予以通报，处所收费用 1 倍以上 3 倍以下的罚款；构成犯罪的，依法追究刑事责任。

10. C 【解析】根据《关于进一步加强产业园区规划环境影响评价工作的意见》，入园建设项目开展环评工作时，应以产业园区规划环评为依据；产业园区招商引资、入园建设项目环评审批等应将规划环评结论及审查意见作为重要依据。产业园区规划环评结论及审查意见应依法作为规划审批决策的依据。编制产业园区开发建设规划时应依法开展规划环评。国务院及其有关部门、省级人民政府批准设立的经济技术开发区、高新技术产业开发区、旅游度假区等产业园区以及设区的市级人民政府批准设立的各类产业园区，在编制开发建设有关规划时，应依法开展规划环评工作，编制环境影响报告书。在规划审批前，报送相应生态环境主管部门召集审查。

11. A 【解析】根据《建设项目环境影响评价分类管理名录》第 4 条的规定，建设内容不涉及主体工程的改建、扩建项目，其环境影响评价类别按照改建、扩建的工程内容确定。

12. A 【解析】根据《建设项目环境影响报告表编制技术指南（污染影响类）》（试行），用地（用海）面积（m^2）：指建设项目所占有或使用的土地水平投影面积。租用建筑物的建设项目填写实际租用面积。海洋工程填写占用的海域面积。改建、扩建工程填写新增用地面积。

13. A 【解析】根据《建设项目环境影响报告表编制技术指南（生态影响类）》（试行），应当设置环境风险专项评价包括：①石油和天然气开采；②油气、液体化工码头；③原油、成品油、天然气管线（不含城镇天然气管线、企业厂区内管线），危险化学品输送管线（不含企业厂区内管线）。

14. B 【解析】根据《中华人民共和国环境影响评价法》第 24 条的规定，建设项目的环境影响评价文件自批准之日起超过 5 年，方决定该项目开工建设的，其环境影响评价文件应当报原审批部门重新审核。

15. D 【解析】根据《污染影响类建设项目重大变动清单（试行）》，属于重大变动的情形有：废水第一类污染物排放量增加的；其他污染物排放量增加 10%及以上的；大气污染物无组织排放量增加 10%及以上的。

16. B 【解析】根据《关于进一步加强石油天然气行业环境影响评价管理的通知》，油气开采项目（含新开发和滚动开发项目）原则上应当以区块为单位开展环评。高含硫天然气净化厂应当采用先进高效硫黄回收工艺，减少二氧化硫排放。陆地油气长输管道项目，原则上应当单独编制环评文件。未确定产能建设规模的陆地油气开采新区块，建设勘探井应当依法编制环境影响报告表。海洋油气勘探工程应当填报环境影响登记表并进行备案。确定产能建设规模后，原则上不得以勘探名义继续开展单井环评。勘探井转为生产井的，可以纳入区块环评。自 2021 年 1 月 1 日起，原则上不以单井形式开展环评。过渡期间，项目建设单位可以根据实际情况，报批区块环评或单井环评。

17. B 【解析】根据《关于加强高耗能、高排放建设项目生态环境源头防控的指导意见》，大宗物料优先采用铁路、管道或水路运输，短途接驳优先使用新能源车辆运输。鼓励使用清洁燃料，重点区域建设项目原则上不新建燃煤自备锅炉。鼓励重点区域高炉—转炉长流程钢铁企业转型为电炉短流程企业。新建、扩建“两高”项目应采用先进适用的工艺技术和装备，单位产品物耗、能耗、水耗等达到清洁生产先进水平，依法制定并严格落实防治土壤与地下水污染的措施。

18. D 【解析】根据《钢铁/焦化建设项目环境影响评价文件审批原则》，长江经济带区域内及沿黄重点地区禁止在合规园区外新建、扩建钢铁冶炼项目。钢铁联合企业新建焦炉须同步配套建设干熄焦装置，鼓励独立焦化企业新建焦炉同步配套建设干熄焦装置。鼓励新建炼铁炼钢项目水渣、钢渣、含铁尘泥等大宗固废在厂区内建设综合利用设施处置。新建、扩建焦化项目应布设在依法合规设立的产业园区，并符合规划及规划环境影响评价要求。

19. B 【解析】根据《关于加强“未批先建”建设项目环境影响评价管理工作的通知》，“未批先建”违法行为自建设行为终了之日起二年内未被发现的，依法不予行政处罚。建设单位同时构成“未批先建”和环境保护设施“三同时”及竣工环保验收制度等违法行为的，应当依法分别予以处罚。即使“未批先建”违法行为已超过二年行政处罚追溯期限，依法不予行政处罚的，生态环境主管部门仍可以对违反环境保护设施“三同时”和竣工环保验收制度的违法行为依法作出处罚，即不受“未批先建”行政处罚追溯期限的影响。建设项目于2015年1月1日新《环境保护法》施行后开工建设，或者2015年1月1日之前已经开工建设且之后仍然进行建设的，应当适用新《环境保护法》第61条规定进行处罚。根据《环境保护法》第61条的规定，建设单位未依法提交建设项目环境影响评价文件或者环境影响评价文件未经批准，擅自开工建设的，由负有环境保护监督管理职责的部门责令停止建设，处以罚款，并可以责令恢复原状。

20. D 【解析】根据《建设项目环境影响后评价管理办法》(试行)第7条的规定，建设项目环境影响后评价文件应当包括以下内容：①建设项目过程回顾。包括环境影响评价、环境保护措施落实、环境保护设施竣工验收、环境监测情况，以及公众意见收集调查情况等。②建设项目工程评价。包括项目地点、规模、生产工艺或者运行调度方式，环境污染或者生态影响的来源、影响方式、程度和范围等。③区域环境变化评价。包括建设项目周围区域环境敏感目标变化、污染源或者其他影响源变化、环境质量现状和变化趋势分析等。④环境保护措施有效性评估。包括环境影响报告书规定的污染防治、生态保护和风险防范措施是否适用、有效，能否达到国家或者地方相关法律、法规、标准的要求等。⑤环境影响预测验证。包括主要环境要素的预测影响与实际影响差异，原环境影响报告书内容和结论有无重大漏项或者明显错误，持久性、累积性和不确定性环境影响的表现等。⑥环境保护补救方案和改进措施。⑦环境影响后评价结论。

21. C 【解析】编制单位是指主持编制环境影响报告书(表)的单位，包括主持编制环境影响报告书(表)的技术单位和自行主持编制环境影响报告书(表)的建设单位。根据《建设项目环境影响报告书(表)编制监督管理办法》第2、9条的规定，建设单位可以委托技术单位对其建设项目开展环境影响评价，编制环境影响报告书(表)；建设单位具备环境影响评价技术能力的，可以自行对其建设项目开展环境影响评价，编制环境影响报告书(表)。编制单位应当是能够依法独立承担法律责任的单位。前款规定的单位中，下列单位不得作为技术单位编制环境影响报告书(表)：①生态环境主管部门或者其他负责审批环境影响报告书(表)的审批部门设立的事业单位；②由生态环境主管部门作为业务主管单位或者挂靠单位的社会组织，或者由其他负责审批环境影响报告书(表)的审批部门作为业务主管单位或者挂靠单位的社会组织；③由本款前两项中的事业单位、社会组织出资的单位及其再出资的单位；④受生态环境主管部门或者其他负责审批环境影响报告书(表)的审批部门委托，开展环境影响报告书(表)技术评估的单位；⑤本款第4项中的技术评估单位出资的单位及其再出资的单位；⑥本款第 4 项中的技术评估单位的出资单位，或者由本款第 4 项中的技术评估单位出资人出资的其他单位，或者由本款第 4 项中的技术评估单位法定代表人出资的单位。个体工商户、农村承包经营户以及本条第 1 款规定单位的内设机构、分支机构或者临时机构，不得主持编制环境影响报告书（表）。

22. B 【解析】根据《关于严惩弄虚作假提高环评质量的意见》，环评领域典型弄虚作假情形：①环评文件抄袭。主要包括环评文件（指建设项目环境影响报告书、报告表和规划环境影响报告书）中项目建设地点、主体工程及其生产工艺明显不属于本项目的；现有工程基本情况、污染物排放及达标情况明显不属于本项目的；环境现状调查、预测评价结果明显不属于本项目或规划的。②关键内容遗漏。主要包括环评文件隐瞒项目实际开工情况的；遗漏生态保护红线、自然保护区、饮用水水源保护区或者以居住、医疗卫生、文化教育为主要功能的区域等重要环境保护目标的；未开展相关环境要素现状调查与评价、相关环境要素或者环境风险预测与评价的；未提出有效的环境污染和生态破坏防治措施的。③数据结论错误。主要包括环评文件编造、篡改环境现状监测、调查数据或者危险废物鉴别结果的；编造相关环境要素或环境风险等现状调查、预测、评价内容或结果的；降低环评标准，致使环评结论不正确的；建设项目类型及其选址、布局、规模等明显不符合环境保护法律法规，仍给出环境影响可行结论的。④其他造假情形。主要包括建设单位和规划编制机关未组织开展公众参与却凭空编造公众参与内容，或者篡改实际公众参与调查结果的；相关单位故意篡改、隐瞒工程建设内容、规模等，以降低环评文件类型或者评价工作等级的；环评单位、环评文件编制主持人、主要编制人员在环评文件中假冒、伪造他人签字签章的；其他基础资料明显不实，内容、结论有重大虚假的。

23. A 【解析】根据《建设项目竣工环境保护验收暂行办法》第 8 条的规定，建设项目环境保护设施存在下列情形之一的，建设单位不得提出验收合格的意见：①未按环境影响报告书（表）及其审批部门审批决定要求建成环境保护设施，或者环境保护设施不能与主体工程同时投产或者使用的；②污染物排放不符合国家和地方相关标准、环境影响报告书（表）及其审批部门审批决定或者重点污染物排放总量控制指标要求的；③环境影响报告书（表）经批准后，该建设项目的性质、规模、地点、采用的生产工艺或者防治污染、防止生态破坏的措施发生重大变动，建设单位未重新报批环境影响报告书（表）或者环境影响报告书（表）未经批准的；④建设过程中造成重大环境污染未治理完成，或者造成重大生态破坏未恢复的；⑤纳入排污许可管理的建设项目，无证排污或者不按证排污的；⑥分期建设、分期投入生产或者使用依法应当分期验收的建设项目，其分期建设、分期投入生产或者使用的环境保护设施防治环境污染和生态破坏的能力不能满足其相应主体工程需要的；⑦建设单位因该建设项目违反国家和地方环境保护法律法规受到处罚，被责令改正，尚未改正完成的；⑧验收报告的基础资料数据明显不实，内容存在重大缺项、遗漏，或者验收结论不明确、不合理的；⑨其他环境保护法律法规规章等规定不得通过环境保护验收的。

24. C 【解析】根据《中华人民共和国大气污染防治法》第 38、39 条的规定，城市人民政府可以划定并公布高污染燃料禁燃区，并根据大气环境质量改善要求，逐步扩大高污染燃料禁燃区范围。高污染燃料的目录由国务院生态环境主管部门确定。在禁燃区内，禁止销售、燃用高污染燃料；禁止新建、扩建燃用高污染燃料的设施，已建成的，应当在城市人民政府规定的期限内改用天然气、页岩气、液化石油气、电或者其他清洁能源。城市建设应当统筹规划，在燃煤供热地区，推进热电联产和集中供热。在集中供热管网覆盖地区，禁止新建、扩建分散燃煤供热锅炉；已建成的不能达标排放的燃煤供热锅炉，应当在城市人民政府规定的期限内拆除。

25. D 【解析】根据《中华人民共和国大气污染防治法》第 69 条的规定，建设单位应当将防治扬尘污染的费用列入工程造价，并在施工承包合同中明确施工单位扬尘污染防治责任。施工单位应当制定具体的施工扬尘污染防治实施方案。从事房屋建筑、市政基础设施建设、河道整治以及建筑物拆除等施工单位，应当向负责监督管理扬尘污染防治的主管部门备案。施工单位应当在施工工地设置硬质围挡，并采取覆盖、分段作业、择时施工、洒水抑尘、冲洗地面和车辆等有效防尘降尘措施。建筑土方、工程渣土、建筑垃圾应当及时清运；在场地内堆存的，应当采用密闭式防尘网遮盖。工程渣土、建筑垃圾应当进行资源化处理。施工单位应当在施工工地公示扬尘污染防治措施、负责人、扬尘监督管理主管部门等信息。暂时不能开工的建设用地，建设单位应当对裸露地面进行覆盖；超过三个月的，应当进行绿化、铺装或者遮盖。

26. A 【解析】根据《中华人民共和国水污染防治法》第 58、63、64、65、66、67 条的规定，禁止向农田灌溉渠道排放工业废水或者医疗污水。国家建立饮用水水源保护区制度。饮用水水源保护区分为一级保护区和二级保护区；必要时，可以在饮用水水源保护区外围划定一定的区域作为准保护区。在饮用水水源保护区内，禁止设置排污口。禁止在饮用水水源一级保护区内新建、改建、扩建与供水设施和保护水源无关的建设项目；已建成的与供水设施和保护水源无关的建设项目，由县级以上人民政府责令拆除或者关闭。禁止在饮用水水源一级保护区内从事网箱养殖、旅游、游泳、垂钓或者其他可能污染饮用水水体的活动。禁止在饮用水水源二级保护区内新建、改建、扩建排放污染物的建设项目；已建成的排放污染物的建设项目，由县级以上人民政府责令拆除或者关闭。在饮用水水源二级保护区内从事网箱养殖、旅游等活动的，应当按照规定采取措施，防止污染饮用水水体。禁止在饮用水水源准保护区内新建、扩建对水体污染严重的建设项目；改建建设项目，不得增加排污量。

27. D 【解析】根据《中华人民共和国水污染防治法》第 62 条的规定，船舶进行散装液体污染危害性货物的过驳作业，应当编制作业方案，采取有效的安全和污染防治措施，并报作业地海事管理机构批准。

28. A 【解析】根据《中华人民共和国水污染防治法》第 63、65、66、67 条的规定，国家建立饮用水水源保护区制度。饮用水水源保护区分为一级保护区和二级保护区；必要时，可以在饮用水水源保护区外围划定一定的区域作为准保护区。禁止在饮用水水源一级保护区内新建、改建、扩建与供水设施和保护水源无关的建设项目；已建成的与供水设施和保护水源无关的建设项目，由县级以上人民政府责令拆除或者关闭。禁止在饮用水水源二级保护区内新建、改建、扩建排放污染物的建设项目；已建成的排放污染物的建设项目，由县级以上人民政府责令拆除或者关闭。禁止在饮用水水源准保护区内新建、扩建对水体污染严重的建设项目；改建建设项目，不得增加排污量。根据《高速公路建设项目环境影响评价文件审批原则》（试行），项目选址选线及施工布置不得占用自然保护区、风景名胜区、饮用水水源保护区、永久基本农田等依法划定禁止开发建设的环境敏感区。

29. B 【解析】根据《中华人民共和国海洋环境保护法》第 48 条的规定，禁止在自然保护地、重要渔业水域、海水浴场、生态保护红线区域及其他需要特别保护的区域，新设工业排污口和城镇污水处理厂排污口；法律、行政法规另有规定的除外。在有条件的地区，应当将排污口深水设置，实行离岸排放。

30. A 【解析】根据《中华人民共和国海洋环境保护法》第 71 条的规定，任何个人和未经批准的单位，不得向中华人民共和国管辖海域倾倒任何废弃物。需要倾倒废弃物的，产生废弃物的单位应当向国务院生态环境主管部门海域派出机构提出书面申请，并出具废弃物特性和成分检验报告，取得倾倒许可证后，方可倾倒。国家鼓励疏浚物等废弃物的综合利用，避免或者减少海洋倾倒。

31. D 【解析】根据《中华人民共和国噪声污染防治法》第 4 条的规定，噪声污染防治应当坚持统筹规划、源头防控、分类管理、社会共治、损害担责的原则。

32. A 【解析】根据《中华人民共和国噪声污染防治法》第 38 条的规定，实行排污许可管理的单位应当按照规定，对工业噪声开展自行监测，保存原始监测记录，向社会公开监测结果，对监测数据的真实性和准确性负责。噪声重点排污单位应当按照国家规定，安装、使用、维护噪声自动监测设备，与生态环境主管部门的监控设备联网。

33. A 【解析】根据《中华人民共和国噪声污染防治法》第 40 条的规定，建设单位应当按照规定将噪声污染防治费用列入工程造价，在施工合同中明确施工单位的噪声污染防治责任。施工单位应当按照规定制定噪声污染防治实施方案，采取有效措施，减少振动、降低噪声。建设单位应当监督施工单位落实噪声污染防治实施方案。

34. D 【解析】根据《中华人民共和国固体废物污染环境防治法》第 36、39、41 条的规定，产生工业固体废物的单位应当建立健全工业固体废物产生、收集、贮存、运输、利用、处置全过程的污染环境防治责任制度，建立工业固体废物管理台账，如实记录产生工业固体废物的种类、数量、流向、贮存、利用、处置等信息，实现工业固体废物可追溯、可查询，并采取防治工业固体废物污染环境的措施。产生工业固体废物的单位应当取得排污许可证。产生工业固体废物的单位应当向所在地生态环境主管部门提供工业固体废物的种类、数量、流向、贮存、利用、处置等有关资料，以及减少工业固体废物产生、促进综合利用的具体措施，并执行排污许可管理制度的相关规定。产生工业固体废物的单位终止的，应当在终止前对工业固体废物的贮存、处置的设施、场所采取污染防治措施，并对未处置的工业固体废物作出妥善处置，防止污染环境。

35. A 【解析】根据《中华人民共和国固体废物污染环境防治法》第 71、72 条的规定，城镇污水处理设施维护运营单位或者污泥处理单位应当安全处理污泥，保证处理后的污泥符合国家有关标准，对污泥的流向、用途、用量等进行跟踪、记录，并报告城镇排水主管部门、生态环境主管部门。禁止擅自倾倒、堆放、丢弃、遗撒城镇污水处理设施产生的污泥和处理后的污泥。禁止重金属或者其他有毒有害物质含量超标的污泥进入农用地。从事水体清淤疏浚应当按照国家有关规定处理清淤疏浚过程中产生的底泥，防止污染环境。

36. A 【解析】根据《中华人民共和国固体废物污染环境防治法》第 83 条的规定，禁止将危险废物与旅客在同一运输工具上载运。

37. C 【解析】根据《中华人民共和国土壤污染防治法》第 23 条的规定，尾矿库运营、管理单位应当按照规定，加强尾矿库的安全管理，采取措施防止土壤污染。危库、险库、病库以及其他需要重点监管的尾矿库的运营、管理单位应当按照规定，进行土壤污染状况监测和定期评估。

38. A 【解析】根据《中华人民共和国土壤污染防治法》第 25 条的规定，建设和运行污水集中处理设施、固体废物处置设施，应当依照法律法规和相关标准的要求，采取措施防止土壤污染。地方人民政府生态环境主管部门应当定期对污水集中处理设施、固体废物处置设施周边土壤进行监测；对不符合法律法规和相关标准要求的，应当根据监测结果，要求污水集中处理设施、固体废物处置设施运营单位采取相应改进措施。

39. C 【解析】根据《中华人民共和国土壤污染防治法》第 40、41、42 条的规定，实施风险管控、修复活动中产生的废水、废气和固体废物，应当按照规定进行处理、处置，并达到相关环境保护标准。修复施工期间，应当设立公告牌，公开相关情况和环境保护措施。转运的污染土壤属于危险废物的，修复施工单位应当依照法律法规和相关标准的要求进行处置。实施风险管控效果评估、修复效果评估活动，应当编制效果评估报告。

40. A 【解析】根据《中华人民共和国土壤污染防治法》第 41 条的规定，修复施工单位转运污染土壤的，应当制定转运计划，将运输时间、方式、线路和污染土壤数量、去向、最终处置措施等，提前报所在地和接收地生态环境主管部门。

41. C 【解析】根据《中华人民共和国土壤污染防治法》第 50 条的规定，在永久基本农田集中区域，不得新建可能造成土壤污染的建设项目；已经建成的，应当限期关闭拆除。

42. D 【解析】根据《中华人民共和国放射性污染防治法》第 44 条的规定，国务院核设施主管部门会同国务院环境保护行政主管部门根据地质条件和放射性固体废物处置的需要，在环境影响评价的基础上编制放射性固体废物处置场所选址规划，报国务院批准后实施。

43. C 【解析】根据《中华人民共和国放射性污染防治法》第 43 条的规定，低、中水平放射性固体废物在符合国家规定的区域实行近地表处置。高水平放射性固体废物实行集中的深地质处置。α 放射性固体废物依照前款规定处置（即实行集中的深地质处置）。禁止在内河水域和海洋上处置放射性固体废物。

44. A 【解析】根据《中华人民共和国清洁生产促进法》第 19 条的规定，企业在进行技术改造过程中，应当采取以下清洁生产措施：①采用无毒、无害或者低毒、低害的原料，替代毒性大、危害严重的原料；②采用资源利用率高、污染物产生量少的工艺和设备，替代资源利用率低、污染物产生量多的工艺和设备；③对生产过程中产生的废物、废水和余热等进行综合利用或者循环使用；④采用能够达到国家或者地方规定的污染物排放标准和污染物排放总量控制指标的污染防治技术。

45. D 【解析】根据《中华人民共和国水法》第 23 条的规定，国民经济和社会发展规划以及城市总体规划的编制、重大建设项目的布局，应当与当地水资源条件和防洪要求相适应，并进行科学论证；在水资源不足的地区，应当对城市规模和建设耗水量大的工业、农业和服务业项目加以限制。

46. A 【解析】根据《中华人民共和国水法》第 34、36、37、39 条的规定，禁止在饮用水水源保护区内设置排污口。在地下水超采地区，县级以上地方人民政府应当采取措施，严格控制开采地下水。禁止在河道管理范围内建设妨碍行洪的建筑物、构筑物以及从事影响河势稳定、危害河岸堤防安全和其他妨碍河道行洪的活动。在河道管理范围内采砂，影响河势稳定或者危及堤防安全的，有关县级以上人民政府水行政主管部门应当划定禁采区和规定禁采期，并予以公告。

47. B 【解析】根据《中华人民共和国长江保护法》第 42 条的规定，禁止在长江流域开放水域养殖、投放外来物种或者其他非本地物种种质资源。

48. B 【解析】根据《中华人民共和国长江保护法》第 51 条的规定，禁止在长江流域水上运输剧毒化学品和国家规定禁止通过内河运输的其他危险化学品。

49. D 【解析】根据《中华人民共和国黄河保护法》第 26 条的规定，黄河流域省级人民政府根据本行政区域的生态环境和资源利用状况，按照生态保护红线、环境质量底线、资源利用上线的要求，制定生态环境分区管控方案和生态环境准入清单，报国务院生态环境主管部门备案后实施。生态环境分区管控方案和生态环境准入清单应当与国土空间规划相衔接。

50. D 【解析】根据《中华人民共和国黄河保护法》第 42 条的规定，国家实行黄河流域重点水域禁渔期制度，禁渔期内禁止在黄河流域重点水域从事天然渔业资源生产性捕捞，具体办法由国务院农业农村主管部门制定。禁止电鱼、毒鱼、炸鱼等破坏渔业资源和水域生态的捕捞行为。

51. B 【解析】根据《中华人民共和国青藏高原生态保护法》第 18、19、20、23、24、26 条的规定，国家加强青藏高原生态保护修复，坚持山水林田湖草沙冰一体化保护修复，实行自然恢复为主、自然恢复与人工修复相结合的系统治理。严格禁止破坏生态功能或者不符合差别化管控要求的各类资源开发利用活动。国务院有关部门和青藏高原县级以上地方人民政府应当建立健全青藏高原雪山冰川冻土保护制度，加强对雪山冰川冻土的监测预警和系统保护。青藏高原省级人民政府应当将大型冰帽冰川、小规模冰川群等划入生态保护红线，对重要雪山冰川实施封禁保护，采取有效措施，严格控制人为扰动。青藏高原省级人民政府应当划定冻土区保护范围，加强对多年冻土区和中深季节冻土区的保护，严格控制多年冻土区资源开发，严格审批多年冻土区城镇规划和交通、管线、输变电等重大工程项目。青藏高原省级人民政府应当开展雪山冰川冻土与周边生态系统的协同保护，维持有利于雪山冰川冻土保护的自然生态环境。国家严格保护青藏高原大江大河源头等重要生态区位的天然草原，依法将维护国家生态安全、保障草原畜牧业健康发展发挥最基本、最重要作用的草原划为基本草原。青藏高原县级以上地方人民政府应当加强青藏高原草原保护，对基本草原实施更加严格的保护和管理，确保面积不减少、质量不下降、用途不改变。青藏高原县级以上地方人民政府及其有关部门应当统筹协调草原生态保护和畜牧业发展，结合当地实际情况，定期核定草原载畜量，落实草畜平衡，科学划定禁牧区，防止超载过牧。对严重退化、沙化、盐碱化、石漠化的草原和生态脆弱区的草原，实行禁牧、休牧制度。禁止在星宿海、扎陵湖、鄂陵湖、若尔盖等泥炭沼泽湿地开采泥炭。

52. D　**【解析】**根据《中华人民共和国黑土地保护法》第 21 条的规定，建设项目不得占用黑土地；确需占用的，应当依法严格审批，并补充数量和质量相当的耕地。建设项目占用黑土地的，应当按照规定的标准对耕作层的土壤进行剥离。剥离的黑土应当就近用于新开垦耕地和劣质耕地改良、被污染耕地的治理、高标准农田建设、土地复垦等。建设项目主体应当制定剥离黑土的再利用方案，报自然资源主管部门备案。

53. B　**【解析】**根据《中华人民共和国防沙治沙法》第 22 条的规定，在沙化土地封禁保护区范围内，禁止一切破坏植被的活动。禁止在沙化土地封禁保护区范围内安置移民。对沙化土地封禁保护区范围内的农牧民，县级以上地方人民政府应当有计划地组织迁出，并妥善安置。沙化土地封禁保护区范围内尚未迁出的农牧民的生产生活，由沙化土地封禁保护区主管部门妥善安排。未经国务院或者国务院指定的部门同意，不得在沙化土地封禁保护区范围内进行修建铁路、公路等建设活动。

54. A　**【解析】**根据《中华人民共和国土地管理法》第 4 条的规定，严格限制农用地转为建设用地，控制建设用地总量，对耕地实行特殊保护。

55. D　**【解析】**根据《中华人民共和国矿产资源法》第 20 条的规定，非经国务院授权的有关主管部门同意，不得在下列地区开采矿产资源：①港口、机场、国防工程设施圈定地区以内；②重要工业区、大型水利工程设施、城镇市政工程设施附近一定距离以内；③铁路、重要公路两侧一定距离以内；④重要河流、堤坝两侧一定距离以内；⑤国家划定的自然保护区、重要风景区，国家重点保护的不能移动的历史文物和名胜古迹所在地；⑥国家规定不得开采矿产资源的其他地区。

56. A　**【解析】**根据《中华人民共和国森林法》第 56 条的规定，采伐林地上的林木应当申请采伐许可证，并按照采伐许可证的规定进行采伐；采伐自然保护区以外的竹林，不需要申请采伐许可证，但应当符合林木采伐技术规程。农村居民采伐自留地和房前屋后个人所有的零星林木，不需要申请采伐许可证。

57. D 【解析】根据《中华人民共和国草原法》第 42 条的规定，国家实行基本草原保护制度。下列草原应当划为基本草原，实施严格管理：①重要放牧场；②割草地；③用于畜牧业生产的人工草地、退耕还草地以及改良草地、草种基地；④对调节气候、涵养水源、保持水土、防风固沙具有特殊作用的草原；⑤作为国家重点保护野生动植物生存环境的草原；⑥草原科研、教学试验基地；⑦国务院规定应当划为基本草原的其他草原。

58. D 【解析】根据《中华人民共和国湿地保护法》第 2 条的规定，本法所称湿地，是指具有显著生态功能的自然或者人工的、常年或者季节性积水地带、水域，包括低潮时水深不超过六米的海域，但是水田以及用于养殖的人工的水域和滩涂除外。国家对湿地实行分级管理及名录制度。

59. D 【解析】根据《中华人民共和国野生动物保护法》第 2 条的规定，在中华人民共和国领域及管辖的其他海域，从事野生动物保护及相关活动，适用本法。本法规定保护的野生动物，是指珍贵、濒危的陆生、水生野生动物和有重要生态、科学、社会价值的陆生野生动物。本法规定的野生动物及其制品，是指野生动物的整体（含卵、蛋）、部分及其衍生物。珍贵、濒危的水生野生动物以外的其他水生野生动物的保护，适用《中华人民共和国渔业法》等有关法律的规定。

60. C 【解析】根据《中华人民共和国渔业法》第 30 条的规定，禁止使用小于最小网目尺寸的网具进行捕捞。

61. A 【解析】根据《中华人民共和国文物保护法》第 20 条的规定，建设工程选址，应当尽可能避开不可移动文物；因特殊情况不能避开的，对文物保护单位应当尽可能实施原址保护。实施原址保护的，建设单位应当事先确定保护措施，根据文物保护单位的级别报相应的文物行政部门批准；未经批准的，不得开工建设。无法实施原址保护，必须迁移异地保护或者拆除的，应当报省、自治区、直辖市人民政府批准；迁移或者拆除省级文物保护单位的，批准前须征得国务院文物行政部门同意。全国重点文物保护单位不得拆除；需要迁移的，须由省、自治区、直辖市人民政府报国务院批准。

62. C 【解析】根据《中华人民共和国河道管理条例》第 24 条的规定，在河道管理范围内，禁止修建围堤、阻水渠道、阻水道路；种植高秆农作物、芦苇、杞柳、荻柴和树木（堤防防护林除外）；设置拦河渔具；弃置矿渣、石渣、煤灰、泥土、垃圾等。

63. D 【解析】根据《中华人民共和国自然保护区条例》第 18 条的规定，自然保护区可以分为核心区、缓冲区和实验区。自然保护区内保存完好的天然状态的生态系统以及珍稀、濒危动植物的集中分布地，应当划为核心区，禁止任何单位和个人进入；除依照本条例第 27 条的规定经批准外，也不允许进入从事科学研究活动。核心区外围可以划定一定面积的缓冲区，只准进入从事科学研究观测活动。缓冲区外围划为实验区，可以进入从事科学试验、教学实习、参观考察、旅游以及驯化、繁殖珍稀、濒危野生动植物等活动。原批准建立自然保护区的人民政府认为必要时，可以在自然保护区的外围划定一定面积的外围保护地带。

64. C 【解析】根据《中华人民共和国自然保护区条例》第 27、28、32 条的规定，禁止任何人进入自然保护区的核心区。因科学研究的需要，必须进入核心区从事科学研究观测、调查活动的，应当事先向自然保护区管理机构提交申请和活动计划，并经自然保护区管理机构批准；其中，进入国家级自然保护区核心区的，应当经省、自治区、直辖市人民政府有关自然保护区行政主管部门批准。自然保护区核心区内原有居民确有必要迁出的，由自然保护区所在地的地方人民政府予以妥善安置。禁止在自然保护区的缓冲区开展旅游和生产经营活动。因教学科研的目的，需要进入自然保护区的缓冲区从事非破坏性的科学研究、教学实习和标本采集活动的，应当事先向自然保护区管理机构提交申请和活动计划，经自然保护区管理机构批准。从事前款活动的单位和个人，应当将其活动成果的副本提交自然保护区管理机构。在自然保护区的外围保护地带建设的项目，不得损害自然保护区内的环境质量；已造成损害的，应当限期治理。

65. B 【解析】根据《危险化学品安全管理条例》第 19 条的规定，危险化学品生产装置或者储存数量构成重大危险源的危险化学品储存设施（运输工具加油站、加气站除外），与下列场所、设施、区域的距离应当符合国家有关规定：①居住区以及商业中心、公园等人员密集场所；②学校、医院、影剧院、体育场（馆）等公共设施；③饮用水源、水厂以及水源保护区；④车站、码头（依法经许可从事危险化学品装卸作业的除外）、机场以及通信干线、通信枢纽、铁路线路、道路交通干线、水路交通干线、地铁风亭以及地铁站出入口；⑤基本农田保护区、基本草原、畜禽遗传资源保护区、畜禽规模化养殖场（养殖小区）、渔业水域以及种子、种畜禽、水产苗种生产基地；⑥河流、湖泊、风景名胜区、自然保护区；⑦军事禁区、军事管理区；⑧法律、行政法规规定的其他场所、设施、区域。

66. C 【解析】根据《医疗废物管理条例》第 17、18、19 条的规定，医疗卫生机构应当建立医疗废物的暂时贮存设施、设备，不得露天存放医疗废物；医疗废物暂时贮存的时间不得超过 2 天。医疗废物的暂时贮存设施、设备应当定期消毒和清洁。医疗卫生机构应当使用防渗漏、防遗撒的专用运送工具，按照本单位确定的内部医疗废物运送时间、路线，将医疗废物收集、运送至暂时贮存地点。医疗废物中病原体的培养基、标本和菌种、毒种保存液等高危险废物，在交医疗废物集中处置单位处置前应当就地消毒。

67. C 【解析】根据《风景名胜区条例》第 26 条的规定，在风景名胜区内禁止进行下列活动：①开山、采石、开矿、开荒、修坟立碑等破坏景观、植被和地形地貌的活动；②修建储存爆炸性、易燃性、放射性、毒害性、腐蚀性物品的设施；③在景物或者设施上刻划、涂污；④乱扔垃圾。

68. C 【解析】根据《关于生产和使用消耗臭氧层物质建设项目管理有关工作的通知》，除特殊用途外，我国已淘汰受控用途的哈龙、全氯氟烃、四氯化碳、甲基氯仿和甲基溴等消耗臭氧层物质的生产和使用，正在逐步削减受控用途的含氢氯氟烃的生产和使用。禁止新建、扩建生产和使用作为制冷剂、发泡剂、灭火剂、溶剂、清洗剂、加工助剂、气雾剂、土壤熏蒸剂等受控用途的消耗臭氧层物质的建设项目。改建、异址建设生产受控用途的消耗臭氧层物质的建设项目，禁止增加消耗臭氧层物质生产能力。新建、改建、扩建生产化工原料用途的消耗臭氧层物质的建设项目，生产的消耗臭氧层物质仅用于企业自身下游化工产品的专用原料用途，不得对外销售。新建、改建、扩建副产四氯化碳的建设项目，应当配套建设四氯化碳处置设施。

69. D 【解析】根据《土地复垦条例》第 3、10 条的规定，自然灾害损毁的土地，由县级以上人民政府负责组织复垦。下列损毁土地由土地复垦义务人负责复垦：①露天采矿、烧制砖瓦、挖沙取土等地表挖掘所损毁的土地；②地下采矿等造成地表塌陷的土地；③堆放采矿剥离物、废石、矿渣、粉煤灰等固体废弃物压占的土地；④能源、交通、水利等基础设施建设和其他生产建设活动临时占用所损毁的土地。

70. A 【解析】根据《畜禽规模养殖污染防治条例》第 15 条的规定，国家鼓励和支持采取粪肥还田、制取沼气、制造有机肥等方法，对畜禽养殖废弃物进行综合利用。

71. D 【解析】根据《畜禽规模养殖污染防治条例》第 19、20、21 条的规定，从事畜禽养殖活动和畜禽养殖废弃物处理活动，应当及时对畜禽粪便、畜禽尸体、污水等进行收集、贮存、清运，防止恶臭和畜禽养殖废弃物渗出、泄漏。向环境排放经过处理的畜禽养殖废弃物，应当符合国家和地方规定的污染物排放标准和总量控制指标。畜禽养殖废弃物未经处理，不得直接向环境排放。染疫畜禽以及染疫畜禽排泄物、染疫畜禽产品、病死或者死因不明的畜禽尸体等病害畜禽养殖废弃物，应当按照有关法律、法规和国务院农牧主管部门的规定，进行深埋、化制、焚烧等无害化处理，不得随意处置。

72. D 【解析】根据《地下水管理条例》第 40 条的规定，禁止下列污染或者可能污染地下水的行为：①利用渗井、渗坑、裂隙、溶洞以及私设暗管等逃避监管的方式排放水污染物；②利用岩层孔隙、裂隙、溶洞、废弃矿坑等贮存石化原料及产品、农药、危险废物、城镇污水处理设施产生的污泥和处理后的污泥或者其他有毒有害物质；③利用无防渗漏措施的沟渠、坑塘等输送或者贮存含有毒污染物的废水、含病原体的污水和其他废弃物；④法律、法规禁止的其他污染或者可能污染地下水的行为。

73. B 【解析】根据《排污许可管理条例》第 18、19 条的规定，排污单位应当按照生态环境主管部门的规定建设规范化污染物排放口，并设置标志牌。污染物排放口位置和数量、污染物排放方式和排放去向应当与排污许可证规定相符。实施新建、改建、扩建项目和技术改造的排污单位，应当在建设污染防治设施的同时，建设规范化污染物排放口。排污单位应当按照排污许可证规定和有关标准规范，依法开展自行监测，并保存原始监测记录。原始监测记录保存期限不得少于 5 年。

74. D 【解析】根据《中共中央 国务院关于深入打好污染防治攻坚战的意见》，加快推动绿色低碳发展的内容包括：深入推进碳达峰行动；聚焦国家重大战略打造绿色发展高地；推动能源清洁低碳转型；坚决遏制高耗能高排放项目盲目发展；推进清洁生产和能源资源节约高效利用；加强生态环境分区管控；加快形成绿色低碳生活方式。

75. C 【解析】根据《中共中央 国务院关于完整准确全面贯彻新发展理念做好碳达峰碳中和工作的意见》，未纳入国家有关领域产业规划的，一律不得新建改扩建炼油和新建乙烯、对二甲苯、煤制烯烃项目。

76. D 【解析】根据《关于进一步加强生物多样性保护的意见》，统筹考虑生态系统完整性、自然地理单元连续性和经济社会发展可持续性，统筹推进山水林田湖草沙冰一体化保护和修复。

77. D 【解析】根据《全国主体功能区规划》，今后新设立的国家级自然保护区、世界文化自然遗产、国家级风景名胜区、国家森林公园、国家地质公园，自动进入国家禁止开发区域名录。

78. A 【解析】根据《2030 年前碳达峰行动方案》，推进产业园区循环化发展。以提升资源产出率和循环利用率为目标，优化园区空间布局，开展园区循环化改造。推动园区企业循环式生产、产业循环式组合，组织企业实施清洁生产改造，促进废物综合利用、能量梯级利用、水资源循环利用，推进工业余压余热、废气废液废渣资源化利用，积极推广集中供气供热。搭建基础设施和公共服务共享平台，加强园区物质流管理。到 2030 年，省级以上重点产业园区全部实施循环化改造。

79. B 【解析】根据《“十四五”节能减排综合工作方案》，园区节能环保提升工程。引导工业企业向园区集聚，推动工业园区能源系统整体优化和污染综合整治，鼓励工业企业、园区优先利用可再生能源。以省级以上工业园区为重点，推进供热、供电、污水处理、中水回用等公共基础设施共建共享，对进水浓度异常的污水处理厂开展片区管网系统化整治，加强一般固体废物、危险废物集中贮存和处置，推动挥发性有机物、电镀废水及特征污染物集中治理等“绿岛”项目建设。到 2025 年，建成一批节能环保示范园区。

80. D 【解析】根据《“十四五”节能减排综合工作方案》，到 2025 年，溶剂型工业涂料、油墨使用比例分别降低 20 个百分点、10 个百分点，溶剂型胶粘剂使用量降低 20%。

81. B 【解析】根据《空气质量持续改善行动计划》，重点区域是指京津冀及周边地区、长三角地区、汾渭平原。

82. A 【解析】根据《空气质量持续改善行动计划》，优化产业结构，促进产业产品绿色升级：坚决遏制高耗能、高排放、低水平项目盲目上马；加快退出重点行业落后产能；全面开展传统产业集群升级改造；优化含 VOCs 原辅材料和产品结构；推动绿色环保产业健康发展。

83. C 【解析】根据《污染地块土壤环境管理办法》（试行）第 20 条的规定，土地使用权人应当按照风险管控方案要求，采取以下主要措施：①及时移除或者清理污染源；②采取污染隔离、阻断等措施，防止污染扩散；③开展土壤、地表水、地下水、空气环境监测；④发现污染扩散的，及时采取有效补救措施。

84. A 【解析】根据《国家危险废物名录》（2021 年版）第 2 条的规定，具有下列情形之一的固体废物（包括液态废物），列入本名录：①具有毒性、腐蚀性、易燃性、反应性或者感染性等一种或者几种危险特性的；②不排除具有危险特性，可能对生态环境或者人体健康造成有害影响，需要按照危险废物进行管理的。根据《中华人民共和国固体废物污染环境防治法》，固体废物是指在生产、生活和其他活动中产生的丧失原有利用价值或者虽未丧失利用价值但被抛弃或者放弃的固态、半固态和置于容器中的气态的物品、物质以及法律、行政法规规定纳入固体废物管理的物品、物质。经无害化加工处理，并且符合强制性国家产品质量标准，不会危害公众健康和生态安全，或者根据固体废物鉴别标准和鉴别程序认定为不属于固体废物的除外。危险废物是指列入国家危险废物名录或者根据国家规定的危险废物鉴别标准和鉴别方法认定的具有危险特性的固体废物。液态废物的污染防治，适用本法；但是，排入水体的废水的污染防治适用有关法律，不适用本法。

85. C 【解析】根据《危险废物转移管理办法》第 21 条的规定，跨省转移危险废物的，应当向危险废物移出地省级生态环境主管部门提出申请。移出地省级生态环境主管部门应当商经接受地省级生态环境主管部门同意后，批准转移该危险废物。未经批准的，不得转移。

86. C 【解析】根据《尾矿污染环境防治管理办法》第 7、13、16、17 条的规定，产生尾矿的单位和尾矿库运营、管理单位应当建立尾矿环境管理台账。采用传送带方式输送尾矿的，应当采取封闭等措施，防止尾矿流失和扬散。尾矿库运营、管理单位应当采取库面抑尘、边坡绿化等措施防止扬尘污染，美化环境。尾矿水应当优先返回选矿工艺使用；向环境排放的，应当符合国家和地方污染物排放标准，不得与尾矿库外的雨水混合排放，并按照有关规定设置污染物排放口，设立标志，依法安装流量计和视频监控。

87. B 【解析】根据《深入打好重污染天气消除、臭氧污染防治和柴油货车污染治理攻坚战行动方案》，柴油货车清洁化行动：推动车辆全面达标排放，推进传统汽车清洁化，加快推动机动车新能源化发展。

88. A 【解析】根据《国务院办公厅关于加强入河入海排污口监督管理工作的实施意见》，所有入海排污口的设置实行备案制。

89. C 【解析】根据《生态保护红线生态环境监督办法》（试行）第 3 条的规定，坚持生态优先、统筹兼顾、绿色发展、问题导向、分类监督、公众参与的原则，建立严格的监督体系，实现一条红线守住自然生态安全边界，确保生态保护红线生态功能不降低、面积不减少、性质不改变，提升生态系统质量和稳定性。

90. D 【解析】根据《国家公园管理暂行办法》第 16、17、18 条的规定，国家公园应当根据功能定位进行合理分区，划为核心保护区和一般控制区，实行分区管控。国家公园范围内自然生态系统保存完整、代表性强，核心资源集中分布，或者生态脆弱需要休养生息的区域应当划为核心保护区。国家公园核心保护区以外的区域划为一般控制区。国家公园核心保护区原则上禁止人为活动。国家公园管理机构在确保主要保护对象和生态环境不受损害的情况下，可以按照有关法律法规政策，开展或者允许开展下列活动：①管护巡护、调查监测、防灾减灾、应急救援等活动及必要的设施修筑，以及因有害生物防治、外来物种入侵等开展的生态修复、病虫害动植物清理等活动；②暂时不能搬迁的原住居民，可以在不扩大现有规模的前提下，开展生活必要的种植、放牧、采集、捕捞、养殖等生产活动，修缮生产生活设施；③国家特殊战略、国防和军队建设、军事行动等需要修筑设施、开展调查和勘查等相关活动；④国务院批准的其他活动。国家公园一般控制区禁止开发性、生产性建设活动，国家公园管理机构在确保生态功能不造成破坏的情况下，可以按照有关法律法规政策，开展或者允许开展下列有限人为活动：①核心保护区允许开展的活动；②因国家重大能源资源安全需要开展的战略性能源资源勘查，公益性自然资源调查和地质勘查；③自然资源、生态环境监测和执法，包括水文水资源监测及涉水违法事件的查处等，灾害防治和应急抢险活动；④经依法批准进行的非破坏性科学研究观测、标本采集；⑤经依法批准的考古调查发掘和文物保护活动；⑥不破坏生态功能的生态旅游和相关的必要公共设施建设；⑦必须且无法避让、符合县级以上国土空间规划的线性基础设施建设、防洪和供水设施建设与运行维护；⑧重要生态修复工程，在严格落实草畜平衡制度要求的前提下开展适度放牧，以及在集体和个人所有的人工商品林内开展必要的经营；⑨法律、行政法规规定的其他活动。

二、不定项选择题

91. BCD 【解析】根据《中华人民共和国环境保护法》第 19 条的规定，编制有关开发利用规划，建设对环境有影响的项目，应当依法进行环境影响评价。未依法进行环境影响评价的开发利用规划，不得组织实施；未依法进行环境影响评价的建设项目，不得开工建设。

92. ABC 【解析】根据《中华人民共和国环境保护法》第 33 条的规定，各级人民政府应当加强对农业环境的保护，促进农业环境保护新技术的使用，加强对农业污染源的监测预警，统筹有关部门采取措施，防治土壤污染和土地沙化、盐渍化、贫瘠化、石漠化、地面沉降以及防治植被破坏、水土流失、水体富营养化、水源枯竭、种源灭绝等生态失调现象，推广植物病虫害的综合防治。县级、乡级人民政府应当提高农村环境保护公共服务水平，推动农村环境综合整治。

93. ACD 【解析】根据《规划环境影响评价条例》第 8 条的规定，对规划进行环境影响评价，应当分析、预测和评估以下内容：①规划实施可能对相关区域、流域、海域生态系统产生的整体影响；②规划实施可能对环境和人群健康产生的长远影响；③规划实施的经济效益、社会效益与环境效益之间以及当前利益与长远利益之间的关系。

94. ACD 【解析】根据《规划环境影响评价条例》第 25 条的规定，规划环境影响的跟踪评价应当包括下列内容：①规划实施后实际产生的环境影响与环境影响评价文件预测可能产生的环境影响之间的比较分析和评估；②规划实施中所采取的预防或者减轻不良环境影响的对策和措施有效性的分析和评估；③公众对规划实施所产生的环境影响的意见；④跟踪评价的结论。

95. BCD 【解析】根据《建设项目环境影响评价分类管理名录》（2021 年版）第 3 条的规定，本名录所称环境敏感区是指依法设立的各级各类保护区域和对建设项目产生的环境影响特别敏感的区域，主要包括下列区域：①国家公园、自然保护区、风景名胜区、世界文化和自然遗产地、海洋特别保护区、饮用水水源保护区；②除①外的生态保护红线管控范围，永久基本农田、基本草原、自然公园（森林公园、地质公园、海洋公园等）、重要湿地、天然林，重点保护野生动物栖息地，重点保护野生植物生长繁殖地，重要水生生物的自然产卵场、索饵场、越冬场和洄游通道，天然渔场，水土流失重点预防区和重点治理区、沙化土地封禁保护区、封闭及半封闭海域；③以居住、医疗卫生、文化教育、科研、行政办公为主要功能的区域，以及文物保护单位。

96. ACD 【解析】根据《中华人民共和国环境影响评价法》第 17 条的规定，建设项目的环境影响报告书应当包括下列内容：①建设项目概况；②建设项目周围环境现状；③建设项目对环境可能造成影响的分析、预测和评估；④建设项目环境保护措施及其技术、经济论证；⑤建设项目对环境影响的经济损益分析；⑥对建设项目实施环境监测的建议；⑦环境影响评价的结论。

97. BC 【解析】根据《建设项目环境保护管理条例》第 9 条的规定，依法应当编制环境影响报告书、环境影响报告表的建设项目，建设单位应当在建设项目开工前将环境影响报告书、环境影响报告表报有审批权的生态环境主管部门审批；建设项目的环境影响评价文件未依法经审批部门审查或者审查后未予批准的，建设单位不得开工建设。根据《建设项目环境影响登记表备案管理办法》第 9 条的规定，建设单位应当在建设项目建成并投入生产运营前，登录网上备案系统，在网上备案系统注册真实信息，在线填报并提交建设项目环境影响登记表。

98. AB 【解析】根据《建设项目环境保护管理条例》第 11 条的规定，建设项目有下列情形之一的，环境保护行政主管部门应当对环境影响报告书、环境影响报告表作出不予批准的决定：①建设项目类型及其选址、布局、规模等不符合环境保护法律法规和相关法定规划；②所在区域环境质量未达到国家或者地方环境质量标准，且建设项目拟采取的措施不能满足区域环境质量改善目标管理要求；③建设项目采取的污染防治措施无法确保污染物排放达到国家和地方排放标准，或者未采取必要措施预防和控制生态破坏；④改建、扩建和技术改造项目，未针对项目原有环境污染和生态破坏提出有效防治措施；⑤建设项目的环境影响报告书、环境影响报告表的基础资料数据明显不实，内容存在重大缺陷、遗漏，或者环境影响评价结论不明确、不合理。

99. ABCD 【解析】根据《建设项目环境影响报告书（表）编制监督管理办法》第13条的规定，编制主持人应当全过程组织参与环境影响报告书（表）编制工作，并加强统筹协调。根据《关于严惩弄虚作假提高环评质量的意见》，环评领域典型弄虚作假情形包含环评单位、环评文件编制主持人、主要编制人员在环评文件中假冒、伪造他人签字签章的。建设单位可以委托技术单位对其建设项目开展环境影响评价，编制环境影响报告书（表）。技术单位是指具备环境影响评价技术能力、接受委托为建设单位编制环境影响报告书（表）的单位。丁不具备环境影响评价技术能力，却以甲环评单位的名义承接建设项目环境影响报告书（表）。综上，甲、乙、丙、丁均应对该弄虚作假行为负有责任。

100. CD 【解析】根据《中华人民共和国大气污染防治法》第24条的规定，企业事业单位和其他生产经营者应当按照国家有关规定和监测规范，对其排放的工业废气和本法第78条规定名录中所列有毒有害大气污染物进行监测，并保存原始监测记录。其中，重点排污单位应当安装、使用大气污染物排放自动监测设备，与生态环境主管部门的监控设备联网，保证监测设备正常运行并依法公开排放信息。

101. BCD 【解析】根据《中华人民共和国海洋环境保护法》第36条的规定，开发利用海洋和海岸带资源，应当对重要海洋生态系统、生物物种、生物遗传资源实施有效保护，维护海洋生物多样性。

102. ACD 【解析】根据《中华人民共和国噪声污染防治法》第45、46条的规定，新建公路、铁路线路选线设计，应当尽量避开噪声敏感建筑物集中区域。新建、改建、扩建经过噪声敏感建筑物集中区域的高速公路、城市高架、铁路和城市轨道交通线路等的，建设单位应当在可能造成噪声污染的重点路段设置声屏障或者采取其他减少振动、降低噪声的措施，符合有关交通基础设施工程技术规范以及标准要求。

103. BCD 【解析】根据《中华人民共和国固体废物污染环境防治法》第78条的规定，危险废物管理计划应当包括减少危险废物产生量和降低危险废物危害性的措施以及危险废物贮存、利用、处置措施。

104. ABC 【解析】根据《中华人民共和国土壤污染防治法》第35条的规定，土壤污染风险管控和修复，包括土壤污染状况调查和土壤污染风险评估、风险管控、修复、风险管控效果评估、修复效果评估、后期管理等活动。

105. ABD 【解析】根据《中华人民共和国土壤污染防治法》第45、46、47、48条的规定，土壤污染责任人负有实施土壤污染风险管控和修复的义务。土壤污染责任人无法认定的，土地使用权人应当实施土壤污染风险管控和修复。因实施或者组织实施土壤污染状况调查和土壤污染风险评估、风险管控、修复、风险管控效果评估、修复效果评估、后期管理等活动所支出的费用，由土壤污染责任人承担。土壤污染责任人变更的，由变更后承继其债权、债务的单位或者个人履行相关土壤污染风险管控和修复义务并承担相关费用。土壤污染责任人不明确或者存在争议的，农用地由地方人民政府农业农村、林业草原主管部门会同生态环境、自然资源主管部门认定，建设用地由地方人民政府生态环境主管部门会同自然资源主管部门认定。

106. BD 【解析】根据《中华人民共和国水法》第 32 条的规定，县级以上人民政府水行政主管部门或者流域管理机构应当按照水功能区对水质的要求和水体的自然净化能力，核定该水域的纳污能力，向环境保护行政主管部门提出该水域的限制排污总量意见。

107. AD 【解析】根据《中华人民共和国长江保护法》第 23 条的规定，对长江流域已建小水电工程，不符合生态保护要求的，县级以上地方人民政府应当组织分类整改或者采取措施逐步退出。

108. BCD 【解析】根据《中华人民共和国长江保护法》第 27 条的规定，严格限制在长江流域生态保护红线、自然保护地、水生生物重要栖息地水域实施航道整治工程；确需整治的，应当经科学论证，并依法办理相关手续。

109. CD 【解析】根据《中华人民共和国黄河保护法》第 38 条的规定，国家统筹黄河流域自然保护地体系建设。国务院和黄河流域省级人民政府在黄河流域重要典型生态系统的完整分布区、生态环境敏感区以及珍贵濒危野生动植物天然集中分布区和重要栖息地、重要自然遗迹分布区等区域，依法设立国家公园、自然保护区、自然公园等自然保护地。

110. ACD 【解析】根据《中华人民共和国土地管理法》第 45 条的规定，为了公共利益的需要，有下列情形之一，确需征收农民集体所有的土地的，可以依法实施征收：①军事和外交需要用地的；②由政府组织实施的能源、交通、水利、通信、邮政等基础设施建设需要用地的；③由政府组织实施的科技、教育、文化、卫生、体育、生态环境和资源保护、防灾减灾、文物保护、社区综合服务、社会福利、市政公用、优抚安置、英烈保护等公共事业需要用地的；④由政府组织实施的扶贫搬迁、保障性安居工程建设需要用地的；⑤在土地利用总体规划确定的城镇建设用地范围内，经省级以上人民政府批准由县级以上地方人民政府组织实施的成片开发建设需要用地的；⑥法律规定为公共利益需要可以征收农民集体所有的土地的其他情形。

111. BCD 【解析】根据《中华人民共和国湿地保护法》第19、20条的规定，国家严格控制占用湿地。禁止占用国家重要湿地，国家重大项目、防灾减灾项目、重要水利及保护设施项目、湿地保护项目等除外。临时占用湿地的期限一般不得超过二年，并不得在临时占用的湿地上修建永久性建筑物。临时占用湿地期满后一年内，用地单位或者个人应当恢复湿地面积和生态条件。

112. ABC 【解析】根据《中华人民共和国自然保护区条例》第26条的规定，禁止在自然保护区内进行砍伐、放牧、狩猎、捕捞、采药、开垦、烧荒、开矿、采石、挖沙等活动；但是，法律、行政法规另有规定的除外。

113. BD 【解析】根据《畜禽规模养殖污染防治条例》第11条的规定，禁止在下列区域内建设畜禽养殖场、养殖小区：①饮用水水源保护区，风景名胜区；②自然保护区的核心区和缓冲区；③城镇居民区、文化教育科学研究区等人口集中区域；④法律、法规规定的其他禁止养殖区域。

114. ABD 【解析】根据《排污许可管理条例》第22、23条的规定，排污单位应当按照排污许可证规定的内容、频次和时间要求，向审批部门提交排污许可证执行报告，如实报告污染物排放行为、排放浓度、排放量等。排污许可证执行报告中报告的污染物排放量可以作为年度生态环境统计、重点污染物排放总量考核、污染源排放清单编制的依据。排污单位应当按照排污许可证规定，如实在全国排污许可证管理信息平台上公开污染物排放信息。

115. AC 【解析】根据《全国主体功能区规划》，国家禁止开发区域功能定位：我国保护自然文化资源的重要区域，珍稀动植物基因资源保护地。

116. ABC 【解析】根据《2030年前碳达峰行动方案》，推进煤炭消费替代和转型升级。加快煤炭减量步伐，“十四五”时期严格合理控制煤炭消费增长，“十五五”时期逐步减少。严格控制新增煤电项目，新建机组煤耗标准达到国际先进水平，有序淘汰煤电落后产能，加快现役机组节能升级和灵活性改造，积极推进供热改造，推动煤电向基础保障性和系统调节性电源并重转型。严控跨区外送可再生能源电力配套煤电规模，新建通道可再生能源电量比例原则上不低于50%。推动重点用煤行业减煤限煤。大力推动煤炭清洁利用，合理划定禁止散烧区域，多措并举、积极有序推进散煤替代，逐步减少直至禁止煤炭散烧。

117. ABC 【解析】根据《“十四五”节能减排综合工作方案》，高质量推进钢铁、水泥、焦化等重点行业及燃煤锅炉超低排放改造。

118. ACD 【解析】根据《空气质量持续改善行动计划》，强化多污染物减排，切实降低排放强度的有关内容包括：①强化 VOCs 全流程、全环节综合治理；②推进重点行业污染深度治理；③开展餐饮油烟、恶臭异味专项治理；④稳步推进大气氨污染防控。

119. ABC 【解析】根据《农用地土壤环境管理办法》（试行）第 12 条的规定，禁止在农用地排放、倾倒、使用污泥、清淤底泥、尾矿（渣）等可能对土壤造成污染的固体废物。农田灌溉用水应当符合相应的水质标准，防止污染土壤、地下水和农产品。禁止向农田灌溉渠道排放工业废水或者医疗污水。向农田灌溉渠道排放城镇污水以及未综合利用的畜禽养殖废水、农产品加工废水的，应当保证其下游最近的灌溉取水点的水质符合农田灌溉水质标准。

120. CD 【解析】根据《危险废物转移管理办法》第 16 条的规定，移出人每转移一车（船或者其他运输工具）次同类危险废物，应当填写、运行一份危险废物转移联单；每车（船或者其他运输工具）次转移多类危险废物的，可以填写、运行一份危险废物转移联单，也可以每一类危险废物填写、运行一份危险废物转移联单。

准考证号：________

考生姓名：________

工作单位：________

2023 年全国环境影响评价工程师职业资格考试

环境影响评价相关法律法规

免费兑换 备考课程

考生注意事项

1. 答题前，考生须在试题册指定位置上填写工作单位、考生姓名和准考证号；在答题卡指定位置上填写考生姓名和准考证号，并涂写准考证号信息点。
2. 选择题的答案必须涂写在答题卡相应题号的选项上，非选择题的答案必须书写在答题卡指定位置的边框区域内。超出答题区域书写的答案无效；在草稿纸、试题册上答题无效。
3. 填（书）写部分必须使用黑色字迹签字笔或者钢笔书写，字迹工整、笔迹清楚；涂写部分必须使用 2B 铅笔填涂。
4. 考试结束，将答题卡和试题册按规定交回。

一、单项选择题（共 90 题，每题 1 分。每题的备选项中，只有 1 个最符合题意）

注：62、69、71、73、77～90 题暂缺。

1. 根据《中华人民共和国环境保护法》，下列选项中，应当依法进行环境影响评价的是（　　）。

A. 编制有关开发利用规划

B. 编制国家环境保护规划

C. 编制环境影响报告书的建设项目

D. 编制本行政区域的环境保护规划

2. 根据《中华人民共和国环境保护法》，未依法进行环境影响评价的建设项目，不得（　　）。

A. 开工建设

B. 勘察设计

C. 进行可行性研究

D. 进行选址

3. 根据《中华人民共和国环境保护法》，建设项目中防治污染的设施，应当与主体工程同时设计、同时施工、（　　）。

A. 同时验收

B. 同时移交

C. 同时投产使用

D. 同时试运转

4. 根据《中华人民共和国环境保护法》，关于重点排污单位的规定，下列说法错误的是（　　）。

A. 应当安装使用监测设备

B. 应当保存原始监测记录

C. 应当委托第三方机构运维

D. 应当明确单位负责人和相关人员的责任

5. 根据《中华人民共和国环境保护法》，下列关于排污许可管理制度的说法，正确的是（　　）。

A. 实施排污许可管理的企业，应当按照排污许可证的要求排放污染物

B. 实行排污许可管理的生产经营者不一定要按照排污许可证的要求排放污染物

C. 未取得排污许可证的企业，不得排放污染物

D. 未取得排污许可证的生产经营者，不得排放污染物

6. 根据《中华人民共和国环境保护法》，在发生或可能发生突发环境事件时，企业事业单位应当采取的措施不包括（　　）。

A. 向环境保护主管部门和有关部门报告

B. 及时通报可能受到危害的单位和居民

C. 及时评估事件造成的环境影响和损失

D. 立即采取措施处理

7. 根据《规划环境影响评价条例》，应当进行环境影响评价的规划是（　　）。

A. 环境保护规划

B. 某省流域开发利用规划

C. 某大学校园平面布局规划

D. 某村道路建设规划

8. 根据《规划环境影响评价条例》，省级国土空间规划应当包括的内容是（　　）。

A. 规划草案的环境合理性和可能性

B. 资源环境承载能力分析

C. 规划草案的调整建议

D. 预防或减轻不良环境影响的对策和措施的合理性

9. 根据《规划环境影响评价条例》，规划环境影响跟踪评价的内容不包括（　　）。

A. 跟踪评价的结论

B. 公众对规划实施所产生的环境影响的意见

C. 规划实施中所采取的预防或者减轻不良环境影响的对策和措施的经济效益的分析和评估

D. 规划实施后实际产生的环境影响与环境影响评价文件预测可能产生的环境影响之间的比较分析和评估

10. 根据《规划环境影响评价条例》，规划环境影响评价技术机构弄虚作假，造成环境影响评价文件严重失实，受到的处罚是（　　）。

A. 对技术机构处以罚款

B. 当地生态环境主管部门予以通报

C. 依法追究民事责任

D. 依法追究刑事责任

11. 根据《中华人民共和国环境影响评价法》，国家根据（　　），对建设项目的环境影响评价实行分类管理。

A. 建设项目对环境的影响程度

B. 建设项目的规模及占地

C. 建设项目的总投资及环保投资

D. 建设项目污染物排放情况

12. 根据《中华人民共和国环境影响评价法》，建设项目对环境影响很小、不需要进行环境影响评价的，建设单位（　　）。

A. 应当编制环境影响报告书

B. 应当填报环境影响登记表

C. 应当编制环境影响报告表

D. 不需履行任何手续

13. 根据《中华人民共和国环境影响评价法》，建设项目的环境影响报告书不包括（　　）。

A. 建设项目概况

B. 建设项目周围环境现状

C. 对建设项目实施环境监测的建议

D. 建设项目投资收益的经济损益分析

14. 根据《中华人民共和国环境影响评价法》，某项目分两期建设，一期 2017 年投资建设，6 年后，拟启动二期项目建设，则（　　）。

A. 无须任何操作

B. 环境影响评价文件应当重新报批

C. 环境影响评价文件应当报原审批部门重新审核

D. 直接开工建设

15. 根据《中华人民共和国环境影响评价法》，建设项目的环境影响评价文件经批准后，建设项目的（　　）发生重大变动的，不需要重新报批建设项目的环境影响评价文件。

A. 项目规模　　B. 投资金额

C. 防止生态破坏的措施　　D. 环保投资

16. 根据《建设项目环境影响登记表备案管理办法》，关于同城市多区连锁经营环境影响登记表备案的说法，正确的是（　　）。

A. 向各建设地点所在地的市级环境保护主管部门备案

B. 分别向各建设地点所在地的区级环境保护主管部门备案

C. 分别向各建设地点所在地的区级及市级环境保护主管部门备案

D. 分别向各建设地点所在地的县级环境保护主管部门备案

17. 根据《环境影响评价公众参与办法》，公众质疑性意见主要集中在环境影响评价相关专业技术方法的，建设单位应当组织召开（　　）。

A. 公众座谈会

B. 专家论证会

C. 公众听证会

D. 公众代表大会

18. 根据《关于进一步加强水生生物资源保护 严格环境影响评价管理的通知》，对水生生物产卵场、索饵场、越冬场以及洄游通道可能造成不良影响的开发建设规划，涉及水利、水电、航电等筑坝工程的，规划环境影响评价应当调查的内容不包括（　　）。

A. 经济鱼类养殖场分布

B. 洄游性水生生物情况

C. 影响区域内漂流性鱼卵的生产和生长习性

D. 影响区域内水生生物产卵场等关键栖息场所分布状况

19. 根据《关于加强高耗能、高排放建设项目生态环境源头防控的指导意见》（环环评〔2021〕45号），下列关于严把建设项目环境准入关的说法，错误的是（　　）。

A. 石化、现代煤化工项目应纳入国家产业规划

B. 国家大气污染防治重点区域内新建耗煤项目应采取煤炭消费减量替代措施

C. 新建、扩建平板玻璃项目应布设在依法合规设立并经规划环评的产业园区

D. 新建、改建、扩建“两高”项目须符合碳排放达峰目标要求

20. 根据《建设项目环境保护管理条例》，生态环境主管部门审批环境影响报告书、环境影响报告表，应当重点审查的内容不包括（　　）。

A. 相关环保规划的协调性

B. 建设项目的环境可行性

C. 环境保护措施的有效性

D. 预测评估的可靠性

21. 根据《建设项目环境保护管理条例》，下列情形中，环境保护行政主管部门应当对环境影响报告书、环境影响报告表作出不予批准决定的是（　　）。

A. 环境影响评价结论不合理

B. 所在区域环境质量未达到国家或者地方环境质量标准

C. 建设项目环评文件的内容存在遗漏

D. 技术改造项目针对原有环境污染提出有效防治措施

22. 根据《煤炭采选建设项目环境影响评价文件审批原则（试行）》，井（矿）田开采范围涉及饮用水水源保护区，应采取的措施是（　　）。

A. 禁止占用

B. 禁止开采

C. 限制开采

D. 充填开采

23.《建设项目环境影响后评价管理办法（试行）》所称环境影响后评价，是指编制环境影响报告书的建设项目在（　　），对其实际产生的环境影响以及污染防治、生态保护和风险防范措施的有效性进行跟踪监测和验证评价，并提出补救方案或者改进措施，提高环境影响评价有效性的方法与制度。

A. 通过环境保护设施竣工验收且稳定运行一定时期后

B. 通过环境保护设施竣工验收后

C. 施工完成后

D. 投入运营后

24. 根据《中华人民共和国大气污染防治法》，下列关于大气环境质量限期达标规划的说法，错误的是（　　）。

A. 城市大气环境质量限期达标规划应当向社会公开

B. 大气环境质量限期达标规划应当报国务院生态环境主管部门备案

C. 未达到国家大气环境质量标准城市的人民政府应当及时编制大气环境质量限期达标规划

D. 编制城市大气环境质量限期达标规划，应当征求公众意见

25. 根据《中华人民共和国大气污染防治法》，关于大气环境质量和污染源监测有关规定的说法，正确的是（　　）。

A. 重点排污单位应当对自动监测数据的真实性和准确性负责

B. 排污单位应当安装、使用大气污染物排放自动监测设备

C. 企业事业单位和其他生产经营者应当对其排放的工业废气进行监测，可不保存原始监测记录

D. 生态环境主管部门发现企业大气污染物排放自动监测设备传输数据异常，应当及时进行调查

26. 根据《中华人民共和国大气污染防治法》，关于暂时不能开工的建设用地扬尘污染防治的说法，错误的是（　　）。

A. 超过三个月的，应当进行喷淋

B. 超过三个月的，应当进行绿化、铺装或者遮盖

C. 建设单位应当对裸露地面进行覆盖

D. 建设单位应当将防治扬尘污染的费用列入工程造价

27. 根据《中华人民共和国水污染防治法》，水污染防治应当坚持的原则是（　　）。

A. 预防为主、防治结合、综合治理

B. 优先保护生活用水、农业用水水源

C. 禁止工业污染、城镇生活污染

D. 杜绝农业面源污染

28. 根据《中华人民共和国水污染防治法》，对超过重点水污染物排放总量控制指标，省级以上人民政府环境保护主管部门应当（　　）。

A. 暂停审批新增重点水污染物排放总量的建设项目的环境影响评价文件

B. 会同有关部门约谈该地区人民政府生态环境主管部门的主要负责人

C. 暂停审批新增水污染物排放总量的建设项目的环境影响评价文件

D. 暂停审批新增重点水污染物种类的建设项目的环境影响评价文件

29. 根据《中华人民共和国水污染防治法》，下列说法正确的是（　　）。

A. 禁止在水库最高水位线以下的滩地堆放、存贮固体废弃物

B. 禁止在渠道最低水位线以下的滩地堆放、存贮固体废弃物和其他污染物

C. 严格限制在运河最高水位线以下的滩地和岸坡堆放、存贮固体废弃物和其他污染物

D. 禁止在江河、湖泊平均水位线以下的滩地和岸坡堆放、存贮固体废弃物和其他污染物

30. 根据《中华人民共和国海洋环境保护法》，下列废水废液中，需严格控制向海域排放的是（　　）。

A. 碱液

B. 含有不易降解的有机物废水

C. 中水平放射性废水

D. 低水平放射性废水

31. 根据《中华人民共和国海洋环境保护法》，应当严格控制向海湾、半封闭海及其他自净能力较差的海域排放（　　）。

A. 含有机物和营养物质的工业废水

B. 含无机物和营养物质的生活污水

C. 含热废水

D. 含病原体的医疗污水

32. 根据《中华人民共和国噪声污染防治法》，下列关于在噪声敏感建筑物集中区域施工作业的说法，错误的是（　　）。

A. 应当设置噪声自动监测系统，并与监督管理部门联网

B. 夜间进行产生噪声的抢修施工作业应当取得地方人民政府指定的部门的证明

C. 禁止夜间进行产生噪声的建筑施工作业，但抢修、抢险施工作业，因生产工艺要求或者其他特殊需要必须连续施工作业的除外

D. 因特殊需要必须连续施工作业的，应当在施工现场显著位置公示或者以其他方式公告附近居民

33. 根据《中华人民共和国噪声污染防治法》，下列关于噪声敏感建筑物禁止建设区域和限制建设区域的说法，错误的是（　　）。

A. 在禁止建设区域禁止新建与航空无关的噪声敏感建筑物

B. 民用机场所在地人民政府，对噪声敏感建筑物禁止建设区域和限制建设区域实施控制

C. 根据环境影响评价确定噪声对周围生活环境产生影响的范围和程度

D. 确需建设噪声敏感建筑物的，建设单位应当对噪声敏感建筑物进行建筑隔声设计

34. 根据《中华人民共和国固体废物污染环境防治法》，固体废物不包括（　　）。

A. 秸秆

B. 煤矸石

C. 建筑垃圾

D. 物料周转包装桶

35. 根据《中华人民共和国固体废物污染环境防治法》，下列关于工业固体废物的说法，错误的是（　　）。

A. 应当对固体废物加以利用

B. 对暂时不利用的，应当安全分类存放或无害化处置

C. 对暂时不能利用的，应当安全分类存放或无害化处置

D. 产生工业固体废物的单位应当对工业固体废物加以利用

36. 根据《中华人民共和国固体废物污染环境防治法》，下列关于危险废物的说法，正确的是（　　）。

A. 禁止将危险废物混入非危险废物中贮存

B. 从事收集、贮存、利用、处置危险废物经营活动的单位，贮存危险废物不得超过一年

C. 贮存危险废物应当采取符合地方环境保护标准的防护措施

D. 禁止混合收集、贮存、运输、处置性质不相容的危险废物

37. 根据《中华人民共和国土壤污染防治法》，土壤污染防治应当坚持的原则是（　　）。

A. 预防为主、保护优先、分类管理、风险管控、污染担责、公众参与

B. 预防为主、治理优先、分类管理、风险管控、污染担责、公众参与

C. 保护为主、预防优先、分类管理、风险管控、污染担责、公众参与

D. 预防为主、保护优先、风险管理、分类管控、污染担责、公众参与

38. 根据《中华人民共和国土壤污染防治法》，土壤污染重点监管单位拆除设施、设备或者建筑物、构筑物的，（　　）。

A. 应当制定包括应急措施在内的土壤污染防治工作方案

B. 可采取相应的土壤污染防治措施

C. 土壤污染防治工作方案只需报地方人民政府工业和信息化主管部门备案并实施

D. 土壤污染防治工作方案只需报地方人民政府生态环境主管部门备案并实施

39. 根据《中华人民共和国土壤污染防治法》，关于矿产资源开发区域土壤污染防治的监督管理要求，正确的是（　　）。

A. 按照相关标准和总量控制的要求，严格控制可能造成土壤污染的重点污染物排放

B. 尾矿库运营单位应当按照规定，加强尾矿库的安全管理，采取生态保护措施

C. 需要重点监管的尾矿库的管理单位应当按照规定，进行土壤污染状况监测和不定期评估

D. 险库运营单位应当按照规定，进行生态监测和定期评估

40. 根据《中华人民共和国土壤污染防治法》，下列关于污水集中处理设施、固体废物处置设施防止土壤污染有关规定的说法，错误的是（　　）。

A. 周边土壤监测不符合法律法规和相关标准要求的，污水集中处理设施运营单位应采取相应改进措施

B. 周边土壤监测不符合法律法规和相关标准要求的，固体废物处置设施运营单位应采取相应改进措施

C. 城乡生活污水处理设施主管部门应当定期对处理设施周边土壤进行监测

D. 地方人民政府生态环境主管部门应当定期对处理设施周边土壤进行监测

41. 根据《中华人民共和国土壤污染防治法》，禁止向农用地排放（　　）。

A. 有毒物质含量超标的污泥

B. 清淤底泥

C. 污泥

D. 畜禽粪污

42. 根据《中华人民共和国土壤污染防治法》，下列选址地点新建电镀车间无禁止性要求的是（　　）。

A. 铜冶炼厂倒班宿舍周边

B. 居民区周边

C. 学校周边

D. 医院周边

43. 根据《中华人民共和国放射性污染防治法》，本法不适用于（　　）。

A. 医疗放射源

B. 建造过程的放射性污染防治活动

C. 含有较低水平天然放射性核素浓度的稀土矿

D. 核技术开发利用过程中发生的放射性污染的防治活动

44. 根据《中华人民共和国放射性污染防治法》，关于核设施营运单位，下列说法错误的是（　　）。

A. 应在办理核设施选址审批手续后编制环境影响报告书

B. 应在申请领取核设施建造审批手续前编制环境影响报告书

C. 应在办理运行许可证审批手续前编制环境影响报告书

D. 应在办理退役审批手续前编制环境影响报告书

45. 根据《中华人民共和国清洁生产促进法》，下列不属于清洁生产措施的是（　　）。

A. 医疗器械厂通过洁净车间清洁消毒

B. 余热利用

C. 燃气锅炉替代燃煤锅炉

D. 废水循环利用不外排

46. 根据《中华人民共和国水法》，在干旱、半干旱地区开发、利用水资源，应当充分考虑（　　）。

A. 生态环境用水需要

B. 城乡居民生活用水需要

C. 农业用水需求

D. 工业用水需求

47. 根据《中华人民共和国水法》，核定水域纳污能力应考虑（　　）。

A. 水功能区对水质的要求和水体的自然净化能力

B. 水体剩余环境容量

C. 污染物排放浓度和污染物排放量

D. 排污许可要求

48. 根据《中华人民共和国长江保护法》，生态环境分区管控方案和生态环境准入清单应当（　　）。

A. 与国土空间规划相衔接

B. 与水资源开发规划相衔接

C. 与水域电力开发规划相衔接

D. 与水产养殖规划相衔接

49. 根据《中华人民共和国长江保护法》，长江重要支流岸线 1km 范围内可建项目是（　　）。

A. 新建尾矿库

B. 扩建尾矿库

C. 扩建化工园区

D. 为提升环保水平的改建化工项目

50. 根据《中华人民共和国防沙治沙法》，禁止在沙化土地封禁保护区实施的活动是（　　）。

A. 露天采矿

B. 封沙育林

B. 迁出牧民

D. 修建公路

51. 根据《中华人民共和国土地管理法》，下列关于土地用途管制的说法，正确的是（　　）。

A. 严格限制农用地转为建设用地，控制建设用地总量，对耕地实行特殊保护

B. 国家编制土地利用总体规划，规定土地用途，将土地分为耕地、建设用地和未利用地

C. 农用地是指直接用于农业生产的土地，包括农田水利设施用地

D. 使用土地的单位和个人原则上要按照土地利用总体规划确定的用途使用土地

52. 根据《中华人民共和国矿产资源法》，下列关于矿产资源开采的规定，错误的是（　　）。

A. 开采矿产资源，应当节约用地

B. 耕地因采矿受到破坏的，矿山企业应当复垦利用

C. 草原因采矿受到破坏的，矿山企业应当因地制宜地采取植树种草或者其他利用措施

D. 开采矿产资源给他人生产、生活造成损失的，应当负责赔偿

53. 根据《中华人民共和国森林法》，森林内禁止的行为不包括（　　）。

A. 在幼林地放牧

B. 在幼林地砍柴

C. 损坏森林保护标志

D. 向林地排放清淤底泥

54. 根据《中华人民共和国草原法》，下列应当划为基本草原的是（　　）。

A. 人工草地

B. 割草地

C. 放牧场

D. 退耕还林地

55. 根据《中华人民共和国湿地保护法》，某国家重大项目需要占用湿地，下列说法错误的是（　　）。

A. 禁止占用国家重要湿地

B. 国家严格控制占用湿地

C. 采取必要措施减轻对湿地生态功能的不利影响

D. 涉及国家重要湿地的，应当征求国务院林业草原主管部门的意见

56. 根据《中华人民共和国野生动物保护法》，对野生动物及其栖息地状况的调查、监测和评估内容不包括（　　）。

A. 人工繁育基地的建设

B. 野生动物野外分布区域、种群数量及结构

C. 野生动物栖息地的面积、生态状况

D. 野生动物及其栖息地的主要威胁因素

57. 根据《中华人民共和国渔业法》，其适用范围不包括（　　）。

A. 在中华人民共和国的内水从事野生水生动物的生产活动

B. 在中华人民共和国的内水从事捕捞水生动物的生产活动

C. 在中华人民共和国的滩涂从事捕捞水生植物的生产活动

D. 在中华人民共和国管辖的一切其他海域从事捕捞水生动物的生产活动

58. 根据《中华人民共和国河道管理条例》，在河道管理范围和堤防安全保护区内进行生产活动或排污的，不属于禁止的行为是（　　）。

A. 在护堤地晒粮

B. 在河道管理范围内设置拦河渔具

C. 在河道管理范围内种植高秆农作物

D. 在护堤地保护区内建房

59. 根据《危险化学品安全管理条例》，化学危险品性质不包括（　　）。

A. 爆炸　　B. 腐蚀

C. 放射　　D. 助燃

60. 根据《医疗废物管理条例》，下列关于医疗废物管理的说法，错误的是（　　）。

A. 禁止邮寄医疗废物

B. 禁止通过水路运输医疗废物

C. 禁止通过铁路、航空运输医疗废物

D. 禁止在饮用水源保护区的水体上运输医疗废物

61. 根据《风景名胜区条例》，在风景名胜区内禁止的活动是（　　）。

A. 建设疗养院　　B. 设弃土场

C. 张贴公益广告　　D. 修建观光电梯

63. 根据《土地复垦条例》，下列关于生产建设活动损毁土地复垦的原则的说法，错误的是（　　）。

A. 按照“谁损毁，谁复垦”的原则，由生产建设单位或者个人负责复垦

B. 科学规划、因地制宜、综合治理、经济可行、合理利用

C. 由于历史原因无法确定土地复垦义务人的生产建设活动损毁的土地，由省级以上人民政府负责组织复垦

D. 自然灾害损毁的土地，由县级以上人民政府负责组织复垦

64. 根据《消耗臭氧层物质管理条例》，下列关于该条例适用范围的说法，错误的是（　　）。

A. 生产，是指制造消耗臭氧层物质的活动

B. 使用，是指利用消耗臭氧层物质进行的生产经营等活动

C. 使用，包括使用含消耗臭氧层物质的产品的活动

D. 在中华人民共和国境内从事消耗臭氧层物质的生产、销售、使用和进出口等活动

65. 根据《畜禽规模养殖污染防治条例》，禁止建设畜禽养殖场、养殖小区的是（　　）。

A. 荒山　　B. 荒滩

C. 废弃地　　D. 城镇居民区

66. 根据《畜禽规模养殖污染防治条例》，染疫畜禽及其排泄物无害化处理方式不包括（　　）。

A. 深埋　　B. 还田

C. 化制　　D. 焚烧

67. 根据《地下水管理条例》，可能造成地下水污染的建设项目不得建设在（　　）。

A. 裂缝发育区域

B. 岩溶强发育区域

C. 地下水禁止开采区

D. 地下水限制开采区

68. 根据《中共中央 国务院关于完整准确全面贯彻新发展理念做好碳达峰碳中和工作的意见》，未纳入国家有关领域产业规划的，一律不得新建改扩建（　　）。

A. 乙烯项目

B. 炼油项目

D. 对二甲苯项目

D. 煤制烯烃项目

70. 根据《全国主体功能区规划》，全国主体功能区规划开发原则中，关于保护自然有关要求的说法，错误的是（　　）。

A. 把保护耕地放在首要位置，辅助保护水面、湿地、林地和草地

B. 以保护自然生态为前提、以水土资源承载能力和环境容量为基础进行有度有序开发

C. 严格控制在环境容量小的地区的工业化城镇化开发

D. 交通、输电等基础设施建设要从严控制穿越禁止开发区域

72. 根据《“十四五”节能减排综合工作方案》，“十四五”期间推进超低排放改造的行业不包括（　　）。

A. 钢铁

B. 电子

C. 焦化

D. 水泥

74. 根据《污染地块土壤环境管理办法（试行）》，土地使用权人应当按照风险管控方案要求，采取的主要措施不包括（　　）。

A. 及时移除或者清理污染源

B. 采取污染隔离、阻断等措施，防止污染扩散

C. 开展土壤、地表水、地下水、空气环境监测

D. 发现污染扩散的，加强空气监测

75. 根据《国家危险废物名录》，下列不属于按照国家危险废物名录管理的是（　　）。

A. 腐蚀性废液

B. 易燃性气体

C. 传染性医疗废物

D. 具有毒性的固体废物

76. 根据《危险废物转移管理办法》，下列关于危险废物转移相关方责任的有关规定，错误的是（　　）。

A. 移出人应当制定危险废物管理计划

B. 移出人应当按照国家有关要求开展危险废物鉴别

C. 接受人将危险废物接受情况、利用或者处置结果及时告知移出人

D. 承运人应当建立危险废物管理台账

二、不定项选择题（共 30 题，每题 2 分。每题的备选项中，至少有 1 个符合题意。多选、错选、少选均不得分）

注：112～120 题暂缺。

91.《中华人民共和国环境保护法》所称环境包括（　　）。

A. 湿地

B. 矿藏

C. 野生生物

D. 人文遗迹

92. 根据《规划环境影响评价条例》，对规划进行环境影响评价，应当分析、预测和评估的内容包括（　　）。

A. 规划实施可能对环境产生的长远影响

B. 规划实施可能对人群健康产生的长远影响

C. 规划实施的当前利益和长远利益之间的关系

D. 规划实施可能对相关区域生态系统产生的整体影响

93. 根据《中华人民共和国环境影响评价法》，技术单位违反国家有关环境影响评价标准和技术规范等规定，致使其编制的建设项目环境影响报告书内容存在重大缺陷，环境影响评价结论不正确或者不合理等严重质量问题，不构成犯罪的，对其处罚正确的有（　　）。

A. 建设单位的主要负责人处 5 万元以上 20 万元以下的罚款

B. 对技术单位处所收费用 3 倍以上 5 倍以下的罚款

C. 编制主持人终身禁止从事环境影响报告书、环境影响报告表编制工作

D. 编制主持人和主要编制人员有违法所得的，没收违法所得

94.《建设项目环境影响评价分类管理名录》所称环境敏感区，包括（　　）。

A. 文物保护单位

B. 野生动物栖息地

C. 世界文化和自然遗产地

D. 生态保护红线管控范围

95. 根据《中华人民共和国大气污染防治法》，工业涂装企业应当使用低挥发性有机物含量的涂料，并建立台账，记录生产原料、辅料的（ ）。

A. 去向 B. 使用量

C. 废弃量 D. 排放量

96. 根据《中华人民共和国水污染防治法》，应当采取防渗漏等措施，并建设地下水水质监测井进行监测，防止地下水污染的场地有（ ）。

A. 化学品生产企业

B. 工业集聚区

C. 矿山开采区

D. 垃圾中转站

97. 根据《中华人民共和国水污染防治法》，海洋石油钻井船产生的废水废液经处理可以排海的有（ ）。

A. 残油

B. 废油

C. 含油污水

D. 油性混合物

98. 根据《中华人民共和国噪声污染防治法》，下列属于噪声敏感建筑物的有（ ）。

A. 工厂家属楼

B. 商业综合体

C. 政府办公楼

D. 科研中心

99. 根据《中华人民共和国土壤污染防治法》，应当进行重点监测的建设用地包括（ ）。

A. 发生过重大污染事故的土壤

B. 发生过特大污染事故的土壤

C. 曾用于生产有毒有害物质周边的土壤

D. 曾用于堆放固体废物的土壤

100. 根据《中华人民共和国土壤污染防治法》，修复施工单位转运污染土壤的，应当制定转运计划，将（ ）和污染土壤数量、去向、最终处置措施等，提前报所在地和接收地生态环境主管部门。

A. 运输时间

B. 运输线路

C. 运输方式

D. 运输人员

101. 根据《中华人民共和国放射性污染防治法》，关于放射性固体废物的处置，下列说法正确的有（　　）。

A. 禁止在内河水域上处置放射性固体废物

B. α 放射性固体废物实行集中的深地质处置

C. 高水平放射性固体废物实行集中的深地质处置

D. 中水平放射性固体废物实行集中的深地质处置

102. 根据《中华人民共和国长江保护法》，长江保护应坚持的原则有（　　）。

A. 统筹协调　　B. 科学规划

C. 创新驱动　　D. 系统治理

103. 根据《中华人民共和国长江保护法》，划定禁止采砂区和禁止采砂期，严格控制（　　）。

A. 采砂区域

B. 采砂总量

C. 采砂船吨位

D. 采砂船舶数量

104. 根据《中华人民共和国土地管理法》，应当划为永久基本农田的土地有（　　）。

A. 蔬菜生产基地

B. 已建成高标准农田

C. 农业科研、教学试验田

D. 正在实施改造计划的未利用地

105. 根据《中华人民共和国自然保护区条例》，自然保护区内禁止的行为有（　　）。

A. 采油　　B. 参观

C. 放牧　　D. 烧荒

106. 根据《畜禽规模养殖污染防治条例》，关于畜禽养殖废弃物排放的说法，正确的有（　　）。

A. 应符合总量控制指标

B. 应符合环境质量标准

C. 符合环境卫生标准

D. 应符合污染物排放标准

107. 根据《中共中央 国务院关于深入打好污染防治攻坚战的意见》，下列属于深入打好碧水保卫战的内容有（　　）。

A. 持续打好农村黑臭水体治理攻坚战

B. 巩固提升饮用水安全保障水平

C. 着力打好重点海域综合治理攻坚战

D. 强化陆域海域污染协同治理

108. 根据《全国主体功能区规划》，国家层面重点开发区域的发展方向和开发原则不包括（　　）。

A. 优化产业结构

B. 完善基础设施

C. 优化空间结构

D. 保护生态环境

109. 根据《2030 年前碳达峰行动方案》，下列关于主要目标的说法，正确的有（　　）。

A. 到 2025 年，非化石能源消费比重达到 20%左右

B. 到 2025 年，单位国内生产总值能源消耗比 2020 年下降 13.5%

C. 到 2030 年，非化石能源消费比重达到 25%左右

D. 到 2030 年，单位国内生产总值能源消耗比 2020 年下降 65%以上

110. 根据《“十四五”节能减排综合工作方案》，下列关于主要目标的说法，正确的有（　　）。

A. 化学需氧量排放总量比 2020 年下降 8%

B. 氨氮排放总量比 2020 年下降 8%

C. 二氧化硫排放总量比 2020 年下降 10%以上

D. 烟尘排放总量比 2020 年下降 10%以上

111. 根据《农用地土壤环境管理办法（试行）》，禁止向农田灌溉渠道排放的废水包括（　　）。

A. 工业废水

B. 医疗废水

C. 城镇生活污水

D. 畜禽养殖废水

参考答案及解析

一、单项选择题

注：62、69、71、73、77～90 题暂缺。

1. A 【解析】根据《中华人民共和国环境保护法》第 19 条的规定，编制有关开发利用规划，建设对环境有影响的项目，应当依法进行环境影响评价。

2. A 【解析】根据《中华人民共和国环境保护法》第 19 条的规定，未依法进行环境影响评价的开发利用规划，不得组织实施；未依法进行环境影响评价的建设项目，不得开工建设。

3. C 【解析】根据《中华人民共和国环境保护法》第 41 条的规定，建设项目中防治污染的设施，应当与主体工程同时设计、同时施工、同时投产使用。

4. C 【解析】根据《中华人民共和国环境保护法》第 42 条的规定，排放污染物的企业事业单位，应当建立环境保护责任制度，明确单位负责人和相关人员的责任。重点排污单位应当按照国家有关规定和监测规范安装使用监测设备，保证监测设备正常运行，保存原始监测记录。

5. A 【解析】根据《中华人民共和国环境保护法》第 45 条的规定，实行排污许可管理的企业事业单位和其他生产经营者应当按照排污许可证的要求排放污染物；未取得排污许可证的，不得排放污染物。

6. C 【解析】根据《中华人民共和国环境保护法》第 47 条的规定，在发生或者可能发生突发环境事件时，企业事业单位应当立即采取措施处理，及时通报可能受到危害的单位和居民，并向环境保护主管部门和有关部门报告。

7. B 【解析】根据《规划环境影响评价条例》第 2 条的规定，国务院有关部门、设区的市级以上地方人民政府及其有关部门，对其组织编制的土地利用的有关规划和区域、流域、海域的建设、开发利用规划，以及工业、农业、畜牧业、林业、能源、水利、交通、城市建设、旅游、自然资源开发的有关专项规划，应当进行环境影响评价。

8. B 【解析】根据《中华人民共和国环境影响评价法》第 7 条的规定，国务院有关部门、设区的市级以上地方人民政府及其有关部门，对其组织编制的土地利用的有关规划，区域、流域、海域的建设、开发利用规划，应当在规划编制过程中组织进行环境影响评价，编写该规划有关环境影响的篇章或者说明。根据《规划环境影响评价条例》第 11 条的规定，环境影响篇章或者说明应当包括下列内容：①规划实施对环境可能造成影响的分析、预测和评估。主要包括资源环境承载能力分析、不良环境影响的分析和预测以及与相关规划的环境协调性分析。②预防或者减轻不良环境影响的对策和措施。主要包括预防或者减轻不良环境影响的政策、管理或者技术等措施。环境影响报告书除包括上述内容外，还应当包括环境影响评价结论。主要包括规划草案的环境合理性和可行性，预防或者减轻不良环境影响的对策和措施的合理性和有效性，以及规划草案的调整建议。

9. C 【解析】根据《规划环境影响评价条例》第 25 条的规定，规划环境影响跟踪评价应当包括下列内容：①规划实施后实际产生的环境影响与环境影响评价文件预测可能产生的环境影响之间的比较分析和评估；②规划实施中所采取的预防或者减轻不良环境影响的对策和措施有效性的分析和评估；③公众对规划实施所产生的环境影响的意见；④跟踪评价的结论。

10. A 【解析】根据《规划环境影响评价条例》第 34 条的规定，规划环境影响评价技术机构弄虚作假或者有失职行为，造成环境影响评价文件严重失实的，由国务院环境保护主管部门予以通报，处所收费用 1 倍以上 3 倍以下的罚款；构成犯罪的，依法追究刑事责任。

11. A 【解析】根据《中华人民共和国环境影响评价法》第 16 条的规定，国家根据建设项目对环境的影响程度，对建设项目的环境影响评价实行分类管理。

12. B 【解析】根据《中华人民共和国环境影响评价法》第 16 条的规定，建设单位应当按照下列规定组织编制环境影响报告书、环境影响报告表或者填报环境影响登记表：①可能造成重大环境影响的，应当编制环境影响报告书，对产生的环境影响进行全面评价；②可能造成轻度环境影响的，应当编制环境影响报告表，对产生的环境影响进行分析或者专项评价；③对环境影响很小、不需要进行环境影响评价的，应当填报环境影响登记表。

13. D 【解析】根据《中华人民共和国环境影响评价法》第 17 条的规定，建设项目的环境影响报告书应当包括下列内容：①建设项目概况；②建设项目周围环境现状；③建设项目对环境可能造成影响的分析、预测和评估；④建设项目环境保护措施及其技术、经济论证；⑤建设项目对环境影响的经济损益分析；⑥对建设项目实施环境监测的建议；⑦环境影响评价的结论。

14. C 【解析】根据《中华人民共和国环境影响评价法》第 24 条的规定，建设项目的环境影响评价文件自批准之日起超过 5 年，方决定该项目开工建设的，其环境影响评价文件应当报原审批部门重新审核；原审批部门应当自收到建设项目环境影响评价文件之日起 10 日内，将审核意见书面通知建设单位。

15. B 【解析】根据《中华人民共和国环境影响评价法》第 24 条的规定，建设项目的环境影响评价文件经批准后，建设项目的性质、规模、地点、采用的生产工艺或者防治污染、防止生态破坏的措施发生重大变动的，建设单位应当重新报批建设项目的环境影响评价文件。

16. D　**【解析】**根据《建设项目环境影响登记表备案管理办法》第 6 条的规定，建设项目的建设地点涉及多个县级行政区域的，建设单位应当分别向各建设地点所在地的县级环境保护主管部门备案。

17. B　**【解析】**根据《环境影响评价公众参与办法》第 14 条的规定，对环境影响方面公众质疑性意见多的建设项目，建设单位应当按照下列方式组织开展深度公众参与：①公众质疑性意见主要集中在环境影响预测结论、环境保护措施或者环境风险防范措施等方面的，建设单位应当组织召开公众座谈会或者听证会。座谈会或者听证会应当邀请在环境方面可能受建设项目影响的公众代表参加。②公众质疑性意见主要集中在环境影响评价相关专业技术方法、导则、理论等方面的，建设单位应当组织召开专家论证会。专家论证会应当邀请相关领域专家参加，并邀请在环境方面可能受建设项目影响的公众代表列席。

18. A　**【解析】**根据《关于进一步加强水生生物资源保护 严格环境影响评价管理的通知》，对水生生物产卵场、索饵场、越冬场以及洄游通道可能造成不良影响的开发建设规划，在环境影响评价中应进一步强化以下内容：①将重要水生物种资源及其关键栖息场所列为敏感目标，开展重要水生物种资源及其关键栖息场所等调查监测，科学客观地评价规划实施可能带来的长期影响，并按照避让、减缓、恢复的顺序提出切实可行的建议和对策措施；②规划涉及港口、码头、桥梁、航道整治疏浚等涉水工程以及围填海等海岸工程的，应综合评估规划实施可能造成的底栖生物、鱼卵、仔稚鱼等水生生物资源的损失和长期影响；③规划涉及水利、水电、航电等筑坝工程的，应调查洄游性水生生物情况，调查影响区域内漂流性鱼卵的生产和生长习性、调查影响区域内水生生物产卵场等关键栖息场所分布状况，全面评估规划实施对洄游性水生生物和生物种群结构的影响。

19. B　**【解析】**根据《关于加强高耗能、高排放建设项目生态环境源头防控的指导意见》，严把建设项目环境准入关。新建、改建、扩建“两高”项目须符合生态环境保护法律法规和相关法定规划，满足重点污染物排放总量控制、碳排放达峰目标、生态环境准入清单、相关规划环评和相应行业建设项目环境准入条件、环评文件审批原则要求。石化、现代煤化工项目应纳入国家产业规划。新建、扩建石化、化工、焦化、有色金属冶炼、平板玻璃项目应布设在依法合规设立并经规划环评的产业园区。各级生态环境部门和行政审批部门要严格把关，对于不符合相关法律法规的，依法不予审批。

20. A　**【解析】**根据《建设项目环境保护管理条例》第 9 条的规定，环境保护行政主管部门审批环境影响报告书、环境影响报告表，应当重点审查建设项目的环境可行性、环境影响分析预测评估的可靠性、环境保护措施的有效性、环境影响评价结论的科学性等，并分别自收到环境影响报告书之日起 60 日内、收到环境影响报告表之日起 30 日内，作出审批决定并书面通知建设单位。

21. A　**【解析】**根据《建设项目环境保护管理条例》第 11 条的规定，建设项目有下列情形之一的，环境保护行政主管部门应当对环境影响报告书、环境影响报告表作出不予批准的决定：①建设项目类型及其选址、布局、规模等不符合环境保护法律法规和相关法定规划；②所在区域环境质量未达到国家或者地方环境质量标准，且建设项目拟采取的措施不能满足区域环境质量改善目标管理要求；③建设项目采取的污染防治措施无法确保污染物排放达到国家和地方排放标准，或者未采取必要措施预防和控制生态破坏；④改建、扩建和技术改造项目，未针对项目原有环境污染和生态破坏提出有效防治措施；⑤建设项目的环境影响报告书、环境影响报告表的基础资料数据明显不实，内容存在重大缺陷、遗漏，或者环境影响评价结论不明确、不合理。

22. A　**【解析】**根据《煤炭采选建设项目环境影响评价文件审批原则（试行）》第 3 条的规定，井（矿）田开采范围、各类占地范围不得涉及自然保护区、风景名胜区、饮用水水源保护区等法律法规明令禁止采矿和占用的区域。

23. A　**【解析】**根据《建设项目环境影响后评价管理办法（试行）》第 2 条的规定，本办法所称环境影响后评价，是指编制环境影响报告书的建设项目在通过环境保护设施竣工验收且稳定运行一定时期后，对其实际产生的环境影响以及污染防治、生态保护和风险防范措施的有效性进行跟踪监测和验证评价，并提出补救方案或者改进措施，提高环境影响评价有效性的方法与制度。

24. B　**【解析】**根据《中华人民共和国大气污染防治法》第 14、15 条的规定，城市大气环境质量限期达标规划应当向社会公开。直辖市和设区的市的大气环境质量限期达标规划应当报国务院生态环境主管部门备案。未达到国家大气环境质量标准城市的人民政府应当及时编制大气环境质量限期达标规划，采取措施，按照国务院或者省级人民政府规定的期限达到大气环境质量标准。编制城市大气环境质量限期达标规划，应当征求有关行业协会、企业事业单位、专家和公众等方面的意见。

25. A　**【解析】**根据《中华人民共和国大气污染防治法》第 24、25 条的规定，重点排污单位应当安装、使用大气污染物排放自动监测设备，与生态环境主管部门的监控设备联网，保证监测设备正常运行并依法公开排放信息。企业事业单位和其他生产经营者应当按照国家有关规定和监测规范，对其排放的工业废气进行监测，并保存原始监测记录。生态环境主管部门发现重点排污单位的大气污染物排放自动监测设备传输数据异常，应当及时进行调查。

26. A 【解析】根据《中华人民共和国大气污染防治法》第 69 条的规定，建设单位应当将防治扬尘污染的费用列入工程造价。暂时不能开工的建设用地，建设单位应当对裸露地面进行覆盖；超过三个月的，应当进行绿化、铺装或者遮盖。

27. A 【解析】根据《中华人民共和国水污染防治法》第 3 条的规定，水污染防治应当坚持预防为主、防治结合、综合治理的原则，优先保护饮用水水源，严格控制工业污染、城镇生活污染，防治农业面源污染，积极推进生态治理工程建设，预防、控制和减少水环境污染和生态破坏。

28. A 【解析】根据《中华人民共和国水污染防治法》第 20 条的规定，对超过重点水污染物排放总量控制指标或者未完成水环境质量改善目标的地区，省级以上人民政府环境保护主管部门应当会同有关部门约谈该地区人民政府的主要负责人，并暂停审批新增重点水污染物排放总量的建设项目的环境影响评价文件。

29. A 【解析】根据《中华人民共和国水污染防治法》第 38 条的规定，禁止在江河、湖泊、运河、渠道、水库最高水位线以下的滩地和岸坡堆放、存贮固体废弃物和其他污染物。

30. B 【解析】根据《中华人民共和国海洋环境保护法》第 51 条的规定，禁止向海域排放油类、酸液、碱液、剧毒废液。禁止向海域排放污染海洋环境、破坏海洋生态的放射性废水。严格控制向海域排放含有不易降解的有机物和重金属的废水。

31. A 【解析】根据《中华人民共和国海洋环境保护法》第 53 条的规定，含有机物和营养物质的工业废水、生活污水，应当严格控制向海湾、半封闭海及其他自净能力较差的海域排放。

32. B 【解析】根据《中华人民共和国噪声污染防治法》第 42、43 条的规定，在噪声敏感建筑物集中区域施工作业，建设单位应当按照国家规定，设置噪声自动监测系统，与监督管理部门联网，保存原始监测记录，对监测数据的真实性和准确性负责。在噪声敏感建筑物集中区域，禁止夜间进行产生噪声的建筑施工作业，但抢修、抢险施工作业，因生产工艺要求或者其他特殊需要必须连续施工作业的除外。因特殊需要必须连续施工作业的，应当取得地方人民政府住房和城乡建设、生态环境主管部门或者地方人民政府指定的部门的证明，并在施工现场显著位置公示或者以其他方式公告附近居民。

33. C 【解析】根据《中华人民共和国噪声污染防治法》第 52 条的规定，民用机场所在地人民政府，应当根据环境影响评价以及监测结果确定的民用航空器噪声对机场周围生活环境产生影响的范围和程度，划定噪声敏感建筑物禁止建设区域和限制建设区域，并实施控制。在禁止建设区域禁止新建与航空无关的噪声敏感建筑物。在限制建设区域确需建设噪声敏感建筑物的，建设单位应当对噪声敏感建筑物进行建筑隔声设计，符合民用建筑隔声设计相关标准要求。

34. D 【解析】根据《中华人民共和国固体废物污染环境防治法》第 124 条的规定，固体废物，是指在生产、生活和其他活动中产生的丧失原有利用价值或者虽未丧失利用价值但被抛弃或者放弃的固态、半固态和置于容器中的气态的物品、物质以及法律、行政法规规定纳入固体废物管理的物品、物质。经无害化加工处理，并且符合强制性国家产品质量标准，不会危害公众健康和生态安全，或者根据固体废物鉴别标准和鉴别程序认定为不属于固体废物的除外。

35. A 【解析】根据《中华人民共和国固体废物污染环境防治法》第 40 条的规定，产生工业固体废物的单位应当根据经济、技术条件对工业固体废物加以利用；对暂时不利用或者不能利用的，应当按照国务院生态环境等主管部门的规定建设贮存设施、场所，安全分类存放，或者采取无害化处置措施。

36. A 【解析】根据《中华人民共和国固体废物污染环境防治法》第 81 条的规定，收集、贮存危险废物，应当按照危险废物特性分类进行。禁止混合收集、贮存、运输、处置性质不相容而未经安全性处置的危险废物。贮存危险废物应当采取符合国家环境保护标准的防护措施。禁止将危险废物混入非危险废物中贮存。从事收集、贮存、利用、处置危险废物经营活动的单位，贮存危险废物不得超过一年；确需延长期限的，应当报经颁发许可证的生态环境主管部门批准；法律、行政法规另有规定的除外。

37. A 【解析】根据《中华人民共和国土壤污染防治法》第 3 条的规定，土壤污染防治应当坚持预防为主、保护优先、分类管理、风险管控、污染担责、公众参与的原则。

38. A 【解析】根据《中华人民共和国土壤污染防治法》第 22 条的规定，土壤污染重点监管单位拆除设施、设备或者建筑物、构筑物的，应当制定包括应急措施在内的土壤污染防治工作方案，报地方人民政府生态环境、工业和信息化主管部门备案并实施。

39. A 【解析】根据《中华人民共和国土壤污染防治法》第 23 条的规定，各级人民政府生态环境、自然资源主管部门应当依法加强对矿产资源开发区域土壤污染防治的监督管理，按照相关标准和总量控制的要求，严格控制可能造成土壤污染的重点污染物排放。尾矿库运营、管理单位应当按照规定，加强尾矿库的安全管理，采取措施防止土壤污染。危库、险库、病库以及其他需要重点监管的尾矿库的运营、管理单位应当按照规定，进行土壤污染状况监测和定期评估。

40. C 【解析】根据《中华人民共和国土壤污染防治法》第 25 条的规定，建设和运行污水集中处理设施、固体废物处置设施，应当依照法律法规和相关标准的要求，采取措施防止土壤污染。地方人民政府生态环境主管部门应当定期对污水集中处理设施、固体废物处置设施周边土壤进行监测；对不符合法律法规和相关标准要求的，应当根据监测结果，要求污水集中处理设施、固体废物处置设施运营单位采取相应改进措施。地方各级人民政府应当统筹规划、建设城乡生活污水和生活垃圾处理、处置设施，并保障其正常运行，防止土壤污染。

41. A 【解析】根据《中华人民共和国土壤污染防治法》第 28 条的规定，禁止向农用地排放重金属或者其他有毒有害物质含量超标的污水、污泥，以及可能造成土壤污染的清淤底泥、尾矿、矿渣等。

42. A 【解析】根据《中华人民共和国土壤污染防治法》第 32 条的规定，县级以上地方人民政府及其有关部门应当按照土地利用总体规划和城乡规划，严格执行相关行业企业布局选址要求，禁止在居民区和学校、医院、疗养院、养老院等单位周边新建、改建、扩建可能造成土壤污染的建设项目。

43. C 【解析】根据《中华人民共和国放射性污染防治法》第 2 条的规定，本法适用于中华人民共和国领域和管辖的其他海域在核设施选址、建造、运行、退役和核技术、铀（钍）矿、伴生放射性矿开发利用过程中发生的放射性污染的防治活动。

44. A 【解析】根据《中华人民共和国放射性污染防治法》第 20 条的规定，核设施营运单位应当在申请领取核设施建造、运行许可证和办理退役审批手续前编制环境影响报告书，报国务院环境保护行政主管部门审查批准；未经批准，有关部门不得颁发许可证和办理批准文件。

45. A 【解析】根据《中华人民共和国清洁生产促进法》第 19 条的规定，企业在进行技术改造过程中，应当采取以下清洁生产措施：①采用无毒、无害或者低毒、低害的原料，替代毒性大、危害严重的原料；②采用资源利用率高、污染物产生量少的工艺和设备，替代资源利用率低、污染物产生量多的工艺和设备；③对生产过程中产生的废物、废水和余热等进行综合利用或者循环使用；④采用能够达到国家或者地方规定的污染物排放标准和污染物排放总量控制指标的污染防治技术。

46. A 【解析】根据《中华人民共和国水法》第 21 条的规定，在干旱和半干旱地区开发、利用水资源，应当充分考虑生态环境用水需要。

47. A 【解析】根据《中华人民共和国水法》第 32 条的规定，县级以上人民政府水行政主管部门或者流域管理机构应当按照水功能区对水质的要求和水体的自然净化能力，核定该水域的纳污能力，向环境保护行政主管部门提出该水域的限制排污总量意见。

48. A 【解析】根据《中华人民共和国长江保护法》第 22 条的规定，长江流域省级人民政府根据本行政区域的生态环境和资源利用状况，制定生态环境分区管控方案和生态环境准入清单，报国务院生态环境主管部门备案后实施。生态环境分区管控方案和生态环境准入清单应当与国土空间规划相衔接。

49. D 【解析】根据《中华人民共和国长江保护法》第 26 条的规定，禁止在长江干支流岸线 1km 范围内新建、扩建化工园区和化工项目。禁止在长江干流岸线 3km 范围内和重要支流岸线 1km 范围内新建、改建、扩建尾矿库；但是以提升安全、生态环境保护水平为目的的改建除外。

50. A 【解析】根据《中华人民共和国防沙治沙法》第 22 条的规定，在沙化土地封禁保护区范围内，禁止一切破坏植被的活动。禁止在沙化土地封禁保护区范围内安置移民。对沙化土地封禁保护区范围内的农牧民，县级以上地方人民政府应当有计划地组织迁出，并妥善安置。沙化土地封禁保护区范围内尚未迁出的农牧民的生产生活，由沙化土地封禁保护区主管部门妥善安排。

51. A 【解析】根据《中华人民共和国土地管理法》第 4 条的规定，国家实行土地用途管制制度。国家编制土地利用总体规划，规定土地用途，将土地分为农用地、建设用地和未利用地。严格限制农用地转为建设用地，控制建设用地总量，对耕地实行特殊保护。前款所称农用地是指直接用于农业生产的土地，包括耕地、林地、草地、农田水利用地、养殖水面等；建设用地是指建造建筑物、构筑物的土地，包括城乡住宅和公共设施用地、工矿用地、交通水利设施用地、旅游用地、军事设施用地等；未利用地是指农用地和建设用地以外的土地。使用土地的单位和个人必须严格按照土地利用总体规划确定的用途使用土地。

52. B 【解析】根据《中华人民共和国矿产资源法》第 32 条的规定，开采矿产资源，应当节约用地。耕地、草原、林地因采矿受到破坏的，矿山企业应当因地制宜地采取复垦利用、植树种草或者其他利用措施。开采矿产资源给他人生产、生活造成损失的，应当负责赔偿，并采取必要的补救措施。

53. D 【解析】根据《中华人民共和国森林法》第 39 条的规定，禁止毁林开垦、采石、采砂、采土以及其他毁坏林木和林地的行为。禁止向林地排放重金属或者其他有毒有害物质含量超标的污水、污泥，以及可能造成林地污染的清淤底泥、尾矿、矿渣等。禁止在幼林地砍柴、毁苗、放牧。禁止擅自移动或者损坏森林保护标志。

54. B 【解析】根据《中华人民共和国草原法》第 42 条的规定，下列草原应当划为基本草原，实施严格管理：①重要放牧场；②割草地；③用于畜牧业生产的人工草地、退耕还草地以及改良草地、草种基地；④对调节气候、涵养水源、保持水土、防风固沙具有特殊作用的草原；⑤作为国家重点保护野生动植物生存环境的草原；⑥草原科研、教学试验基地；⑦国务院规定应当划为基本草原的其他草原。

55. A 【解析】根据《中华人民共和国湿地保护法》第 19 条的规定，国家严格控制占用湿地。禁止占用国家重要湿地，国家重大项目、防灾减灾项目、重要水利及保护设施项目、湿地保护项目等除外。建设项目选址、选线应当避让湿地，无法避让的应当尽量减少占用，并采取必要措施减轻对湿地生态功能的不利影响。建设项目规划选址、选线审批或者核准时，涉及国家重要湿地的，应当征求国务院林业草原主管部门的意见；涉及省级重要湿地或者一般湿地的，应当按照管理权限，征求县级以上地方人民政府授权的部门的意见。

56. A 【解析】根据《中华人民共和国野生动物保护法》第 11 条的规定，对野生动物及其栖息地状况的调查、监测和评估应当包括下列内容：①野生动物野外分布区域、种群数量及结构；②野生动物栖息地的面积、生态状况；③野生动物及其栖息地的主要威胁因素；④野生动物人工繁育情况等其他需要调查、监测和评估的内容。

57. A 【解析】根据《中华人民共和国渔业法》第 2 条的规定，在中华人民共和国的内水、滩涂、领海、专属经济区以及中华人民共和国管辖的一切其他海域从事养殖和捕捞水生动物、水生植物等渔业生产活动，都必须遵守本法。

58. D 【解析】根据《中华人民共和国河道管理条例》第 24、26 条的规定，在河道管理范围内，禁止修建围堤、阻水渠道、阻水道路；种植高秆农作物、芦苇、杞柳、荻柴和树木（堤防防护林除外）；设置拦河渔具；弃置矿渣、石渣、煤灰、泥土、垃圾等。在堤防和护堤地，禁止建房、放牧、开渠、打井、挖窖、葬坟、晒粮、存放物料、开采地下资源、进行考古发掘以及开展集市贸易活动。根据堤防的重要程度、堤基土质条件等，河道主管机关报经县级以上人民政府批准，可以在河道管理范围的相连地域划定堤防安全保护区。在堤防安全保护区内，禁止进行打井、钻探、爆破、挖筑鱼塘、采石、取土等危害堤防安全的活动。

59. C 【解析】根据《危险化学品安全管理条例》第 3 条的规定，危险化学品是指具有毒害、腐蚀、爆炸、燃烧、助燃等性质，对人体、设施、环境具有危害的剧毒化学品和其他化学品。

60. B 【解析】根据《医疗废物管理条例》第 15 条的规定，禁止邮寄医疗废物。禁止通过铁路、航空运输医疗废物。有陆路通道的，禁止通过水路运输医疗废物；没有陆路通道必须经水路运输医疗废物的，应当经设区的市级以上人民政府环境保护行政主管部门批准，并采取严格的环境保护措施后，方可通过水路运输。禁止将医疗废物与旅客在同一运输工具上载运。禁止在饮用水源保护区的水体上运输医疗废物。

61. B 【解析】根据《风景名胜区条例》第 26、27 条的规定，在风景名胜区内禁止进行下列活动：①开山、采石、开矿、开荒、修坟立碑等破坏景观、植被和地形地貌的活动；②修建储存爆炸性、易燃性、放射性、毒害性、腐蚀性物品的设施；③在景物或者设施上刻划、涂污；④乱扔垃圾。禁止违反风景名胜区规划，在风景名胜区内设立各类开发区和在核心景区内建设宾馆、招待所、培训中心、疗养院以及与风景名胜资源保护无关的其他建筑物；已经建设的，应当按照风景名胜区规划，逐步迁出。

63. C 【解析】根据《土地复垦条例》第 3、4 条的规定，生产建设活动损毁的土地，按照“谁损毁，谁复垦”的原则，由生产建设单位或者个人负责复垦。但是，由于历史原因无法确定土地复垦义务人的生产建设活动损毁的土地，由县级以上人民政府负责组织复垦。自然灾害损毁的土地，由县级以上人民政府负责组织复垦。土地复垦应当坚持科学规划、因地制宜、综合治理、经济可行、合理利用的原则。复垦的土地应当优先用于农业。

64. C 【解析】根据《消耗臭氧层物质管理条例》第 3 条的规定，在中华人民共和国境内从事消耗臭氧层物质的生产、销售、使用和进出口等活动，适用本条例。前款所称生产，是指制造消耗臭氧层物质的活动。前款所称使用，是指利用消耗臭氧层物质进行的生产经营等活动，不包括使用含消耗臭氧层物质的产品的活动。

65. D 【解析】根据《畜禽规模养殖污染防治条例》第 11 条的规定，禁止在下列区域内建设畜禽养殖场、养殖小区：①饮用水水源保护区，风景名胜区；②自然保护区的核心区和缓冲区；③城镇居民区、文化教育科学研究区等人口集中区域；④法律、法规规定的其他禁止养殖区域。

66. B 【解析】根据《畜禽规模养殖污染防治条例》第 21 条的规定，染疫畜禽以及染疫畜禽排泄物、染疫畜禽产品、病死或者死因不明的畜禽尸体等病害畜禽养殖废弃物，应当按照有关法律、法规和国务院农牧主管部门的规定，进行深埋、化制、焚烧等无害化处理，不得随意处置。

67. B 【解析】根据《地下水管理条例》第 42 条的规定，在泉域保护范围以及岩溶强发育、存在较多落水洞和岩溶漏斗的区域内，不得新建、改建、扩建可能造成地下水污染的建设项目。

68. B 【解析】根据《中共中央 国务院关于完整准确全面贯彻新发展理念做好碳达峰碳中和工作的意见》，未纳入国家有关领域产业规划的，一律不得新建改扩建炼油和新建乙烯、对二甲苯、煤制烯烃项目。

70. A 【解析】根据《全国主体功能区规划》，把保护水面、湿地、林地和草地放到与保护耕地同等重要位置，选项 A 错误。

72. B 【解析】根据《“十四五”节能减排综合工作方案》，推进钢铁、水泥、焦化行业及燃煤锅炉超低排放改造。

74. D 【解析】根据《污染地块土壤环境管理办法（试行）》第 20 条的规定，土地使用权人应当按照风险管控方案要求，采取以下主要措施：①及时移除或者清理污染源；②采取污染隔离、阻断等措施，防止污染扩散；③开展土壤、地表水、地下水、空气环境监测；④发现污染扩散的，及时采取有效补救措施。

75. B 【解析】根据《国家危险废物名录》第 2 条的规定，具有下列情形之一的固体废物（包括液态废物），列入本名录：①具有毒性、腐蚀性、易燃性、反应性或者感染性一种或者几种危险特性的；②不排除具有危险特性，可能对生态环境或者人体健康造成有害影响，需要按照危险废物进行管理的。

76. D 【解析】根据《危险废物转移管理办法》第 10、12 条的规定，移出人应当履行以下义务：①对承运人或者接受人的主体资格和技术能力进行核实，依法签订书面合同，并在合同中约定运输、贮存、利用、处置危险废物的污染防治要求及相关责任；②制定危险废物管理计划，明确拟转移危险废物的种类、重量（数量）和流向等信息；③建立危险废物管理台账，对转移的危险废物进行计量称重，如实记录、妥善保管转移危险废物的种类、重量（数量）和接受人等相关信息；④填写、运行危险废物转移联单，在危险废物转移联单中如实填写移出人、承运人、接受人信息，转移危险废物的种类、重量（数量）、危险特性等信息，以及突发环境事件的防范措施等；⑤及时核实接受人贮存、利用或者处置相关危险废物情况；⑥法律法规规定的其他义务。移出人应当按照国家有关要求开展危险废物鉴别。禁止将危险废物以副产品等名义提供或者委托给无危险废物经营许可证的单位或者其他生产经营者从事收集、贮存、利用、处置活动。接受人应当履行的义务：将危险废物接受情况、利用或者处置结果及时告知移出人。

二、不定项选择题

注：112～120 题暂缺。

91. ABCD 【解析】根据《中华人民共和国环境保护法》第 2 条的规定，本法所称环境，是指影响人类生存和发展的各种天然的和经过人工改造的自然因素的总体，包括大气、水、海洋、土地、矿藏、森林、草原、湿地、野生生物、自然遗迹、人文遗迹、自然保护区、风景名胜区、城市和乡村等。

92. ABCD 【解析】根据《规划环境影响评价条例》第 8 条的规定，对规划进行环境影响评价，应当分析、预测和评估以下内容：①规划实施可能对相关区域、流域、海域生态系统产生的整体影响；②规划实施可能对环境和人群健康产生的长远影响；③规划实施的经济效益、社会效益与环境效益之间以及当前利益与长远利益之间的关系。

93. AB 【解析】根据《中华人民共和国环境影响评价法》第 32 条的规定，建设项目环境影响报告书、环境影响报告表存在基础资料明显不实，内容存在重大缺陷、遗漏或者虚假，环境影响评价结论不正确或者不合理等严重质量问题的，由设区的市级以上人民政府生态环境主管部门对建设单位处50万元以上200万元以下的罚款，并对建设单位的法定代表人、主要负责人、直接负责的主管人员和其他直接责任人员，处5万元以上20万元以下的罚款。接受委托编制建设项目环境影响报告书、环境影响报告表的技术单位违反国家有关环境影响评价标准和技术规范等规定，致使其编制的建设项目环境影响报告书、环境影响报告表存在基础资料明显不实，内容存在重大缺陷、遗漏或者虚假，环境影响评价结论不正确或者不合理等严重质量问题的，由设区的市级以上人民政府生态环境主管部门对技术单位处所收费用3倍以上5倍以下的罚款；情节严重的，禁止从事环境影响报告书、环境影响报告表编制工作；有违法所得的，没收违法所得。编制单位有上述违法行为的，编制主持人和主要编制人员5年内禁止从事环境影响报告书、环境影响报告表编制工作；构成犯罪的，依法追究刑事责任，并终身禁止从事环境影响报告书、环境影响报告表编制工作。

94. ACD　**【解析】**根据《建设项目环境影响评价分类管理名录》第3条的规定，本名录所称环境敏感区是指依法设立的各级各类保护区域和对建设项目产生的环境影响特别敏感的区域，主要包括下列区域：①国家公园、自然保护区、风景名胜区、世界文化和自然遗产地、海洋特别保护区、饮用水水源保护区；②除①外的生态保护红线管控范围，永久基本农田、基本草原、自然公园（森林公园、地质公园、海洋公园等）、重要湿地、天然林，重点保护野生动物栖息地，重点保护野生植物生长繁殖地，重要水生生物的自然产卵场、索饵场、越冬场和洄游通道，天然渔场，水土流失重点预防区和重点治理区、沙化土地封禁保护区、封闭及半封闭海域；③以居住、医疗卫生、文化教育、科研、行政办公为主要功能的区域，以及文物保护单位。

95. ABC　**【解析】**根据《中华人民共和国大气污染防治法》第46条的规定，工业涂装企业应当使用低挥发性有机物含量的涂料，并建立台账，记录生产原料、辅料的使用量、废弃量、去向以及挥发性有机物含量。

96. ABC　**【解析】**根据《中华人民共和国水污染防治法》第40条的规定，化学品生产企业以及工业集聚区、矿山开采区、尾矿库、危险废物处置场、垃圾填埋场等的运营、管理单位，应当采取防渗漏等措施，并建设地下水水质监测井进行监测，防止地下水污染。

97. C　**【解析】**根据《中华人民共和国水污染防治法》第59条的规定，船舶排放含油污水、生活污水，应当符合船舶污染物排放标准。从事海洋航运的船舶进入内河和港口的，应当遵守内河的船舶污染物排放标准。船舶的残油、废油应当回收，禁止排入水体。禁止向水体倾倒船舶垃圾。船舶装载运输油类或者有毒货物，应当采取防止溢流和渗漏的措施，防止货物落水造成水污染。进入中华人民共和国内河的国际航线船舶排放压载水的，应当采用压载水处理装置或者采取其他等效措施，对压载水进行灭活等处理。禁止排放不符合规定的船舶压载水。

98. ACD 【解析】根据《中华人民共和国噪声污染防治法》第 88 条的规定，噪声敏感建筑物是指用于居住、科学研究、医疗卫生、文化教育、机关团体办公、社会福利等需要保持安静的建筑物。

99. ABD 【解析】根据《中华人民共和国土壤污染防治法》第 17 条的规定，地方人民政府生态环境主管部门应当会同自然资源主管部门对下列建设用地地块进行重点监测：①曾用于生产、使用、贮存、回收、处置有毒有害物质的；②曾用于固体废物堆放、填埋的；③曾发生过重大、特大污染事故的；④国务院生态环境、自然资源主管部门规定的其他情形。

100. ABC 【解析】根据《中华人民共和国土壤污染防治法》第 41 条的规定，修复施工单位转运污染土壤的，应当制定转运计划，将运输时间、方式、线路和污染土壤数量、去向、最终处置措施等，提前报所在地和接收地生态环境主管部门。

101. ABC 【解析】根据《中华人民共和国放射性污染防治法》第 43 条的规定，低、中水平放射性固体废物在符合国家规定的区域实行近地表处置。高水平放射性固体废物实行集中的深地质处置。α 放射性固体废物依照前款规定处置。禁止在内河水域和海洋上处置放射性固体废物。

102. ABCD 【解析】根据《中华人民共和国长江保护法》第 3 条的规定，长江流域经济社会发展，应当坚持生态优先、绿色发展，共抓大保护、不搞大开发；长江保护应当坚持统筹协调、科学规划、创新驱动、系统治理。

103. ABD 【解析】根据《中华人民共和国长江保护法》第 28 条的规定，国务院水行政主管部门有关流域管理机构和长江流域县级以上地方人民政府依法划定禁止采砂区和禁止采砂期，严格控制采砂区域、采砂总量和采砂区域内的采砂船舶数量。禁止在长江流域禁止采砂区和禁止采砂期从事采砂活动。

104. ABC 【解析】根据《中华人民共和国土地管理法》第 33 条的规定，下列耕地应当根据土地利用总体规划划为永久基本农田，实行严格保护：①经国务院农业农村主管部门或者县级以上地方人民政府批准确定的粮、棉、油、糖等重要农产品生产基地内的耕地；②有良好的水利与水土保持设施的耕地，正在实施改造计划以及可以改造的中、低产田和已建成的高标准农田；③蔬菜生产基地；④农业科研、教学试验田；⑤国务院规定应当划为永久基本农田的其他耕地。

105. CD 【解析】根据《中华人民共和国自然保护区条例》第 26 条的规定，禁止在自然保护区内进行砍伐、放牧、狩猎、捕捞、采药、开垦、烧荒、开矿、采石、挖沙等活动；但是，法律、行政法规另有规定的除外。

106. AD 【解析】根据《畜禽规模养殖污染防治条例》第20条的规定，向环境排放经过处理的畜禽养殖废弃物，应当符合国家和地方规定的污染物排放标准和总量控制指标。畜禽养殖废弃物未经处理，不得直接向环境排放。

107. BCD 【解析】根据《中共中央 国务院关于深入打好污染防治攻坚战的意见》，深入打好碧水保卫战的要求包括：①持续打好城市黑臭水体治理攻坚战；②持续打好长江保护修复攻坚战；③着力打好黄河生态保护治理攻坚战；④巩固提升饮用水安全保障水平；⑤着力打好重点海域综合治理攻坚战；⑥强化陆域海域污染协同治理。

108. AC 【解析】根据《全国主体功能区规划》，国家层面重点开发区域的发展方向和开发原则是：①统筹规划国土空间；②健全城市规模结构；③促进人口加快集聚；④形成现代产业体系；⑤提高发展质量；⑥完善基础设施；⑦保护生态环境；⑧把握开发时序。

109. ABC 【解析】根据《2030年前碳达峰行动方案》，到2025年，非化石能源消费比重达到20%左右，单位国内生产总值能源消耗比2020年下降13.5%，单位国内生产总值二氧化碳排放比2020年下降18%，为实现碳达峰奠定坚实基础。到2030年，非化石能源消费比重达到25%左右，单位国内生产总值二氧化碳排放比2005年下降65%以上，顺利实现2030年前碳达峰目标。

110. AB 【解析】根据《"十四五"节能减排综合工作方案》，到2025年，全国单位国内生产总值能源消耗比2020年下降13.5%，能源消费总量得到合理控制，化学需氧量、氨氮、氮氧化物、挥发性有机物排放总量比2020年分别下降8%、8%、10%以上、10%以上。节能减排政策机制更加健全，重点行业能源利用效率和主要污染物排放控制水平基本达到国际先进水平，经济社会发展绿色转型取得显著成效。

111. AB 【解析】根据《农用地土壤环境管理办法（试行）》第12条的规定，农田灌溉用水应当符合相应的水质标准，防止污染土壤、地下水和农产品。禁止向农田灌溉渠道排放工业废水或者医疗污水。向农田灌溉渠道排放城镇污水以及未综合利用的畜禽养殖废水、农产品加工废水的，应当保证其下游最近的灌溉取水点的水质符合农田灌溉水质标准。

准考证号：________

考生姓名：________

工作单位：________

2022 年全国环境影响评价工程师职业资格考试

环境影响评价相关法律法规

免费兑换 备考课程

考生注意事项

1. 答题前，考生须在试题册指定位置上填写工作单位、考生姓名和准考证号；在答题卡指定位置上填写考生姓名和准考证号，并涂写准考证号信息点。
2. 选择题的答案必须涂写在答题卡相应题号的选项上，非选择题的答案必须书写在答题卡指定位置的边框区域内。超出答题区域书写的答案无效；在草稿纸、试题册上答题无效。
3. 填（书）写部分必须使用黑色字迹签字笔或者钢笔书写，字迹工整、笔迹清楚；涂写部分必须使用 2B 铅笔填涂。
4. 考试结束，将答题卡和试题册按规定交回。

一、单项选择题（共 90 题，每题 1 分。每题的备选项中，只有 1 个最符合题意）

1.《中华人民共和国环境保护法》所称环境，是指影响人类生存和发展的各种（　　）的总体。

A. 自然因素和社会因素

B. 经济因素和自然因素

C. 社会因素和文化因素

D. 天然的和经过人工改造的自然因素

2. 根据《中华人民共和国环境保护法》，未依法进行环境影响评价的开发利用规划，不得（　　）。

A. 组织编制

B. 组织评估

C. 组织审查

D. 组织实施

3. 根据《中华人民共和国环境保护法》，建设项目中防治污染的设施，应当与主体工程（　　）。

A. 同时设计、同时施工、同时投产使用

B. 同时备案、同时施工、同时竣工验收

C. 同时备案、同时施工、同时投产使用

D. 同时设计、同时施工、同时竣工验收

4. 根据《中华人民共和国环境保护法》，关于排放污染物的企业事业单位防治环境污染和危害责任的说法，错误的是（　　）。

A. 严禁通过渗坑方式排放污染物

B. 严禁不正常运行防治污染设施

C. 应当建立环境保护责任制度，明确单位负责人和相关人员的责任

D. 应当安装使用监测设备，保证监测设备正常运行，保存监测记录

5. 根据《中华人民共和国环境保护法》，关于严重污染环境的工艺、设备和产品淘汰制度的规定，不包括（　　）。

A. 任何单位不得使用严重污染环境的工艺

B. 任何单位不得销售严重污染环境的设备

C. 任何个人不得转移严重污染环境的工艺

D. 任何个人不得保存严重污染环境的产品

6. 根据《中华人民共和国环境保护法》，关于农业和农村环境污染防治的说法，错误的是（　　）。

A. 禁止将固体废物、废水施入永久基本农田，防治农业面源污染

B. 定点屠宰企业的选址、建设和管理应当符合有关法律法规规定

C. 从事屠宰的个人应当对畜禽粪便、污水等废弃物进行科学处置

D. 施用农业投入品应当防止重金属和其他有毒有害物质污染环境

7. 根据《规划环境影响评价条例》，规划环境影响篇章的内容不包括（　　）。

A. 规划实施的回顾性环境影响评价

B. 规划实施与相关规划的环境协调性分析

C. 预防或者减轻不良环境影响的对策和措施的合理性和有效性

D. 规划实施的资源环境承载能力分析

8. 根据《规划环境影响评价条例》，关于规划环境影响评价公众参与的说法，正确的是（　　）。

A. 对依法需要保密的专项规划进行环境影响评价，公众意见征求限于有关单位

B. 公开征求意见与环境影响评价结论有重大分歧时，应当采取论证会等形式进一步论证

C. 应当在报送审查的规划中附具对公众意见采纳与不采纳情况及其理由的说明

D. 对可能造成环境影响的综合规划，应当公开征求对环境影响报告书的意见

9. 根据《规划环境影响评价条例》，关于规划环境影响跟踪评价的说法，错误的是（　　）。

A. 对环境有重大影响的规划实施后，应当及时组织规划环境影响的跟踪评价

B. 对规划环境影响进行跟踪评价，应当征求有关单位、专家和公众的意见

C. 主管部门发现规划实施过程中产生重大不良环境影响的，应当及时进行核查

D. 发现规划实施过程中产生累积环境影响的，应当要求及时开展跟踪评价

10. 根据《中华人民共和国环境影响评价法》，国家根据建设项目对环境的影响程度，对建设项目的环境影响评价实行（　　）。

A. 分级管理

B. 分类管理

C. 重点管理

D. 简化管理

11. 根据《中华人民共和国环境影响评价法》，建设项目的环境影响报告书应当包括的内容是（　　）。

A. 建设项目立项核准备案情况

B. 建设项目区域社会经济状况

C. 对项目实施环境监理的建议

D. 对环境影响的经济损益分析

12. 根据《建设项目环境影响评价分类管理名录（2021 年版）》，涉及环境敏感区的建设项目应（　　）。

A. 编制环境影响报告书

B. 编制环境影响报告表

C. 就建设项目对环境敏感区的影响做重点分析

D. 就建设项目对环境敏感区的影响做专项分析

13. 根据《建设项目环境保护管理条例》，建设单位应当在（　　）将环境影响报告书（表）报有审批权的部门审批。

A. 开工建设前

B. 生产投运前

C. 设施安装前

D. 竣工验收前

14. 根据《建设项目环境保护管理条例》，审批环境影响报告书时应当重点审查的内容不包括（　　）。

A. 建设项目选址的环境可行性

B. 生产工艺设备的先进可靠性

C. 环境保护措施的有效性

D. 环境影响评价结论的科学性

15. 根据《污染影响类建设项目重大变动清单（试行）》，下列情形中，属于重大变更的是（　　）。

A. 卫生防护距离范围变化的

B. 环境防护距离范围变化的

C. 废水第一类污染物排放量增加的

D. 废气无组织排放改为有组织排放的

16. 根据《关于进一步加强涉及自然保护区开发建设活动监督管理的通知》，关于涉及自然保护区监督管理的说法，错误的是（　　）。

A. 禁止在自然保护区缓冲区开展任何开发建设活动

B. 禁止在自然保护区核心区建设任何生产经营设施

C. 应关停实验区内的生产经营设施，并实施生态恢复

D. 应关停缓冲区内违法水电开发设施，限期拆除，应实施生态恢复

17. 根据《关于做好生物多样性保护优先区域有关工作的通知》，生物多样性保护优先区域监管要求不包括（　　）。

A. 新增项目选址须避开生态敏感区及野生动物觅食地、栖息地

B. 将生物多样性影响评价作为新增项目环境影响评价的重要内容

C. “一区一策”需做到区域内自然生态系统功能不下降、生物资源不减少

D. 应对建设项目生态保护和风险防范措施的有效性进行跟踪监测和验证评价

18. 根据《关于进一步加强水生生物资源保护 严格环境影响评价管理的通知》，涉及国家级水产种质资源保护区的开发建设项目应开展的工作不包括（　　）。

A. 开展生物多样性影响专题论证

B. 重点论证建设项目优化布局方案

C. 重点论证建设项目对保护区功能的影响

D. 开展水产种质资源保护区影响专题论证

19. 根据《关于加强高耗能、高排放建设项目生态环境源头防控的指导意见》，提升清洁生产和污染防治水平的要求不包括（　　）。

A. 新建“两高”项目应采用先进适用的工艺技术和装备

B. 鼓励重点区域高炉－转炉长流程钢铁企业转型为电炉短流程企业

C. 鼓励使用清洁燃料，重点区域建设项目原则上不新建燃煤自备锅炉

D. 重点区域内新建耗煤项目还应严格按规定采取煤炭消费减量替代措施

20. 根据《关于加强“未批先建”建设项目环境影响评价管理工作的通知》，“未批先建”的情形不包括（　　）。

A. 未依法报批建设项目环境影响报告书（表），开工建设的

B. 建设项目环境影响报告书（表）未经批准，开工建设的

C. 生态环境部门对建设项目环境影响报告书（表）拟批准公示期间，开工建设的

D. 批复的建设项目环境影响报告书（表）技术复核出现质量问题，仍开工建设的

21. 根据《建设项目环境影响后评价管理办法（试行）》，需要开展环境影响后评价的建设项目不包括（　　）。

A. 穿越重要生态敏感区的高速公路项目

B. 穿越重要生态敏感区的石油管线项目

C. 审批部门认为应开展环境影响后评价的建设项目

D. 评估部门认为应开展环境影响后评价的建设项目

22. 根据《建设项目环境影响报告书（表）编制监督管理办法》，下列单位中，可以作为建设项目环境影响报告书（表）编制单位的是（　　）。

A. 由建设单位出资成立的单位

B. 由生态环境评估部门作为业务主管单位的社会组织

C. 由生态环境主管部门作为业务主管单位的社会组织

D. 由环评文件审批部门作为业务主管单位的社会组织

23. 根据《建设项目环境影响报告书（表）编制监督管理办法》，建设项目环境影响报告书存在的质量问题，仅给予通报批评的是（　　）。

A. 遗漏饮用水水源保护区的

B. 污染源强核算方法错误的

C. 项目生产工艺描述不全的

D. 编造环境要素现状内容的

24. 根据《中华人民共和国大气污染防治法》，大气污染防治标准的规定不包括（　　）。

A. 省级人民政府可以制定大气环境质量标准

B. 省级人民政府可以制定大气污染物排放标准

C. 制定燃煤产品质量标准，应当明确大气环境保护要求

D. 制定涂料产品质量标准，应当明确卫生防护距离要求

25. 根据《中华人民共和国大气污染防治法》，关于工业涂装企业大气污染防治的说法，错误的是（　　）。

A. 涂装工序应当在密闭空间中进行

B. 涂装工序应当采取有效措施减少物料泄漏

C. 涂装工序应当使用低挥发性有机物含量的涂料

D. 涂装工序应当设置挥发性有机物自动监测系统

26. 根据《中华人民共和国大气污染防治法》，新建生活垃圾焚烧项目大气污染防治的要求不包括（　　）。

A. 设置合理的防护距离

B. 选址远离永久基本农田

C. 垃圾贮存设施安装净化装置

D. 垃圾运输车辆采取防尘措施

27. 根据《中华人民共和国水污染防治法》，关于水环境质量标准和水污染物排放标准制定的说法，错误的是（　　）。

A. 国家水环境质量标准中未作规定的项目，可以制定地方标准

B. 国家水污染物排放标准中未作规定的项目，可以制定地方标准

C. 国家水环境质量标准中已作规定的项目，可以制定更严格的地方标准

D. 国家水污染物排放标准中已作规定的项目，可以制定更严格的地方标准

28. 某地区重点水污染物排放完成总量控制指标，但尚未达到水环境质量改善目标。根据《中华人民共和国水污染防治法》，关于该地区重点水污染物总量控制的说法，正确的是（　　）。

A. 该地区不需要对本区域重点水污染物排放实施总量控制

B. 该地区应按规定削减和控制本区域的重点水污染物排放总量

C. 该地区省级生态环境主管部门应当约谈该地区重点水污染物排放单位法人

D. 该地区可审批新增重点水污染物排放总量的建设项目的环境影响评价文件

29. 某新建加油站项目拟建地下油罐，根据《中华人民共和国水污染防治法》，该项目地下水污染防治措施的要求不包括（　　）。

A. 使用双层罐

B. 建造防渗池

C. 进行防渗漏监测

D. 建设地下水在线监测系统

30. 根据《中华人民共和国水污染防治法》，人工回灌补给地下水污染防治的要求是（　　）。

A. 不得恶化地下水质

B. 不得超过地下水水质标准补给

C. 不得超过污水综合排放标准补给

D. 不得超过农田灌溉标准补给

31. 根据《中华人民共和国水污染防治法》，船舶修造厂应当备有足够的设施是（　　）。

A. 船舶污染物、废弃物转移设施

B. 船舶污染物、废弃物接收设施

C. 船舶污染物、废弃物处理设施

D. 船舶污染物、废弃物利用设施

32. 根据《中华人民共和国噪声污染防治法》，噪声污染防治的原则不包括（　　）。

A. 统筹规划

B. 源头防控

C. 综合治理

D. 损害担责

33. 某拟建医院用地红线邻近既有城市快速路，需编制环境影响报告书。根据《中华人民共和国噪声污染防治法》，关于该医院建设布局中防止、减轻噪声污染的说法，正确的是（　　）。

A. 合理划定建筑物与城市快速路的防噪声距离，并提出相应的规划设计要求

B. 合理划定城市快速路两侧的防噪声距离，并提出相应的建设控制要求

C. 合理划定快速路两侧的不达标区域范围，并提出相应的规划设计要求

D. 合理划定建筑物的噪声控制距离，并对城市快速路提出隔声降噪要求

34. 根据《中华人民共和国噪声污染防治法》，在噪声敏感建筑物集中区域允许从事的活动是（　　）。

A. 新建排放噪声的工业企业

B. 改建排放噪声的工业企业

C. 经营活动中使用高音喇叭

D. 采用持续高噪声设备宣传

35. 根据《中华人民共和国固体废物污染环境防治法》，固体废物不包括（ ）。

A. 农药包装废弃物

B. 二手农用电动车

C. 废弃的农用薄膜

D. 装修产生的弃料

36. 单位甲委托单位乙对其产生的工业固体废物进行综合利用，根据《中华人民共和国固体废物污染环境防治法》，单位甲履行污染环境防治责任的正确做法是（ ）。

A. 对单位乙的经济和技术能力进行核实，并在合同中约定污染防治要求

B. 对单位乙的经济和技术能力进行核实，并在合同中约定其污染主体责任

C. 对单位乙的主体资格和技术能力进行核实，并在合同中约定污染防治要求

D. 对单位乙的主体资格和技术能力进行核实，并在合同中约定其污染主体责任

37. 根据《中华人民共和国固体废物污染环境防治法》，关于危险废物污染环境防治的说法，错误的是（ ）。

A. 产生危险废物的单位，贮存危险废物的期限不得超过一年

B. 运输危险废物应遵守国家有关危险货物运输管理的规定

C. 医疗卫生机构应当依法分类收集本单位产生的医疗废物

D. 收集危险废物的容器转作他用时，应当经过消除污染处理

38. 根据《中华人民共和国土壤污染防治法》，土壤污染是指因（ ）进入陆地表层土壤，引起土壤化学、物理、生物等方面特性的改变，影响土壤功能和有效利用，危害公众健康或者破坏生态环境的现象。

A. 地震导致多种物质

B. 洪水导致某种物质

C. 自然因素导致多种物质

D. 人为因素导致某种物质

39. 根据《中华人民共和国土壤污染防治法》，下列地块中，属于应当重点监测的建设用地地块是（ ）。

A. 用于或者曾用于农业规模化养殖的地块

B. 曾用于使用、回收有毒有害物质的地块

C. 有毒有害物质利用、处置设施周边的地块

D. 有毒有害物质生产、贮存设施周边的地块

40. 根据《中华人民共和国土壤污染防治法》，矿产资源开发运营单位应当进行土壤污染状况定期评估的对象不包括（　　）。

A. 病库　　B. 危库

C. 险库　　D. 工业场地

41. 根据《中华人民共和国土壤污染防治法》，防止土壤污染应采取的措施不包括（　　）。

A. 应当统筹规划、建设城乡生活垃圾处置设施

B. 应当统筹规划、建设城乡生活污水处理设施

C. 应当定期对设施农业生产用地周边土壤进行监测

D. 应当定期对固体废物处置设施周边土壤进行监测

42. 根据《中华人民共和国土壤污染防治法》，关于相关行业企业布局选址要求的说法，正确的是（　　）。

A. 禁止在医院周边扩建游乐设施

B. 禁止在居民区周边新建大型超市

C. 禁止在养老院周边扩建蔬菜大棚

D. 禁止在学校周边改建减排污染物的电镀厂

43. 根据《中华人民共和国土壤污染防治法》，关于实施风险管控、修复活动和修复施工单位管理的说法，错误的是（　　）。

A. 实施风险管控活动，不得对土壤和周边环境造成新的污染

B. 实施风险修复活动，应当因地制宜，提高针对性和有效性

C. 修复施工单位实施转运污染土壤工作时，应当将转运计划上报备案

D. 转运的污染土壤属于危险废物的，修复施工单位应当依法依规处置

44. 根据《中华人民共和国海洋环境保护法》，具有建立海洋自然保护区条件的区域不包括（　　）。

A. 典型的海洋自然地理区域

B. 具有特殊旅游价值的海湾

C. 海洋生物物种高度丰富的区域

D. 具有重大科学文化价值的海洋自然遗迹所在区域

45. 根据《中华人民共和国海洋环境保护法》，关于海洋生态保护的说法，错误的是（　　）。

A. 海水养殖应当合理施肥，不得使用药物

B. 引进海洋动植物物种，应当进行科学论证

C. 国家鼓励、推广多种生态渔业生产方式

D. 禁止毁坏海岸防护设施、沿海城镇园林

46. 根据《中华人民共和国海洋环境保护法》，关于防治海岸工程建设项目污染损害海洋环境的说法，正确的是（　　）。

A. 禁止在沿海陆域内新建不具备有效治理措施的化学制浆造纸项目

B. 允许在沿海陆域内新建不具备有效治理措施的化学制浆造纸项目

C. 严格限制在沿海陆域内新建不具备有效治理措施的化学制浆造纸项目

D. 严格控制在沿海陆域内新建不具备有效治理措施的化学制浆造纸项目

47. 根据《中华人民共和国放射性污染防治法》，关于开发利用伴生放射性矿进行环境影响评价的说法，正确的是（　　）。

A. 应当在申领采矿许可证前编制环境影响报告表

B. 应当在申领采矿许可证后编制环境影响报告表

C. 应当在申领采矿许可证前编制环境影响报告书

D. 应当在申领采矿许可证后编制环境影响报告书

48. 根据《中华人民共和国放射性污染防治法》，关于放射性固体废物处置方式的说法，错误的是（　　）。

A. α 放射性固体废物实行集中的深地质处置

B. 在海洋上处置放射性固体废物应进行深海排放

C. 高水平放射性固体废物实行集中的深地质处置

D. 低水平放射性固体废物在规定区域实行近地表处置

49. 根据《中华人民共和国清洁生产促进法》，企业在进行技术改造时采取的污染防治技术应达到的标准或指标不包括（　　）。

A. 环境质量标准

B. 地方污染物排放标准

C. 国家污染物排放标准

D. 污染物排放总量控制指标

50. 根据《中华人民共和国水法》，关于水资源开发利用生态环境保护要求的说法，正确的是（　　）。

A. 应当首先满足生态环境用水，并兼顾农业、工业等用水需要

B. 应当首先满足城乡居民生活用水，并兼顾工业、生态环境等用水需要

C. 应当首先满足工业用水，并兼顾城乡居民生活、生态环境等用水需要

D. 应当首先满足工业和城乡居民生活用水，并充分考虑生态环境用水需要

51. 根据《中华人民共和国水法》，下列在水生生物洄游通道建设的设施中，属于需要同时修建过鱼设施的是（　　）。

A. 临时性施工围堰

B. 永久性拦河闸坝

C. 临时性施工桥梁

D. 永久性通航设施

52. 根据《中华人民共和国防沙治沙法》，在沙化土地范围内从事开发建设活动的，必须事先就该项目可能对当地及相关地区生态产生的影响进行（　　）。

A. 预期评估

B. 环境规划

C. 环境影响评价

D. 生态专题评价

53. 根据《中华人民共和国草原法》，应当划为基本草原的是（　　）。

A. 冬牧场

B. 人工草地

C. 草原教学试验基地

D. 对城市景观具有特殊作用的草地

54. 根据《中华人民共和国文物保护法》，关于文物保护单位保护范围及建设控制地带管理的说法，错误的是（　　）。

A. 在文物保护单位建设控制地带内进行建设工程，工程设计方案应当经相应的文物行政部门同意后，报城乡建设规划部门批准

B. 在文物保护单位建设控制地带内进行建设工程，不得破坏文物保护单位的历史风貌

C. 在文物保护单位建设控制地带内，对已有的污染文物保护单位的设施，应当限期拆除

D. 确需在文物保护单位的保护范围内进行爆破作业的，必须保证文物保护单位的安全

55. 根据《中华人民共和国森林法》，森林保护的规定不包括（　　）。

A. 禁止毁林开垦

B. 禁止矿藏开采

C. 禁止毁林采土

D. 禁止幼林地放牧

56.《中华人民共和国渔业法》不适用于（　　）。

A. 领海养殖

B. 内水养殖

C. 池塘养殖

D. 专属经济区养殖

57. 根据《中华人民共和国矿产资源法》，非经国务院授权的有关主管部门同意，不得在（　　）开采矿产资源。

A. 排洪沟两侧一定距离以内

B. 国防工程设施圈定地区以内

C. 矿区运输道路两侧一定距离以内

D. 中型水利工程设施附近一定距离以内

58. 根据《中华人民共和国土地管理法》，占用耕地单位保护耕地的做法不包括（　　）。

A. 开垦与所占用耕地的数量和质量相当的耕地

B. 因没有条件开垦，按照规定缴纳耕地开垦费

C. 制定开垦耕地计划，按照计划组织开垦耕地

D. 将所占用耕地耕作层的土壤用于土壤的改良

59. 根据《中华人民共和国野生动物保护法》，关于国家对野生动物实行分类分级保护的说法，错误的是（　　）。

A. 国家对经济型野生动物实行重点保护

B. 国家对濒危的野生动物实行重点保护

C. 国家对珍贵的野生动物实行重点保护

D. 国家重点保护野生动物名录实行定期调整

60. 根据《中华人民共和国湿地保护法》，应直接纳入重要湿地名录进行保护的是（　　）。

A. 高山湿地

B. 泻湖湿地

C. 红树林湿地

D. 泥炭沼泽湿地

61. 根据《中华人民共和国长江保护法》，生态环境分区管控方案和生态环境准入清单的规定不包括（　　）。

A. 禁止重污染企业和项目向长江中上游地区转移

B. 禁止重污染企业和项目向经济不发达地区转移

C. 生态环境准入清单应当与国土空间规划相衔接

D. 生态环境分区管控方案应当与国土空间规划相衔接

62. 根据《中华人民共和国长江保护法》，长江流域应划为禁止航行的区域是（　　）。

A. 自然保护地水域

B. 生态保护红线水域

C. 水生生物洄游通道

D. 水生生物重要栖息地

63. 根据《中华人民共和国河道管理条例》，符合河道管理范围和堤防安全保护区管理规定的生产活动是（　　）。

A. 在河道滩地修建围堤

B. 在河道护堤地内进行考古发掘

C. 在河道管理范围内弃置泥土

D. 在堤防安全保护区内存放物料

64. 根据《中华人民共和国自然保护区条例》，自然保护区内划分的功能区不包括（　　）。

A. 实验区

B. 缓冲区

C. 核心区

D. 外围保护地带

65. 根据《中华人民共和国自然保护区条例》，关于自然保护区内部未分区区域管理的说法，错误的是（　　）。

A. 禁止开展旅游活动

B. 禁止建设生产设施

C. 禁止开展科学研究活动

D. 禁止进行生产经营活动

66. 根据《风景名胜区条例》，风景名胜区内可以从事的活动是（　　）。

A. 修建索道

B. 露天采矿

C. 修炸药库

D. 修坟立碑

67. 根据《土地复垦条例》，土地复垦义务人应负责复垦的土地不包括（　　）。

A. 露天采矿坑

B. 地震损毁区

C. 矸石周转场

D. 临时弃土场

68. 根据《医疗废物管理条例》，关于医疗卫生机构对医疗废物管理的说法，错误的是（　　）。

A. 医疗废物暂时贮存的时间不得超过 2 天期限

B. 医疗废物的暂时贮存设施应当定期消毒和清洁

C. 病原体标本的暂时贮存设施应当远离生活垃圾存放场所

D. 病原体标本应当消毒后送医疗废物的暂时贮存设施贮存

69. 根据《危险化学品安全管理条例》，危险化学品所具备的特性不包括（　　）。

A. 腐蚀性　　B. 助燃性

C. 放射性　　D. 毒害性

70. 根据《中华人民共和国防治海岸工程建设项目污染损害海洋环境管理条例》，关于海岸工程环境保护措施的说法，错误的是（　　）。

A. 油码头应当配备海上重大污染损害事故应急设备和器材

B. 采用暗沟方式排放的，出水管口位置应当在低潮线以上

C. 港口应当设置与其吞吐能力和货物种类相适应的防污设施

D. 设置向海域排放废水的设施应当合理利用海水自净能力

71. 根据《防治海洋工程建设项目污染损害海洋环境管理条例》，关于海洋油气矿产资源勘探开发作业环境保护措施的说法，错误的是（　　）。

A. 含油污水不得直接排放入海

B. 塑料制品不得直接弃置入海

C. 含油污水经稀释符合国家有关排放标准后再排放

D. 有毒有害残液、残渣应当集中储存，运回陆地处理

72. 根据《畜禽规模养殖污染防治条例》，禁止建设畜禽养殖场的区域不包括（　　）。

A. 城镇居民区

B. 风景名胜区

C. 饮用水水源地二级保护区

D. 自然保护区外围保护地带

73. 根据《畜禽规模养殖污染防治条例》，对染疫畜禽排泄物应采取的处理方式是（　　）。

A. 还田处理　　B. 深埋处理

C. 制取沼气　　D. 制造肥料

74. 《消耗臭氧层物质管理条例》不适用（　　）。

A. 制造消耗臭氧层物质的活动

B. 销售消耗臭氧层物质的活动

C. 使用含消耗臭氧层物质的产品的活动

D. 利用消耗臭氧层物质进行的生产经营活动

75. 根据《地下水管理条例》，地下水污染防治的规定不包括（　　）。

A. 化学品经营企业应当采取防渗漏等措施，并进行地下水监测

B. 工业聚集区运营单位应当采取防渗漏等措施，并进行地下水监测

C. 矿山开采区运营单位应当采取防渗漏等措施，并进行地下水监测

D. 危险废物处置场运营单位应当采取防渗漏等措施，并进行地下水监测

76. 根据《关于深入打好污染防治攻坚战的意见》，着力打好重污染天气消除攻坚战的任务不包括（　　）。

A. 构建省市县三级重污染天气应急预案体系

B. 大力推进挥发性有机物和氮氧化物协同减排

C. 东北地区加强秸秆禁烧管控和采暖燃煤污染治理

D. 京津冀持续开展秋冬季大气污染综合治理专项行动

77. 根据《关于深入打好污染防治攻坚战的意见》，深入打好净土保卫战的任务不包括（　　）。

A. 深入推进农用地土壤污染防治和安全利用

B. 强化地下水污染协同防治

C. 强化黑土地质量保护与监管

D. 稳步推进“无废城市”建设

78. 根据《关于完整准确全面贯彻新发展理念做好碳达峰碳中和工作的意见》，受产能等量或减量置换监管的建设项目是（　　）。

A. 新建煤电项目　　B. 新建炼油项目

C. 新建水泥项目　　D. 扩建煤化工项目

79. 根据《关于划定并严守生态保护红线的若干意见》，关于严守生态保护红线的说法，正确的是（　　）。

A. 地方各级生态环境主管部门是严守生态保护红线的责任主体

B. 生态保护红线原则上按禁止或限制开发区域的要求进行管理

C. 生态保护红线划定后，与相关上位规划不符合的，应当及时进行调整

D. 对违反管控要求，造成生态环境严重破坏的有关责任人员实行终身追责

80. 根据《关于进一步加强生物多样性保护的意见》，持续优化生物多样性保护空间格局的内容不包括（　　）。

A. 落实生物多样性就地保护体系

B. 推进重要生态系统保护和修复

C. 持续推进生物多样性调查监测

D. 完善生物多样性迁地保护体系

81. 根据《全国生态环境保护纲要》，禁止采石、采砂的区域不包括（　　）。

A. 沿江、沿河地区

B. 泥石流易发区

C. 崩塌滑坡危险区

D. 易导致自然景观破坏的区域

82. 根据《全国主体功能区规划》，开发原则中保护自然的要求不包括（　　）。

A. 加强对河流原始生态的保护

B. 大力推进退耕还林、退牧还草

C. 保护天然草地、冰川等自然空间

D. 严禁各类破坏生态环境的开发活动

83. 根据《全国海洋主体功能区规划》，海洋主体功能区中限制开发区域是（　　）。

A. 以提供海洋水产品为主要功能的海域

B. 现有开发利用强度较高，资源环境约束较强，产业结构亟需调整和优化的海域

C. 资源环境承载能力较强，可以进行高强度集中开发的海域

D. 对维护海洋生物多样性，保护典型海洋生态系统具有重要作用的海域

84. 根据《2030 年前碳达峰行动方案》，到 2025 年，碳达峰行动方案主要目标项不包括（　　）。

A. 化石能源消费总量

B. 非化石能源消费比重

C. 单位国内生产总值能耗下降水平

D. 单位国内生产总值二氧化碳排放下降比例

85. 根据《“十四五”节能减排综合工作方案》，重点行业绿色升级工程方案不包括（　　）。

A. 推进燃煤锅炉超低排放改造

B. 推进新型基础设施能效提升

C. 推进节能改造和污染物深度治理

D. 推进园区企业机构能效提升工程

86. 根据《“十四五”节能减排综合工作方案》，煤炭清洁高效利用工程方案不包括（　　）。

A. 推进存量煤电机组节煤降耗改造

B. 持续推动煤电机组超低排放改造

C. 加强大气污染物监测监管网络能力建设

D. 推动淘汰供热管网覆盖范围内的燃煤锅炉

87. 根据《关于推进城镇人口密集区危险化学品生产企业搬迁改造的指导意见》，关于强化搬迁改造安全环保管理要求的说法，错误的是（　　）。

A. 严禁搬迁改造企业在原址新建建设项目

B. 依法开展搬迁改造项目环境影响评价

C. 依法依规及时向异地迁建后的企业核发排污许可证

D. 拆除危险化学品构筑物要制定残留污染物清理方案

88. 根据《污染地块土壤环境管理办法（试行）》，关于治理与修复责任主体的说法，正确的是（　　）。

A. 责任主体发生变更的，由所在地县级人民政府承担相关责任

B. 责任主体灭失的，由所在地县级人民政府依法承担相关责任

C. 土地使用权终止的，由所在地县级人民政府依法承担相关责任

D. 土地使用权依法转让的，由所在地县级人民政府依法承担相关责任

89. 根据《国家危险废物名录（2021 年版）》，危险废物不包括（　　）。

A. 感染性固体废物　　B. 剧毒危险化学品

C. 易燃性固体废物　　D. 腐蚀性液态废物

90. 根据《危险废物转移管理办法》，关于危险废物转移相关责任的说法，错误的是（　　）。

A. 危险废物移出人应当开展危险废物鉴别工作

B. 危险废物托运人应当制定危险废物管理计划

C. 危险废物接受人应当填写危险废物转移联单信息

D. 危险废物承运人应当制定突发环境事件应急预案

二、不定项选择题（共 30 题，每题 2 分。每题的备选项中，至少有 1 个符合题意。多选、错选、少选均不得分）

91. 根据《中华人民共和国环境保护法》，国家划定的生态保护红线包括（　　）。

A. 农产品主产区

B. 生态环境敏感区

C. 生态环境脆弱区

D. 国家层面重点开发区

92. 根据《中华人民共和国环境保护法》，关于重点污染物排放总量控制制度的说法，正确的有（　　）。

A. 重点污染物排放总量控制指标由国务院下达，省级人民政府分解落实

B. 企业事业单位应当遵守分解落实到本单位的重点污染物排放总量控制指标

C. 未完成环境质量目标的地区，应当暂停审批该地区新增建设项目环境影响评价文件

D. 超过污染物排放总量控制指标的地区，应当暂停审批该地区建设项目环境影响评价文件

93. 根据《规划环境影响评价条例》，审查小组应当提出对专项规划环境影响报告书进行修改并重新审查的情形有（　　）。

A. 现状评价方法选择不当的

B. 基础资料、数据缺少的

C. 对不良环境影响的分析、预测和评估不准确、不深入，需要进一步论证的

D. 环境影响评价结论不明确的

94. 某建设项目分两期建设，其环境影响评价文件经批准后，三年内一期项目建成投产，六年后，建设单位准备启动二期项目建设。根据《中华人民共和国环境影响评价法》，关于该建设单位履行相关环保手续的说法，错误的有（　　）。

A. 建设单位应当重新报批该建设项目的环境影响评价文件

B. 建设单位不需重新报批该建设项目的环境影响评价文件

C. 建设单位应将环境影响评价文件报原审批部门重新审核

D. 建设单位应将环境影响评价文件报原评估部门重新评估

95. 某技术单位在编制建设项目环境影响报告书时，隐瞒项目选址位于自然保护区内的事实，编制的环境影响报告书存在严重质量问题，经认定该技术单位故意提供虚假证明文件，情节严重，构成犯罪。根据《中华人民共和国环境影响评价法》，该行为应受到的处罚有（　　）。

A. 对建设单位处五十万元以上二百万元以下的罚款

B. 对技术单位处所收费用三倍以上五倍以下的罚款

C. 对编制主持人处五年以上十年以下有期徒刑，并处罚金

D. 对建设单位的法定代表人处五万元以上二十万元以下的罚款

96. 根据《建设项目环境影响评价分类管理名录（2021 年版）》，关于建设项目环境影响评价分类管理的说法，错误的有（　　）。

A. 本名录未作规定的建设项目，不纳入环境影响评价管理

B. 本名录未作规定的建设项目，纳入环境影响评价登记管理

C. 本名录未作规定的建设项目，纳入环境影响评价报告表管理

D. 本名录未作规定的建设项目，纳入环境影响评价告知承诺制管理

97. 根据《关于进一步加强产业园区规划环境影响评价工作的意见》，开展产业园区规划环评的要求包括（　　）。

A. 围绕产业园区实施时序提出优化调整建议

B. 围绕产业园区结构和规模提出优化调整建议

C. 围绕产业园区产业定位和布局提出减缓不良环境影响的对策措施

D. 围绕产业园区重大基础设施建设提出减缓不良环境影响的对策措施

98. 根据《建设项目环境影响报告表编制技术指南（污染影响类）（试行）》，关于专项评价的说法，正确的有（　　）。

A. 土壤、声、电磁辐射和海洋环境不开展专项评价

B. 涉及特殊地下水资源保护区的，应开展地下水专项评价

C. 开展专项评价应按照环境影响评价相关技术导则进行

D. 专项评价类别根据建设项目排污情况及所涉环境敏感程度确定

99. 根据《关于做好“三磷”建设项目环境影响评价与排污许可管理工作的通知》，关于“三磷”建设项目环境影响评价管理的说法，正确的有（　　）。

A. “三磷”建设项目选址应避开岩溶强发育、存在较多落水洞或岩溶漏斗的区域

B. 长江干流及主要支流岸线 1km 范围内禁止新建磷矿项目

C. 建设项目所在水环境控制单元或断面总磷超标的，实施总磷排放量等量削减替代

D. 扩建磷化工项目应布设在依法合规设立的化工园区或具有化工定位的产业园区内

100. 根据《制药建设项目环境影响评价文件审批原则（试行）》，制药建设项目环境影响评价文件审批原则的要求包括（　　）。

A. 含有药物活性成分的废水应进行灭活预处理

B. 含有药物活性成分的污泥应进行灭活预处理

C. 植物提取残渣应按一般工业固体废物处置

D. 关注制药行业特征污染物的累积环境影响

101. 根据《中华人民共和国大气污染防治法》，关于大气重点排污单位污染源监测的说法，正确的有（　　）。

A. 应进行工业废气监测

B. 保存原始监测记录

C. 依法公开排放信息

D. 安装大气污染物排放自动监测设备

102. 根据《中华人民共和国水污染防治法》，存放可溶性剧毒废渣场所可采取的水污染防治措施包括（　　）。

A. 防水　　B. 防火

C. 防渗漏　　D. 防流失

103. 根据《中华人民共和国水污染防治法》，关于饮用水水源保护区的说法，正确的有（　　）。

A. 禁止在饮用水水源一级保护区内新建供水设施

B. 禁止在饮用水水源二级保护区内新建排放污染物的建设项目

C. 禁止在饮用水水源二级保护区内改建排放污染物的建设项目

D. 禁止在饮用水水源准保护区内新建对水体污染严重的建设项目

104. 根据《中华人民共和国噪声污染防治法》，施工单位实施的污染防治措施包括（　　）。

A. 降低噪声

B. 减少振动

C. 制定噪声污染防治实施方案

D. 监督噪声污染防治实施方案的落实

105. 根据《中华人民共和国固体废物污染环境防治法》，固体废物污染环境防治的原则包括（　　）。

A. 减量化　　B. 资源化

C. 无害化　　D. 污染担责

106. 根据《中华人民共和国土壤污染防治法》，排放有毒有害物质的单位和个人，应当采取避免土壤受到污染的有效防治措施包括（　　）。

A. 采取先进技术提高产量

B. 采用先进设备提高效率

C. 防止有毒有害物质流失

D. 防止有毒有害物质渗漏

107. 根据《中华人民共和国土壤污染防治法》，关于永久基本农田保护的说法，错误的有（　　）。

A. 县级以上地方人民政府应依法将严格管控类耕地划为永久基本农田

B. 县级以上地方人民政府应依法将安全利用类耕地划为永久基本农田

C. 在永久基本农田集中区域，不得新建可能造成土壤污染的建设项目

D. 在永久基本农田集中区域，应当削减已有污染土壤企业的排污总量

108. 根据《中华人民共和国海洋环境保护法》，禁止向海域排放的废水包括（　　）。

A. 含热废水

B. 剧毒废液

C. 含汞废水

D. 含有机物的工业废水

109. 根据《中华人民共和国放射性污染防治法》，关于对核设施进行环境影响评价的说法，错误的有（　　）。

A. 应当在办理选址审批手续后编制环境影响报告书

B. 应当在办理退役审批手续后编制环境影响报告书

C. 应当在申领核设施建造许可证前编制环境影响报告书

D. 应当在申领核设施运行许可证前编制环境影响报告书

110. 根据《中华人民共和国水法》，水资源开发利用中符合生态环境保护要求的原则有（　　）。

A. 以需定供原则

B. 节流优先原则

C. 污水处理再利用原则

D. 开源与节流相结合原则

111. 根据《中华人民共和国土地管理法》，关于永久基本农田保护的说法，正确的有（　　）。

A. 有良好的水利与水土保持设施的中产田应当划为基本农田

B. 有良好的水利与水土保持设施的低产田应当划为基本农田

C. 划定的永久基本农田一般应当占本行政区域内耕地的百分之八十以上

D. 永久基本农田经依法划定后，任何单位和个人不得擅自改变其用途

112. 根据《中华人民共和国湿地保护法》，下列湿地利用禁止的行为有（　　）。

A. 开垦自然湿地

B. 排干自然湿地

C. 利用自然湿地堆放固体废物

D. 利用自然湿地净化达标尾水

113. 根据《中华人民共和国长江保护法》，长江流域严格限制的航道整治工程区域包括（　　）。

A. 自然保护地

B. 规划河道采砂

C. 生态保护红线

D. 水生生物重要栖息地水域

114. 根据《中华人民共和国自然保护区条例》，自然保护区内禁止的行为有（　　）。

A. 狩猎

B. 烧荒

C. 科学研究考察

D. 旅游活动

115. 根据《关于做好畜禽规模养殖项目环境影响评价管理工作的通知》，关于优化项目选址，合理布置养殖场区的说法，正确的有（　　）。

A. 畜禽尸体无害化处理应尽量远离周边环境保护目标

B. 畜禽养殖区应位于养殖场区主导风向的下风向位置

C. 畜禽粪污贮存应位于养殖场区主导风向的下风向位置

D. 项目环评应结合环境保护要求优化养殖场区内部布置

116. 根据《关于深入打好污染防治攻坚战的意见》，加快推动绿色低碳发展的要求包括（　　）。

A. 深入推进碳达峰行动

B. 推动能源清洁低碳转型

C. 有序推进高耗能高排放项目健康发展

D. 聚焦国家重大战略打造绿色发展高地

117. 根据《全国主体功能区规划》，禁止开发区域中国家森林公园的管制原则包括（　　）。

A. 建设旅游基础设施必须符合森林资源规划，逐步拆除违反规划建设的设施

B. 根据资源状况和环境容量对旅游规模进行有效控制，不得对森林及其他野生动植物资源等造成损害

C. 在森林公园内以及可能对森林公园造成影响的周边地区，禁止进行采伐活动

D. 除必要的保护设施和附属设施外，禁止从事与资源保护无关的任何生产建设活动

118. 根据《2030年前碳达峰行动方案》，工业领域碳达峰行动方案包括（　　）。

A. 推动钢铁行业碳达峰

B. 推动建材行业碳达峰

C. 推进城乡建设绿色低碳转型

D. 推动工业领域绿色低碳发展

119. 根据《“十四五”节能减排综合工作方案》，“十四五”期间考核的大气污染物主要目标包括（　　）。

A. 颗粒物排放总量

B. 二氧化硫排放总量

C. 氮氧化物排放总量

D. 挥发性有机物排放总量

120. 根据《农用地土壤环境管理办法（试行）》，下列废水中，允许向农田灌溉渠道排放的有（　　）。

A. 工业废水

B. 医疗污水

C. 畜禽养殖废水

D. 农产品加工废水

参考答案及解析

一、单项选择题

1. D 【解析】《中华人民共和国环境保护法》所称环境，是指影响人类生存和发展的各种天然的和经过人工改造的自然因素的总体，包括大气、水、海洋、土地、矿藏、森林、草原、湿地、野生生物、自然遗迹、人文遗迹、自然保护区、风景名胜区、城市和乡村等。

2. D 【解析】根据《中华人民共和国环境保护法》第 19 条的规定，未依法进行环境影响评价的开发利用规划，不得组织实施；未依法进行环境影响评价的建设项目，不得开工建设。

3. A 【解析】根据《中华人民共和国环境保护法》第 41 条的规定，建设项目中防治污染的设施，应当与主体工程同时设计、同时施工、同时投产使用。

4. D 【解析】选项 D 错误，重点排污单位应当按照国家有关规定和监测规范安装使用监测设备，保证监测设备正常运行，保存原始监测记录。

5. D 【解析】根据《中华人民共和国环境保护法》第 46 条的规定，国家对严重污染环境的工艺、设备和产品实行淘汰制度。任何单位和个人不得生产、销售或者转移、使用严重污染环境的工艺、设备和产品。

6. A 【解析】选项 A 错误，各级人民政府及其农业等有关部门和机构应当指导农业生产经营者科学种植和养殖，科学合理施用农药、化肥等农业投入品，科学处置农用薄膜、农作物秸秆等农业废弃物，防止农业面源污染。禁止将不符合农用标准和环境保护标准的固体废物、废水施入农田。

7. A 【解析】根据《规划环境影响评价条例》第 11 条的规定，环境影响篇章或者说明应当包括下列内容：①规划实施对环境可能造成影响的分析、预测和评估。主要包括资源环境承载能力分析、不良环境影响的分析和预测以及与相关规划的环境协调性分析。②预防或者减轻不良环境影响的对策和措施。主要包括预防或者减轻不良环境影响的政策、管理或者技术等措施。环境影响报告书除包括上述内容外，还应当包括环境影响评价结论。主要包括规划草案的环境合理性和可行性，预防或者减轻不良环境影响的对策和措施的合理性和有效性，以及规划草案的调整建议。无论是环境影响篇章或说明还是环境影响报告书，都要求对规划实施后可能造成的环境影响作出分析、预测和评价（估），并且提出预防或者减轻不良环境影响的对策和措施，同时在专项规划的环境影响报告书中，还必须有环境影响评价的明确结论。

8. B 【解析】选项 A、D 错误，规划编制机关对可能造成不良环境影响并直接涉及公众环境权益的专项规划，应当在规划草案报送审批前，采取调查问卷、座谈会、论证会、听证会等形式，公开征求有关单位、专家和公众对环境影响报告书的意见。但是，依法需要保密的除外。选项 C 错误，规划编制机关应当在报送审查的环境影响报告书中附具对公众意见采纳与不采纳情况及其理由的说明。

9. D 【解析】选项 D 错误，对环境有重大影响的规划实施后，规划编制机关应当及时组织规划环境影响的跟踪评价，将评价结果报告规划审批机关，并通报环境保护等有关部门。生态环境主管部门发现规划实施过程中产生重大不良环境影响的，应当及时进行核查。

10. B 【解析】根据《中华人民共和国环境影响评价法》第 16 条的规定，国家根据建设项目对环境的影响程度，对建设项目的环境影响评价实行分类管理。

11. D 【解析】根据《中华人民共和国环境影响评价法》第 17 条的规定，建设项目的环境影响报告书应当包括下列内容：①建设项目概况；②建设项目周围环境现状；③建设项目对环境可能造成影响的分析、预测和评估；④建设项目环境保护措施及其技术、经济论证；⑤建设项目对环境影响的经济损益分析；⑥对建设项目实施环境监测的建议；⑦环境影响评价的结论。

12. C 【解析】根据《建设项目环境影响评价分类管理名录（2021 年版）》第 3 条的规定，环境影响报告书、环境影响报告表应当就建设项目对环境敏感区的影响做重点分析。

13. A 【解析】根据《建设项目环境保护管理条例》第 9 条的规定，依法应当编制环境影响报告书、环境影响报告表的建设项目，建设单位应当在开工建设前将环境影响报告书、环境影响报告表报有审批权的生态环境主管部门审批。

14. B 【解析】根据《建设项目环境保护管理条例》第 9 条的规定，环境保护行政主管部门审批环境影响报告书、环境影响报告表，应当重点审查建设项目的环境可行性、环境影响分析预测评估的可靠性、环境保护措施的有效性、环境影响评价结论的科学性等。

15. C 【解析】选项 A、B 不属于重大变更，在原厂址附近调整（包括总平面布置变化）导致环境防护距离范围变化且新增敏感点的，界定为重大变更。选项 D 不属于重大变更，新增废气主要排放口（废气无组织排放改为有组织排放的除外），主要排放口排气筒高度降低 10%及以上的，界定为重大变更。

16. C 【解析】选项 C 错误，禁止在自然保护区内进行开矿、开垦、挖沙、采石等法律明令禁止的活动，对在核心区和缓冲区内违法开展的水（风）电开发、房地产、旅游开发等活动，要立即予以关停或关闭，限期拆除，并实施生态恢复。对于实验区内未批先建、批建不符的项目，要责令停止建设或使用，并恢复原状。

17. A　【解析】选项 A 错误，新增项目选址要尽可能避开生态敏感区及重要物种栖息地，针对可能对生物多样性造成的不利影响，提出相关保护与恢复措施。

18. A　【解析】根据《关于进一步加强水生生物资源保护 严格环境影响评价管理的通知》，水产种质资源保护区影响专题论证的重点是种质资源保护区主要物种资源和功能分区等情况，建设项目对保护区功能影响及建设项目优化布局方案，拟采取的避让、减缓、补救和生态补偿措施等。

19. D　【解析】选项 A、B、C 均属于提升清洁生产和污染防治水平的要求；选项 D 属于落实区域削减的要求。

20. D　【解析】根据《关于加强“未批先建”建设项目环境影响评价管理工作的通知》，“未批先建”违法行为是指，建设单位未依法报批建设项目环境影响报告书（表），或者未按照《中华人民共和国环境影响评价法》第 24 条的规定重新报批或者重新审核环境影响报告书（表），擅自开工建设的违法行为，以及建设项目环境影响报告书（表）未经批准或者未经原审批部门重新审核同意，建设单位擅自开工建设的违法行为。

21. D　【解析】根据《建设项目环境影响后评价管理办法（试行）》第 3 条的规定，下列建设项目运行过程中产生不符合经审批的环境影响报告书情形的，应当开展环境影响后评价：①水利、水电、采掘、港口、铁路行业中实际环境影响程度和范围较大，且主要环境影响在项目建成运行一定时期后逐步显现的建设项目，以及其他行业中穿越重要生态环境敏感区的建设项目；②冶金、石化和化工行业中有重大环境风险，建设地点敏感，且持续排放重金属或者持久性有机污染物的建设项目；③审批环境影响报告书的环境保护主管部门认为应当开展环境影响后评价的其他建设项目。

22. A　【解析】根据《建设项目环境影响报告书（表）编制监督管理办法》的规定，建设单位可以委托技术单位对其建设项目开展环境影响评价，编制环境影响报告书（表）；建设单位具备环境影响评价技术能力的，可以自行对其建设项目开展环境影响评价，编制环境影响报告书（表）。由生态环境主管部门作为业务主管单位或者挂靠单位的社会组织，或者由其他负责审批环境影响报告书（表）的审批部门（包括生态环境评估部门和环评文件审批部门）作为业务主管单位或者挂靠单位的社会组织，不得作为技术单位编制环境影响报告书（表）。

23. B　【解析】根据《建设项目环境影响报告书（表）编制监督管理办法》的规定，评价因子中遗漏建设项目相关行业污染源源强核算或者污染物排放标准规定的相关污染物的，建设项目概况描述不全或者错误的，环境影响评价范围内的相关环境要素现状调查与评价、区域污染源调查内容不全或者结果错误的情形，由市级以上生态环境主管部门对建设单位、技术单位和编制人员给予通报批评；由上述这三种情形致使环境影响评价结论不正确、不合理或者同时有遗漏自然保护区、饮用水水源保护区或者以居住、医疗卫生、文化教育为主要功能的区域等环境保护目标的，建设项目概况中的建设地点、主体工程及其生产工艺，或者改扩建和技术改造项目的现有工程基本情况、污染物排放及达标情况等描述不全或者错误的，未开展环境影响评价范围内的相关环境要素现状调查与评价，或者编造相关内容、结果的情形，由市级以上生态环境主管部门对建设单位及其相关人员、技术单位、编制人员予以处罚，选项 A、C、D 不符合题意。

24. D 【解析】选项 D 错误，制定燃煤、石油焦、生物质燃料、涂料等含挥发性有机物的产品、烟花爆竹以及锅炉等产品的质量标准，应当明确大气环境保护要求。

25. D 【解析】选项 D 错误，重点排污单位应当安装、使用大气污染物排放自动监测设备，与生态环境主管部门的监控设备联网，保证监测设备正常运行并依法公开排放信息。

26. B 【解析】根据《中华人民共和国大气污染防治法》第 80 条的规定，企业事业单位和其他生产经营者在生产经营活动中产生恶臭气体的，应当科学选址，设置合理的防护距离，并安装净化装置或者采取其他措施，防止排放恶臭气体。第 70 条规定，运输煤炭、垃圾、渣土、砂石、土方、灰浆等散装、流体物料的车辆应当采取密闭或者其他措施防止物料遗撒造成扬尘污染，并按照规定路线行驶。

27. C 【解析】根据《中华人民共和国水污染防治法》第 12 条的规定，国务院环境保护主管部门制定国家水环境质量标准。省、自治区、直辖市人民政府可以对国家水环境质量标准中未作规定的项目，制定地方标准，并报国务院环境保护主管部门备案。第 14 条规定，国务院环境保护主管部门根据国家水环境质量标准和国家经济、技术条件，制定国家水污染物排放标准。省、自治区、直辖市人民政府对国家水污染物排放标准中未作规定的项目，可以制定地方水污染物排放标准；对国家水污染物排放标准中已作规定的项目，可以制定严于国家水污染物排放标准的地方水污染物排放标准。地方水污染物排放标准须报国务院环境保护主管部门备案。第 15 条规定，国务院环境保护主管部门和省、自治区、直辖市人民政府，应当根据水污染防治的要求和国家或者地方的经济、技术条件，适时修订水环境质量标准和水污染物排放标准。

28. B 【解析】选项 A 错误，国家对重点水污染物排放实施总量控制制度。选项 C、D 错误，对超过重点水污染物排放总量控制指标或者未完成水环境质量改善目标的地区，省级以上人民政府生态环境主管部门应当会同有关部门约谈该地区人民政府的主要负责人，并暂停审批新增重点水污染物排放总量的建设项目的环境影响评价文件。

29. D 【解析】根据《中华人民共和国水污染防治法》第 40 条的规定，加油站等的地下油罐应当使用双层罐或者采取建造防渗池等其他有效措施，并进行防渗漏监测，防止地下水污染。

30. A 【解析】根据《中华人民共和国水污染防治法》第 43 条的规定，人工回灌补给地下水，不得恶化地下水质。

31. B 【解析】根据《中华人民共和国水污染防治法》第 61 条的规定，港口、码头、装卸站和船舶修造厂应当备有足够的船舶污染物、废弃物的接收设施。

32. C 【解析】根据《中华人民共和国噪声污染防治法》第 4 条的规定，噪声污染防治应当坚持统筹规划、源头防控、分类管理、社会共治、损害担责的原则。

33. A 【解析】根据《中华人民共和国噪声污染防治法》第 19 条的规定，确定建设布局，应当根据国家声环境质量标准和民用建筑隔声设计相关标准，合理划定建筑物与交通干线等的防噪声距离，并提出相应的规划设计要求。

34. B 【解析】选项 A 错误，在噪声敏感建筑物集中区域，禁止新建排放噪声的工业企业。选项 C、D 错误，禁止在商业经营活动中使用高音广播喇叭或者采用其他持续反复发出高噪声的方法进行广告宣传。

35. B 【解析】根据《中华人民共和国固体废物污染环境防治法》第 124 条的规定，固体废物是指在生产、生活和其他活动中产生的丧失原有利用价值或者虽未丧失利用价值但被抛弃或者放弃的固态、半固态和置于容器中的气态的物品、物质以及法律、行政法规规定纳入固体废物管理的物品、物质。经无害化加工处理，并且符合强制性国家产品质量标准，不会危害公众健康和生态安全，或者根据固体废物鉴别标准和鉴别程序认定为不属于固体废物的除外。固体废物包括工业固体废物、生活垃圾、建筑垃圾、农业固体废物、危险废物等。

36. C 【解析】根据《中华人民共和国固体废物污染环境防治法》第 37 条的规定，产生工业固体废物的单位委托他人运输、利用、处置工业固体废物的，应当对受托方的主体资格和技术能力进行核实，依法签订书面合同，在合同中约定污染防治要求。

37. A 【解析】选项 A 错误，从事收集、贮存、利用、处置危险废物经营活动的单位，贮存危险废物不得超过一年。

38. D 【解析】根据《中华人民共和国土壤污染防治法》第 2 条的规定，土壤污染是指因人为因素导致某种物质进入陆地表层土壤，引起土壤化学、物理、生物等方面特性的改变，影响土壤功能和有效利用，危害公众健康或者破坏生态环境的现象。

39. B 【解析】根据《中华人民共和国土壤污染防治法》第 17 条的规定，地方人民政府生态环境主管部门应当会同自然资源主管部门对下列建设用地地块进行重点监测：①曾用于生产、使用、贮存、回收、处置有毒有害物质的；②曾用于固体废物堆放、填埋的；③曾发生过重大、特大污染事故的；④国务院生态环境、自然资源主管部门规定的其他情形。

40. D 【解析】根据《中华人民共和国土壤污染防治法》第 23 条的规定，危库、险库、病库以及其他需要重点监管的尾矿库的运营、管理单位应当按照规定，进行土壤污染状况监测和定期评估。

41. C 【解析】根据《中华人民共和国土壤污染防治法》第 25 条的规定，地方人民政府生态环境主管部门应当定期对污水集中处理设施、固体废物处置设施周边土壤进行监测。地方各级人民政府应当统筹规划、建设城乡生活污水和生活垃圾处理、处置设施，并保障其正常运行，防止土壤污染。

42. D 【解析】根据《中华人民共和国土壤污染防治法》第 32 条的规定，县级以上地方人民政府及其有关部门应当按照土地利用总体规划和城乡规划，严格执行相关行业企业布局选址要求，禁止在居民区和学校、医院、疗养院、养老院等单位周边新建、改建、扩建可能造成土壤污染的建设项目。

43. C 【解析】选项 C 错误，修复施工单位转运污染土壤的，应当制定转运计划，将运输时间、方式、线路和污染土壤数量、去向、最终处置措施等，提前报所在地和接收地生态环境主管部门。

44. B 【解析】根据《中华人民共和国海洋环境保护法》第 22 条的规定，凡具有下列条件之一的，应当建立海洋自然保护区：①典型的海洋自然地理区域、有代表性的自然生态区域，以及遭受破坏但经保护能恢复的海洋自然生态区域；②海洋生物物种高度丰富的区域，或者珍稀、濒危海洋生物物种的天然集中分布区域；③具有特殊保护价值的海域、海岸、岛屿、滨海湿地、入海河口和海湾等；④具有重大科学文化价值的海洋自然遗迹所在区域；⑤其他需要予以特殊保护的区域。

45. A 【解析】选项 A 错误，海水养殖应当科学确定养殖密度，并应当合理投饵、施肥，正确使用药物，防止造成海洋环境的污染。

46. A 【解析】根据《中华人民共和国海洋环境保护法》第 45 条的规定，禁止在沿海陆域内新建不具备有效治理措施的化学制浆造纸、化工、印染、制革、电镀、酿造、炼油、岸边冲滩拆船以及其他严重污染海洋环境的工业生产项目。

47. C 【解析】根据《中华人民共和国放射性污染防治法》第 34 条的规定，开发利用伴生放射性矿的单位，应当在申请领取采矿许可证前编制环境影响报告书，报省级以上人民政府环境保护行政主管部门审查批准。

48. B 【解析】选项 B 错误，禁止在内河水域和海洋上处置放射性固体废物。

49. A **【解析】**根据《中华人民共和国清洁生产促进法》第 19 条的规定，企业在进行技术改造过程中，应当采用能够达到国家或者地方规定的污染物排放标准和污染物排放总量控制指标的污染防治技术。

50. B **【解析】**根据《中华人民共和国水法》第 21 条的规定，开发、利用水资源，应当首先满足城乡居民生活用水，并兼顾农业、工业、生态环境用水以及航运等需要。

51. B **【解析】**根据《中华人民共和国水法》第 27 条的规定，在水生生物洄游通道、通航或者竹木流放的河流上修建永久性拦河闸坝，建设单位应当同时修建过鱼、过船、过木设施，或者经国务院授权的部门批准采取其他补救措施，并妥善安排施工和蓄水期间的水生生物保护、航运和竹木流放，所需费用由建设单位承担。

52. C **【解析】**根据《中华人民共和国防沙治沙法》第 21 条的规定，在沙化土地范围内从事开发建设活动的，必须事先就该项目可能对当地及相关地区生态产生的影响进行环境影响评价，依法提交环境影响报告；环境影响报告应当包括有关防沙治沙的内容。

53. C **【解析】**根据《中华人民共和国草原法》第 42 条的规定，下列草原应当划为基本草原，实施严格管理：①重要放牧场；②割草地；③用于畜牧业生产的人工草地、退耕还草地以及改良草地、草种基地；④对调节气候、涵养水源、保持水土、防风固沙具有特殊作用的草原；⑤作为国家重点保护野生动植物生存环境的草原；⑥草原科研、教学试验基地；⑦国务院规定应当划为基本草原的其他草原。

54. C **【解析】**选项 C 错误，在文物保护单位的保护范围和建设控制地带内，对已有的污染文物保护单位及其环境的设施，应当限期治理。

55. B **【解析】**根据《中华人民共和国森林法》第 39 条的规定，禁止毁林开垦、采石、采砂、采土以及其他毁坏林木和林地的行为。禁止向林地排放重金属或者其他有毒有害物质含量超标的污水、污泥，以及可能造成林地污染的清淤底泥、尾矿、矿渣等。禁止在幼林地砍柴、毁苗、放牧。禁止擅自移动或者损坏森林保护标志。

56. C **【解析】**根据《中华人民共和国渔业法》第 2 条的规定，在中华人民共和国的内水、滩涂、领海、专属经济区以及中华人民共和国管辖的一切其他海域从事养殖和捕捞水生动物、水生植物等渔业生产活动，都必须遵守本法。

57. B **【解析】**根据《中华人民共和国矿产资源法》第 20 条的规定，非经国务院授权的有关主管部门同意，不得在下列地区开采矿产资源：①港口、机场、国防工程设施圈定地区以内；②重要工业区、大型水利工程设施、城镇市政工程设施附近一定距离以内；③铁路、重要公路两侧一定距离以内；④重要河流、堤坝两侧一定距离以内；⑤国家划定的自然保护区、重要风景区，国家重点保护的不能移动的历史文物和名胜古迹所在地；⑥国家规定不得开采矿产资源的其他地区。

58. C 【解析】选项C错误，省、自治区、直辖市人民政府应当制定开垦耕地计划，监督占用耕地的单位按照计划开垦耕地或者按照计划组织开垦耕地，并进行验收。

59. A 【解析】根据《中华人民共和国野生动物保护法》第10条的规定，国家对珍贵、濒危的野生动物实行重点保护。国家重点保护野生动物名录，由国务院野生动物保护主管部门组织科学评估后制定，并每五年根据评估情况确定对名录进行调整。

60. C 【解析】根据《中华人民共和国湿地保护法》第34条的规定，红树林湿地应当列入重要湿地名录。

61. B 【解析】根据《中华人民共和国长江保护法》第22条的规定，长江流域省级人民政府根据本行政区域的生态环境和资源利用状况，制定生态环境分区管控方案和生态环境准入清单，报国务院生态环境主管部门备案后实施。生态环境分区管控方案和生态环境准入清单应当与国土空间规划相衔接。长江流域产业结构和布局应当与长江流域生态系统和资源环境承载能力相适应。禁止在长江流域重点生态功能区布局对生态系统有严重影响的产业。禁止重污染企业和项目向长江中上游转移。

62. D 【解析】根据《中华人民共和国长江保护法》第27条的规定，国务院交通运输主管部门会同国务院自然资源、水行政、生态环境、农业农村、林业和草原主管部门在长江流域水生生物重要栖息地科学划定禁止航行区域和限制航行区域。

63. D 【解析】选项A、C不符合规定，在河道管理范围（包含河道滩地）内，禁止修建围堤、阻水渠道、阻水道路；种植高秆农作物、芦苇、杞柳、荻柴和树木（堤防防护林除外）；设置拦河渔具；弃置矿渣、石渣、煤灰、泥土、垃圾等。选项B不符合规定，在堤防和护堤地，禁止建房、放牧、开渠、打井、挖窖、葬坟、晒粮、存放物料、开采地下资源、进行考古发掘以及开展集市贸易活动。

64. D 【解析】根据《中华人民共和国自然保护区条例》第18条的规定，自然保护区可以分为核心区、缓冲区和实验区。

65. C 【解析】选项C错误，自然保护区的内部未分区的，依照《中华人民共和国自然保护区条例》第18条有关核心区和缓冲区的规定管理。核心区外围可以划定一定面积的缓冲区，只准进入从事科学研究观测活动；缓冲区外围划为实验区，可以进入从事科学试验、教学实习、参观考察、旅游以及驯化、繁殖珍稀、濒危野生动植物等活动。

66. A 【解析】根据《风景名胜区条例》第26条的规定，在风景名胜区内禁止进行下列活动：①开山、采石、开矿、开荒、修坟立碑等破坏景观、植被和地形地貌的活动；②修建储存爆炸性、易燃性、放射性、毒害性、腐蚀性物品的设施；③在景物或者设施上刻划、涂污；④乱扔垃圾。

67. B 【解析】根据《土地复垦条例》第10条的规定，下列损毁土地由土地复垦义务人负责复垦：①露天采矿、烧制砖瓦、挖沙取土等地表挖掘所损毁的土地；②地下采矿等造成地表塌陷的土地；③堆放采矿剥离物、废石、矿渣、粉煤灰等固体废弃物压占的土地；④能源、交通、水利等基础设施建设和其他生产建设活动临时占用所损毁的土地。

68. D 【解析】选项D错误，医疗卫生机构应当根据就近集中处置的原则，及时将医疗废物交由医疗废物集中处置单位处置。医疗废物中病原体的培养基、标本和菌种、毒种保存液等高危险废物，在交医疗废物集中处置单位处置前应当就地消毒。

69. C 【解析】《危险化学品安全管理条例》所称危险化学品，是指具有毒害、腐蚀、爆炸、燃烧、助燃等性质，对人体、设施、环境具有危害的剧毒化学品和其他化学品。

70. B 【解析】选项B错误，采用暗沟或者管道方式排放的，出水管口位置应当在低潮线以下。

71. C 【解析】选项C错误，含油污水不得直接或者经稀释排放入海，应当经处理符合国家有关排放标准后再排放。

72. D 【解析】根据《畜禽规模养殖污染防治条例》第11条的规定，禁止在下列区域内建设畜禽养殖场、养殖小区：①饮用水水源保护区，风景名胜区；②自然保护区的核心区和缓冲区；③城镇居民区、文化教育科学研究区等人口集中区域；④法律、法规规定的其他禁止养殖区域。

73. B 【解析】根据《畜禽规模养殖污染防治条例》第21条的规定，染疫畜禽以及染疫畜禽排泄物、染疫畜禽产品、病死或者死因不明的畜禽尸体等病害畜禽养殖废弃物，应当按照有关法律、法规和国务院农牧主管部门的规定，进行深埋、化制、焚烧等无害化处理，不得随意处置。

74. C 【解析】在中华人民共和国境内从事消耗臭氧层物质的生产（制造消耗臭氧层物质的活动）、销售、使用（利用消耗臭氧层物质进行的生产经营等活动，不包括使用含消耗臭氧层物质的产品的活动）和进出口等活动，适用《消耗臭氧层物质管理条例》。

75. A 【解析】根据《地下水管理条例》第41条的规定，化学品生产企业以及工业集聚区、矿山开采区、尾矿库、危险废物处置场、垃圾填埋场等的运营、管理单位，应当采取防渗漏等措施，并建设地下水水质监测井进行监测。

76. B 【解析】选项A、C、D均属于着力打好重污染天气消除攻坚战的任务；选项B属于着力打好臭氧污染防治攻坚战的任务。

77. C 【解析】选项A、B、D均属于深入打好净土保卫战的任务；选项C属于切实维护生态环境安全的任务。

78. C 【解析】根据《关于完整准确全面贯彻新发展理念做好碳达峰碳中和工作的意见》的规定，新建、扩建钢铁、水泥、平板玻璃、电解铝等高耗能高排放项目严格落实产能等量或减量置换，出台煤电、石化、煤化工等产能控制政策。

79. D 【解析】选项 A 错误，地方各级党委和政府是严守生态保护红线的责任主体。选项 B 错误，生态保护红线原则上按禁止开发区域的要求进行管理。选项 C 错误，生态保护红线划定后，相关规划要符合生态保护红线空间管控要求，不符合的要及时进行调整。

80. C 【解析】选项 A、B、D 均属于持续优化生物多样性保护空间格局的内容；选项 C 属于构建完备的生物多样性保护监测体系的内容。

81. A 【解析】根据《全国生态环境保护纲要》的规定，严禁在崩塌滑坡危险区、泥石流易发区和易导致自然景观破坏的区域采石、采砂、取土。

82. B 【解析】选项 B 不符合题意，在确保省域内耕地和基本农田面积不减少的前提下，继续在适宜的地区实行退耕还林、退牧还草、退田还湖。

83. A 【解析】根据《全国海洋主体功能区规划》的规定，限制开发区域是指以提供海洋水产品为主要功能的海域，包括用于保护海洋渔业资源和海洋生态功能的海域。选项 B 属于优化开发区域；选项 C 属于重点开发区域；选项 D 属于禁止开发区域。

84. A 【解析】根据《2030 年前碳达峰行动方案》的规定，到 2025 年，非化石能源消费比重达到 20%左右，单位国内生产总值能源消耗比 2020 年下降 13.5%，单位国内生产总值二氧化碳排放比 2020 年下降 18%，为实现碳达峰奠定坚实基础。

85. D 【解析】选项 A、B、C 均属于重点行业绿色升级工程方案。

86. C 【解析】选项 A、B、D 均属于煤炭清洁高效利用工程方案。

87. A 【解析】选项 A 错误，地方各级人民政府要加强项目审批、选址、安全、环保等管理措施，严禁搬迁改造企业在原址新建、扩建危险化学品项目。

88. B 【解析】选项 A 错误，责任主体发生变更的，由变更后继承其债权、债务的单位或者个人承担相关责任。选项 B 正确，责任主体灭失或者责任主体不明确的，由所在地县级人民政府依法承担相关责任。选项 C 错误，土地使用权终止的，由原土地使用权人对其使用该地块期间所造成的土壤污染承担相关责任。选项 D 错误，土地使用权依法转让的，由土地使用权受让人或者双方约定的责任人承担相关责任。

89. B 【解析】根据《国家危险废物名录（2021 年版）》第 2 条的规定，具有下列情形之一的固体废物（包括液态废物），列入本名录：①具有毒性、腐蚀性、易燃性、反应性或者感染性一种或者几种危险特性的；②不排除具有危险特性，可能对生态环境或者人体健康造成有害影响，需要按照危险废物进行管理的。

90. B 【解析】选项 B 错误，危险废物托运人是指委托承运人运输危险废物的单位，只能由移出人或者接受人担任；危险废物移出人应当制定危险废物管理计划。

二、不定项选择题

91. BC　【解析】根据《中华人民共和国环境保护法》第 29 条的规定，国家在重点生态功能区、生态环境敏感区和脆弱区等区域划定生态保护红线，实行严格保护。

92. AB　【解析】选项 C、D 错误，对超过国家重点污染物排放总量控制指标或者未完成国家确定的环境质量目标的地区，省级以上人民政府生态环境主管部门应当暂停审批其新增重点污染物排放总量的建设项目环境影响评价文件。

93. ACD　【解析】根据《规划环境影响评价条例》第 20 条的规定，有下列情形之一的，审查小组应当提出对环境影响报告书进行修改并重新审查的意见：①基础资料、数据失实的；②评价方法选择不当的；③对不良环境影响的分析、预测和评估不准确、不深入，需要进一步论证的；④预防或者减轻不良环境影响的对策和措施存在严重缺陷的；⑤环境影响评价结论不明确、不合理或者错误的；⑥未附具对公众意见采纳与不采纳情况及其理由的说明，或者不采纳公众意见的理由明显不合理的；⑦内容存在其他重大缺陷或者遗漏的。

94. AD　【解析】根据《中华人民共和国环境影响评价法》第 24 条的规定，建设项目的环境影响评价文件经批准后，建设项目的性质、规模、地点、采用的生产工艺或者防治污染、防止生态破坏的措施发生重大变动的，建设单位应当重新报批建设项目的环境影响评价文件（本题中项目无重大变动）。建设项目的环境影响评价文件自批准之日起超过五年（本题中项目已开工），方决定该项目开工建设的，其环境影响评价文件应当报原审批部门重新审核。

95. ABD　【解析】根据《中华人民共和国环境影响评价法》第 32 条的规定，建设项目环境影响报告书、环境影响报告表存在基础资料明显不实，内容存在重大缺陷、遗漏或者虚假，环境影响评价结论不正确或者不合理等严重质量问题的，由设区的市级以上人民政府生态环境主管部门对建设单位处五十万元以上二百万元以下的罚款，并对建设单位的法定代表人、主要负责人、直接负责的主管人员和其他直接责任人员，处五万元以上二十万元以下的罚款。接受委托编制建设项目环境影响报告书、环境影响报告表的技术单位违反国家有关环境影响评价标准和技术规范等规定，致使其编制的建设项目环境影响报告书、环境影响报告表存在基础资料明显不实，内容存在重大缺陷、遗漏或者虚假，环境影响评价结论不正确或者不合理等严重质量问题的，由设区的市级以上人民政府生态环境主管部门对技术单位处所收费用三倍以上五倍以下的罚款；情节严重的，禁止从事环境影响报告书、环境影响报告表编制工作；有违法所得的，没收违法所得。选项 C 错误，编制主持人故意提供虚假证明文件，情节严重的，处五年以下有期徒刑或者拘役，并处罚金；在涉及公共安全的重大工程、项目中提供虚假的安全评价、环境影响评价等证明文件，致使公共财产、国家和人民利益遭受特别重大损失的情形，处五年以上十年以下有期徒刑，并处罚金。

96. BCD 【解析】根据《建设项目环境影响评价分类管理名录（2021年版）》第5条的规定，本名录未作规定的建设项目，不纳入建设项目环境影响评价管理；省级生态环境主管部门对本名录未作规定的建设项目，认为确有必要纳入建设项目环境影响评价管理的，可以根据建设项目的污染因子、生态影响因子特征及其所处环境的敏感性质和敏感程度等，提出环境影响评价分类管理的建议，报生态环境部认定后实施。

97. ABCD 【解析】根据《关于进一步加强产业园区规划环境影响评价工作的意见》的规定，规划环评应重点围绕产业园区产业定位、布局、结构、规模、实施时序以及产业园区重大基础设施建设等内容，从生态环境保护角度提出优化调整建议和减缓不良环境影响的对策措施。

98. BCD 【解析】选项A错误，大气、地表水、环境风险、生态和海洋应按照环境影响评价相关技术导则开展专项评价。

99. ABD 【解析】选项C错误，建设项目所在水环境控制单元或断面总磷超标的，实施总磷排放量2倍或以上削减替代；所在水环境控制单元或断面总磷达标的，实施总磷排放量等量或以上削减替代。

100. ABD 【解析】选项C错误，中药渣按一般工业固体废物处置；对未明确是否具有危险特性的动植物提取残渣、制药污水处理产生的污泥等，应进行危险废物鉴别，在鉴别结论出来之前暂按危险废物管理。

101. ABCD 【解析】根据《中华人民共和国大气污染防治法》第24条的规定，企业事业单位和其他生产经营者应当按照国家有关规定和监测规范，对其排放的工业废气和本法第78条规定名录中所列有毒有害大气污染物进行监测，并保存原始监测记录。其中，重点排污单位应当安装、使用大气污染物排放自动监测设备，与生态环境主管部门的监控设备联网，保证监测设备正常运行并依法公开排放信息。

102. ACD 【解析】根据《中华人民共和国水污染防治法》第37条的规定，存放可溶性剧毒废渣的场所，应当采取防水、防渗漏、防流失的措施。

103. BCD 【解析】选项A错误，禁止在饮用水水源一级保护区内新建、改建、扩建与供水设施和保护水源无关的建设项目。

104. ABC 【解析】根据《中华人民共和国噪声污染防治法》第40条的规定，施工单位应当按照规定制定噪声污染防治实施方案，采取有效措施，减少振动、降低噪声。建设单位应当监督施工单位落实噪声污染防治实施方案。

105. ABCD 【解析】根据《中华人民共和国固体废物污染环境防治法》第 4、5 条的规定，固体废物污染环境防治坚持减量化、资源化和无害化的原则。固体废物污染环境防治坚持污染担责的原则。

106. CD 【解析】根据《中华人民共和国土壤污染防治法》第 19 条的规定，生产、使用、贮存、运输、回收、处置、排放有毒有害物质的单位和个人，应当采取有效措施，防止有毒有害物质渗漏、流失、扬散，避免土壤受到污染。

107. ABD 【解析】根据《中华人民共和国土壤污染防治法》第 50 条的规定，县级以上地方人民政府应当依法将符合条件的优先保护类耕地划为永久基本农田，实行严格保护。在永久基本农田集中区域，不得新建可能造成土壤污染的建设项目；已经建成的，应当限期关闭拆除。

108. B 【解析】选项 A 不符合题意，向海域排放含热废水，必须采取有效措施，保证邻近渔业水域的水温符合国家海洋环境质量标准，避免热污染对水产资源的危害。选项 C 不符合题意，严格控制向海域排放含有不易降解的有机物和重金属的废水。选项 D 不符合题意，含有机物和营养物质的工业废水、生活污水，应当严格控制向海湾、半封闭海及其他自净能力较差的海域排放。

109. AB 【解析】选项 A 错误，核设施选址，应当进行科学论证，并按照国家有关规定办理审批手续；在办理核设施选址审批手续前，应当编制环境影响报告书，报国务院生态环境主管部门审查批准。选项 B 错误，核设施营运单位应当在申请领取核设施建造、运行许可证和办理退役审批手续前编制环境影响报告书，报国务院生态环境主管部门审查批准。

110. BCD 【解析】根据《中华人民共和国水法》第 23 条的规定，地方各级人民政府应当结合本地区水资源的实际情况，按照地表水与地下水统一调度开发、开源与节流相结合、节流优先和污水处理再利用的原则，合理组织开发、综合利用水资源。

111. CD 【解析】选项 A、B 错误，有良好的水利与水土保持设施的耕地，正在实施改造计划以及可以改造的中、低产田和已建成的高标准农田，应当根据土地利用总体规划划为永久基本农田，实行严格保护。

112. ABC 【解析】根据《中华人民共和国湿地保护法》第 28 条的规定，禁止下列破坏湿地及其生态功能的行为：①开（围）垦、排干自然湿地，永久性截断自然湿地水源；②擅自填埋自然湿地，擅自采砂、采矿、取土；③排放不符合水污染物排放标准的工业废水、生活污水及其他污染湿地的废水、污水，倾倒、堆放、丢弃、遗撒固体废物；④过度放牧或者滥采野生植物，过度捕捞或者灭绝式捕捞，过度施肥、投药、投放饵料等污染湿地的种植养殖行为；⑤其他破坏湿地及其生态功能的行为。

113. ACD 【解析】根据《中华人民共和国长江保护法》第27条的规定，严格限制在长江流域生态保护红线、自然保护地、水生生物重要栖息地水域实施航道整治工程。

114. AB 【解析】根据《中华人民共和国自然保护区条例》第26条的规定，禁止在自然保护区内进行砍伐、放牧、狩猎、捕捞、采药、开垦、烧荒、开矿、采石、挖沙等活动；但是，法律、行政法规另有规定的除外。

115. ABCD 【解析】根据《关于做好畜禽规模养殖项目环境影响评价管理工作的通知》，项目环评应结合环境保护要求优化养殖场区内部布置。畜禽养殖区及畜禽粪污贮存、处理和畜禽尸体无害化处理等产生恶臭影响的设施，应位于养殖场区主导风向的下风向位置，并尽量远离周边环境保护目标。

116. ABD 【解析】选项C错误，加快推动绿色低碳发展，应坚决遏制高耗能高排放项目盲目发展。

117. ABD 【解析】选项C错误，在森林公园内以及可能对森林公园造成影响的周边地区，禁止进行采石、取土、开矿、放牧以及非抚育和更新性采伐等活动。

118. ABD 【解析】根据《2030年前碳达峰行动方案》的规定，工业领域碳达峰行动方案包括：①推动工业领域绿色低碳发展；②推动钢铁行业碳达峰；③推动有色金属行业碳达峰；④推动建材行业碳达峰；⑤推动石化化工行业碳达峰；⑥坚决遏制“两高”项目盲目发展。

119. CD 【解析】根据《“十四五”节能减排综合工作方案》的规定，到2025年，化学需氧量、氨氮、氮氧化物、挥发性有机物排放总量比2020年分别下降8%、8%、10%以上、10%以上。

120. CD 【解析】根据《农用地土壤环境管理办法（试行）》第12条的规定，禁止向农田灌溉渠道排放工业废水或者医疗污水。向农田灌溉渠道排放城镇污水以及未综合利用的畜禽养殖废水、农产品加工废水的，应当保证其下游最近的灌溉取水点的水质符合农田灌溉水质标准。

环球书业
Huanqiushuye

全新版

全国环境影响评价工程师职业资格考试辅导用书

历年真题及押题模拟试卷
环境影响评价
相关法律法规

环境影响评价工程师考试研究组 编

免费兑换 备考课程

押题模拟试卷分册
押题模拟试卷(一)~(二)

北京理工大学出版社
BEIJING INSTITUTE OF TECHNOLOGY PRESS

前 言

环境影响评价工程师职业资格考试由中华人民共和国环境保护部、人力资源和社会保障部共同组织实施。根据规定，应试者必须通过考试才可以取得环境影响评价工程师合格证书。环境影响评价工程师职业资格考试自2005年起每年举行一次，考试共设4个科目：《环境影响评价相关法律法规》《环境影响评价技术导则与标准》《环境影响评价技术方法》和《环境影响评价案例分析》。其中，前3科为客观题，《环境影响评价案例分析》为主观题。

为方便广大考生更加高效地复习备考，环境影响评价工程师考试研究组在总结和分析历年真题的基础上，按照新《全国环境影响评价工程师职业资格考试大纲》的要求，精心组织编写了本套《环境影响评价案例分析历年真题及押题模拟试卷》。

本套考试辅导用书具有如下特点：

历年真题 收录最近几年的全国环境影响评价工程师职业资格考试真题。通过做真题试卷，考生可以掌握各科目所考查的重难点、高频考点及热点，更深刻地理解考试大纲的要求，把握命题规律，从而达到事半功倍的复习效果。

押题模拟试卷 在深入剖析历年真题的基础上，研究组专家从现实中寻找考试热点，精心编写了环境影响评价工程师职业资格考试押题模拟试卷。试卷涵盖了近几年考试的高频考点及热点，预测了新考试大纲的命题趋势，为考生指明了备考方向，从而保证了考生复习的针对性与高效性。

参考答案及解析 研究组专家对每套试题均配有详尽的答案解析，为考生提供了清晰的答题思路，使考生在复习中达到举一反三的效果，从而轻松高效地备考。

本套考试辅导用书集权威性与时效性、针对性与实用性于一体，不仅充分展现了全国环境影响评价工程师职业资格考试独有的特色，而且对考生应试能力的快速提高也有很大的帮助与促进作用。

虽然编者一再精益求精，但由于水平和时间有限，书中难免存在疏漏与不足之处，敬请广大考生和读者斧正。最后，衷心地祝愿广大考生能够取得优异的成绩，顺利过关！

环境影响评价工程师考试研究组

押题模拟试卷（一）

一、单项选择题（共90题，每题1分。每题的备选项中，只有1个最符合题意）

1. 根据《中华人民共和国环境保护法》，关于开发利用自然资源环境保护的说法，错误的是(　　)。

A. 开发利用自然资源，应当合理开发，保护生物多样性，保障生态安全

B. 引进外来物种，应当采取措施，防止对生物多样性的破坏

C. 优先引进国际先进生物技术，促进生物多样性的开发利用

D. 开发利用自然资源，应当依法制定有关生态保护和恢复治理方案并予以实施

2. 根据《中华人民共和国环境保护法》，下列不属于环境保护的基本原则是(　　)。

A. 安全第一　　B. 预防为主

C. 综合治理　　D. 损害担责

3. 根据《中华人民共和国环境保护法》，每年(　　)为环境日。

A. 4月7日　　B. 5月31日

C. 6月5日　　D. 6月26日

4. 根据《中华人民共和国环境保护法》，(　　)应当将环境保护工作纳入国民经济和社会发展规划。

A. 项目建设单位

B. 县级以上人民政府

C. 国务院环境保护主管部门

D. 国务院生态环境主管部门

5. 根据《中华人民共和国环境保护法》，重点排污单位不公开或者不如实公开环境信息的，由县级以上地方人民政府环境保护主管部门(　　)，处以罚款，并予以公告。

A. 责令停业　　B. 责令关闭

C. 责令公开　　D. 责令改正

6. 根据《中华人民共和国环境影响评价法》，以下不属于环境影响评价原则的是(　　)。

A. 客观　　B. 准确

C. 公正　　D. 公开

7. 连接河北省唐山市及秦皇岛市两个行政区域的某公路建设项目，在审批该项目的环评文件时，两市环保局因对其结论有争议而致使该项目环评无法得以审批，根据《中华人民共和国环境影响评价法》，该环境影响评价文件应(　　)。

A. 由所属路段较长的区域环保局负责审批

B. 重新编制直至两市环保局均认可为止

C. 不予审批

D. 由河北省环保厅审批

8. 根据《规划环境影响评价条例》，对规划进行环境影响评价，应当遵守有关环境保护标准以及环境影响评价技术导则和技术规范。其中，规划环境影响评价技术导则由(　　)制定。

A. 国务院环境保护主管部门

B. 国务院生态环境主管部门

C. 国务院环境保护主管部门会同国务院有关部门

D. 国务院有关部门

9. 根据《规划环境影响评价条例》，关于专项规划环境影响报告书审查程序的说法，正确的是(　　)。

A. 设区的市级以上人民政府审批的专项规划，在审批前由其环境保护主管部门召集专家组成审查小组，对环境影响报告书进行审查

B. 参与环境影响报告书编制的专家，也可以作为该环境影响报告书审查小组的成员提出审查意见

C. 设区的市级以上人民政府审批的专项规划，其环境影响报告书审查小组的专家应当由审批部门确定

D. 省级以上人民政府有关部门审批的专项规划，其环境影响报告书的审查办法，由国务院环境保护主管部门会同国务院有关部门制定

10. 根据《规划环境影响评价条例》，(　　)应当对规划环境影响报告书的质量负责。

A. 规划审批机关

B. 规划编制机关

C. 规划环境影响评价技术机构

D. 规划环境影响评价文件审查机构

11. 根据《专项规划环境影响报告书审查办法》对专项规划环境影响报告书审查的规定，下列说法中，正确的是(　　)。

A. 专项规划编制机关在报批专项规划草案时，应当依法将环境影响篇章或者说明一起送至审批机关

B. 专项规划环境影响报告书，由同级生态环境主管部门会同专项规划的审批机关进行审查

C. 生态环境主管部门应在审查小组提出书面审查意见之日起 30 日内将审查意见提交专项规划审批机关

D. 专项规划的审批机关在作出审批专项规划草案的决定前，应当将专项规划环境影响报告书送同级生态环境主管部门审查

12. 根据《规划环境影响评价条例》，审查小组提出对专项规划环境影响报告书进行修改并重新审查意见的情形不包括(　　)。

A. 基础资料、数据失实的

B. 环境影响评价结论不明确、不合理的

C. 对规划实施可能产生的不良环境影响的程度或者范围不能作出科学判断的

D. 附具对不采纳公众意见的理由明显不合理的

13. 根据《规划环境影响评价条例》，对环境有重大影响的规划实施后，编制机关应当及时组织环境影响的跟踪评价。规划环境影响的跟踪评价的内容不应包括(　　)。

A. 对规划实施产生的不良环境影响的改进措施

B. 实际产生的环境影响与预测可能产生的环境影响之间的比较分析和评估

C. 跟踪评价的结论

D. 规划实施中所采取的预防或者减轻不良环境影响的对策和措施有效性的分析和评估

14. 根据《规划环境影响评价条例》，规划实施过程中产生重大不良环境影响的，(　　)应当及时提出改进措施，向规划审批机关报告，并通报有关部门。

A. 规划审批机关

B. 规划编制机关

C. 规划环境影响评价技术机构

D. 规划环境影响评价文件审查机构

15. 根据《中华人民共和国环境影响评价法》和《规划环境影响评价条例》，规划审批机关对依法应当编写而未编写环境影响篇章或者说明的综合性规划草案，予以批准的，上级机关或者监察机关依法对(　　)给予行政处分。

A. 规划审批机关

B. 规划环境影响评价技术机构

C. 规划环境影响评价文件审查机构

D. 规划审批机关直接负责的主管人员和其他直接责任人员

16. 根据《建设项目环境影响后评价管理办法（试行）》，下列建设项目运行过程中产生的不符合经审批的环境影响报告书的情形，不属于应当开展环境影响后评价的是(　　)。

A. 铁路行业中实际环境影响程度和范围较大，且主要环境影响在项目建成运行一定时期后逐步显现的建设项目

B. 穿越城市开发区的高速公路项目

C. 冶金行业中有重大环境风险，建设地点敏感，且持续排放重金属的建设项目

D. 石化行业中有重大环境风险，建设地点敏感，且持续排放持久性有机污染物的建设项目

17. 根据《建设项目环境保护管理条例》，生态环境主管部门审批环境影响报告书、环境影响报告表，应当自收到环境影响报告书之日起(　　)日内、收到环境影响报告表之日起(　　)日内，作出审批决定并书面通知建设单位。

A. 30，20　　　　B. 30，30

C. 60，30　　　　　　　　　　D. 60，60

18. 根据《建设项目环境保护管理条例》，下列不属于国务院环境保护行政主管部门负责审批环境影响报告书、环境影响报告表的建设项目是(　　)。

A. 国务院审批的或者国务院授权有关部门审批的建设项目

B. 省级重点建设项目

C. 跨省、自治区、直辖市行政区域的建设项目

D. 核设施、绝密工程等特殊性质的建设项目

19. 根据《关于规划环境影响评价加强空间管制、总量管控和环境准入的指导意见（试行）》，下列图件中，不属于规划环评空间管制成果的是(　　)。

A. 优化后的生产空间分布图

B. 优化后的生活空间分布图

C. 优化后的生态空间分布图

D. 生产、生活、生态空间及其组成区块开发管制总图

20. 某扩建项目需编制环境影响报告书，拟分期建设。根据《关于做好环境影响评价制度与排污许可制衔接相关工作的通知》，关于该项目环境影响报告书的说法，错误的是(　　)。

A. 环境影响报告书应当列明分期建设内容

B. 申请环境影响报告书时，应依法提交现有工程的排污许可证执行报告

C. 应当将排污许可证执行情况作为现有工程回顾评价的主要依据

D. 根据分期实施时的排放标准计算允许排放量，分期排放量总和可以高于建设项目的总允许排放量

21. 根据《建设项目环境影响报告书（表）编制监督管理办法》，关于建设项目环境影响评价报告书（表）编制主体的说法，错误的是(　　)。

A. 建设单位不得编制本单位建设项目环境影响评价报告书（表）

B. 建设单位可以委托技术单位对其建设项目开展环境影响评价，编制环境影响报告书（表）

C. 任何单位和个人不得为建设单位指定编制环境影响报告书（表）的技术单位

D. 建设单位应当对环境影响报告书（表）的内容和结论负责

22. 根据《中华人民共和国环境影响评价法》，设区的某市发改委组织编制该市高新技术产业规划，该市人民政府在审批专项规划草案，作出决策前，应当先由(　　)指定的生态环境主管部门或者其他部门召集有关部门代表和专家组成审查小组，对环境影响报告书进行审查。

A. 该市发改委

B. 该市的上级人民政府

C. 该市人民政府

D. 该市的上级生态环境主管部门

23. 根据《建设项目环境影响报告书（表）编制单位和编制人员信息公开管理规定（试行）》，建设项目环境影响评价报告书（表）基本情况信息不包括（　　）。

A. 建设项目名称

B. 环境影响评价文件类型

C. 建设项目编号

D. 编制单位、编制人员及其编制分工、编制方式

24. 某化工厂建设项目环评文件已经批准，工厂建设过程中因市场需要，拟采用全新的生产工艺，按照《中华人民共和国环境影响评价法》的规定，（　　）。

A. 建设单位重新报批建设项目的环境影响评价文件

B. 建设单位将生产工艺变动的环境影响向原审批部门提交补充说明

C. 建设单位将生产工艺变动事宜书面告知原审批单位

D. 建设单位将生产工艺变动的环境影响评价交原审批部门备案

25. 根据《建设项目环境影响评价文件分级审批规定》，建设项目可能造成跨行政区域的不良环境影响，有关生态环境主管部门对该项目的环境影响评价结论有争议的，其环境影响评价文件由（　　）审批。

A. 国务院生态环境主管部门

B. 国家环境保护部

C. 共同的上一级环境保护部门

D. 受影响较多的区域的生态环境主管部门

26. 某加油站拟建设地下油罐改造项目，根据《中华人民共和国水污染防治法》，该项目地下水污染防治措施的要求不包括（　　）。

A. 使用双层罐　　B. 建造防渗池

C. 进行防渗漏监测　　D. 设置防渗层和防渗墙

27. 根据《建设项目环境保护管理条例》，建设项目需要配套建设的环境保护设施未建成、未经验收或者经验收不合格，主体工程正式投入生产或者使用的，应由（　　）对其进行行政处罚。

A. 当地建设行政主管部门　　B. 当地生态环境主管部门

C. 审批该项目的建设行政主管部门　　D. 县级以上生态环境主管部门

28. 根据《中华人民共和国固体废物污染环境防治法》，下列活动中，不属于固体废物处置的是（　　）。

A. 废溶剂焚烧　　B. 污泥干化

C. 用废矿物油生产基础油　　D. 废酸中和

29. 横穿某城市的几个大型居住区的某城市高架路建设项目，根据《建设项目环境影响评价分类管理名录》，该项目的环评文件应为（　　）。

A. 环境影响评价书

B. 环境影响报告书

C. 环境影响报告表

D. 环境影响评价表

30. 根据《建设项目环境保护事中事后监督管理办法（试行）》的规定，下列不属于事中监督管理内容的是(　　)。

A. 施工期环境监理和环境监测开展情况

B. 竣工环境保护验收和排污许可证的实施情况

C. 环境保护法律法规的遵守情况和环境保护部门做出的行政处罚决定落实情况

D. 生产经营单位遵守环境保护法律、法规的情况进行监督管理

31. 根据《建设项目环境保护管理条例》，(　　)和旧区改建等区域性开发，编制建设规划时，应当进行环境影响评价。具体办法由国务院环境保护行政主管部门会同国务院有关部门另行规定。

A. 流域开发、开发区建设、城市新区建设

B. 流域开发、开发区建设、城市建成区建设

C. 流域开发、开发区建设

D. 流域开发、城市新区建设

32. 根据《建设项目环境保护管理条例》，建设单位编制环境影响报告书，应当依照有关法律规定，征求建设项目所在地(　　)的意见。

A. 政府和居民

B. 有关单位和居民

C. 建设主管部门和居民

D. 生态环境主管部门和居民

33. 根据《建设项目环境影响评价分类管理名录》，国家根据建设项目对环境的影响程度，对建设项目的环境影响实施分类管理，应当编制环境影响报告书的是(　　)。

A. 印刷、生活垃圾集中转运站

B. 煤气供应、电池生产

C. 煤气生产、有色金属合金制造

D. 民航供油工程、煤炭集运

34. 《关于进一步加强环境影响评价管理防范环境风险的通知》要求加强建设项目“三同时”验收监管，严格落实环境风险防范和应急措施，建设项目竣工环境保护验收监测或调查时，应对环境风险防范设施和应急措施的落实情况进行全面调查。相关建设项目验收监测或调查报告，(　　)；无相关内容的，各级环保部门不得受理其验收申请。

A. 应设环境风险防范设施和应急措施落实情况专项报告

B. 应明确环境风险防范设施和应急措施落实情况

C. 应设环境风险防范设施和应急措施落实情况专章

D. 应设环境风险防范设施和应急措施落实情况专题报告

35. 根据《中华人民共和国环境影响评价法》，环渤海区域建设开发规划中可以不包含的内容是(　　)。

A. 实施规划对环境可能造成的影响

B. 预防不良环境影响的对策

C. 减轻不良环境影响的措施

D. 环境影响评价的结论

36. 根据《中华人民共和国环境影响评价法》，建设单位未依法报批建设项目环境影响报告书、报告表，擅自开工建设的，由(　　)责令停止建设。

A. 县级以上生态环境主管部门

B. 省级以上生态环境主管部门

C. 有审批权的生态环境主管部门

D. 项目所在地的人民政府

37. 根据《中华人民共和国环境影响评价法》，环境影响报告书除包括实施该规划对环境可能造成影响的分析、预测和评估；预防或者减轻不良环境影响的对策和措施外，还应当包括(　　)。

A. 规划内容　　　　B. 环境影响评价结论

C. 详细规划情况　　　　D. 规划情况

38. 根据《中华人民共和国土壤污染防治法》，下列地块中，不属于地方人民政府生态环境主管部门应当会同自然资源主管部门进行重点监测的建设用地地块范围的是(　　)。

A. 曾发生过严重洪水灾害的地块　　　　B. 曾用于回收有毒有害物质的地块

C. 曾发生过重大污染事故的地块　　　　D. 曾用于固体废物堆放的地块

39. 根据《建设项目环境保护管理条例》，环评文件已通过批准的建设项目的初步设计，应当(　　)。

A. 按照环境保护设计规范的要求，编制环境保护篇章

B. 按照环境保护设计规范的要求，编制环保节能篇章

C. 按照环评文件的要求，编制环境保护篇章

D. 按照环评文件的要求，编制环保节能篇章

40.《建设项目环境保护管理条例》是(　　)。

A. 环境保护基本法　　　　B. 环境保护单行法

C. 环境保护行政法规　　　　D. 环境保护部门规章

41. 根据《中华人民共和国大气污染防治法》，工业生产产生的可燃性气体不具备回收利用条件的，应当(　　)。

A. 向大气排放　　　　B. 进行污染防治处理

C. 采取除尘措施　　　　D. 将其充分燃烧

42. 根据《中华人民共和国水污染防治法》，(　　)不属于企业事业单位被禁止排放、倾

倒含有毒污染物的废水或含病原体的污水的地点。

A. 渗井　　　　B. 裂隙

C. 塘坑　　　　D. 溶洞

43. 以下关于防治固体废物污染水环境的说法，不符合《中华人民共和国水污染防治法》的是(　　)。

A. 禁止向水体倾倒含有汞、镉、砷等的可溶性剧毒废渣

B. 禁止将含有铬、氰化物、黄磷等的可溶性剧毒废渣埋入地下

C. 存放可溶性剧毒废渣的场所，必须采取防水、防渗漏、防流失的措施

D. 禁止在江河、湖泊最高水位线以下的滩地和岸坡堆放、存贮固体废弃物

44. 根据《中华人民共和国水污染防治法》，在江河、湖泊设直排污口的，除要遵守法律、行政法规和国务院环境保护主管部门的规定外，还应当遵守(　　)的规定。

A. 国务院水行政主管部门　　　　B. 县级以上地方人民政府

C. 市级以上地方人民政府　　　　D. 省级人民政府

45. 根据《中华人民共和国噪声污染防治法》，下列说法中，错误的是(　　)。

A. 禁止在商业经营活动中使用高音广播喇叭进行广告宣传

B. 公共场所管理者可以采取设置噪声自动监测和显示设施等措施加强管理

C. 新建居民住房的房地产开发经营者应当在买卖合同中明确住房的共用设施设备位置和建筑隔声情况

D. 已建成使用的居民住宅区电梯、水泵、变压器等共用设施设备由物业单位负责维护管理，符合民用建筑隔声设计相关标准要求

46. 根据《中华人民共和国噪声污染防治法》，在(　　)，禁止新建排放噪声的工业企业，改建、扩建工业企业的，应当采取有效措施防止工业噪声污染。

A. 噪声敏感建筑物附近

B. 噪声敏感建筑物集中区域

C. 噪声污染重点控制区域

D. 生产、运营过程中

47. 根据《中华人民共和国噪声污染防治法》，因铁路运行排放噪声造成严重污染的，铁路运输企业和(　　)应当对噪声污染情况进行调查，制定噪声污染综合治理方案。

A. 设区的市、县级人民政府　　　　B. 铁路部门

C. 交通部门　　　　D. 省级人民政府

48. 根据《中华人民共和国噪声污染防治法》，下列说法中，错误的是(　　)。

A. 排放工业噪声的企业事业单位和其他生产经营者，应当依法取得排污许可证或者填报排污登记表

B. 噪声重点排污单位应当按照国家规定，安装、使用、维护噪声自动监测设备，与环保部门的监控设备联网

C. 实行排污许可管理的单位，不得无排污许可证排放工业噪声

D. 相关部门应制定本行政区域噪声重点排污单位名录，向社会公开并适时更新

49. 根据《中华人民共和国固体废物污染环境防治法》，从事(　　)危险废物经营活动的单位和个人，无需申请危险废物经营许可证。

A. 贮存　　B. 运输

C. 利用　　D. 处置

50.《中华人民共和国固体废物污染环境防治法》的污染防治对象不包括(　　)。

A. 危险废物　　B. 工业固体废物

C. 气态废物　　D. 城市生活垃圾

51. 根据《中华人民共和国固体废物污染环境防治法》，处置是指将固体废物焚烧和用其他改变固体废物的物理、化学、生物特性的方法，达到减少已产生的固体废物数量、缩小固体废物体积、减少或者消除其危险成分的活动，或者将固体废物最终置于符合环境保护规定要求的(　　)的活动。

A. 焚烧厂　　B. 垃圾场

C. 灰化厂　　D. 填埋场

52.《中华人民共和国海洋环境保护法》规定，向海洋倾倒废弃物，应当按照国家有关规定缴纳(　　)。

A. 排污费　　B. 倾倒费

C. 海洋污染专项治理费　　D. 海洋环境保护特别税

53. 根据《中华人民共和国土壤污染防治法》，关于土壤污染责任人义务的说法，错误的是(　　)。

A. 土壤污染责任人负有实施土壤污染风险管控和修复的义务

B. 土壤污染责任人无法认定的，土地使用权人应当实施土壤污染风险管控和修复

C. 国家鼓励和支持有关当事人自愿实施土壤污染风险管控和修复

D. 地方人民政府及其有关部门可以根据实际情况组织实施土壤污染风险管控和修复，并承担相应费用

54. 下列属于《中华人民共和国海洋环境保护法》规定的禁止向海域排放的是(　　)。

A. 油类、酸液、碱液、剧毒废液

B. 含热废水

C. 含病原体的医疗污水、生活污水和工业废水

D. 含有不易降解的有机物和重金属的废水

55. 根据《中华人民共和国海洋保护法》，关于入海排污要求的说法，错误的是(　　)。

A. 排放中、低水平放射性废水，必须严格执行国家辐射防护规定

B. 严格控制向海域排放含有不易降解的有机物和重金属的废水

C. 工业废水应当经过处理，符合国家和地方有关排放标准后，方可排入海域

D. 禁止向海域排放油类、酸液、碱液、剧毒废液

56. 下列说法与《中华人民共和国放射性污染防治法》中有关禁止性规定不符的是(　　)。

A. 禁止向环境排放放射性废气、废液

B. 禁止将放射性固体废物委托给无许可证的单位贮存和处置

C. 禁止在内河水域和海洋上处置放射性固体废物

D. 禁止利用渗井、渗坑、天然裂隙、溶洞排放放射性废液

57. 根据《中华人民共和国清洁生产促进法》，下列关于清洁生产的说法，错误的是(　　)。

A. 清洁生产的基本要求是清洁能源和原料、清洁的生产过程、清洁的产品

B. 国家对浪费资源和严重污染环境的落后生产技术、工艺、设备和产品实行限期淘汰制度

C. 国务院环境保护行政主管部门会同国务院有关行政主管部门制定并发布限期淘汰的生产技术、工艺、设备以及产品的名录

D. 实施清洁生产审核的具体办法，由国务院清洁生产综合协调部门、环境保护部门会同国务院有关部门制定

58. 《中华人民共和国循环经济促进法》所称减量化，是指在生产、流通和消费等过程中(　　)。

A. 减少资源消耗和有害废物产生

B. 减少废物产生

C. 减少资源消耗和废物产生

D. 减少能源消耗和有害废物产生

59. 根据《中华人民共和国循环经济促进法》，在废物再利用和资源化过程中，应当保障生产安全，保证产品质量符合国家规定的标准，并(　　)。

A. 防止产生再次污染　　B. 预防产生新的环境污染

C. 实现经济效益最大化　　D. 进行废物再利用

60. 根据《中华人民共和国水法》的有关禁止性规定，以下说法不符的是(　　)。

A. 禁止围湖造地

B. 禁止在河道管理范围内从事影响河势稳定的活动

C. 禁止在水资源不足的地区建设耗水量大的工业项目

D. 禁止在饮用水水源保护区内设置排污口

61. 《中华人民共和国节约能源法》所称能源不包括(　　)。

A. 生物质能　　B. 沼气

C. 热力　　D. 无法利用的废热

62. 根据《中华人民共和国防沙治沙法》，已经沙化的土地范围内的铁路、公路、河流和水渠两侧，城镇、村庄、厂矿和水库周围，实行(　　)。

A. 单位治理责任制

B. 分户承包治理制度

C. 限期治理制度

D. 严格治理责任制度

63. 下列土地不属于《中华人民共和国草原法》适用范围的是（　　）。

A. 草山　　B. 改良草地

C. 退耕还草地　　D. 城镇草地

64. 根据《中华人民共和国文物保护法》，在全国重点文物保护单位的保护范围内进行其他建设工程或者爆破、钻探、挖掘等作业的，必须经（　　）批准，在批准前应当征得国务院文物行政部门同意。

A. 省级文物行政部门

B. 省、自治区、直辖市人民政府

C. 当地人民政府

D. 当地文物行政部门

65. 根据《中华人民共和国放射性污染防治法》，关于放射性固体废物处置方式的说法，错误的是（　　）。

A. 禁止在海洋上处置放射性固体废物

B. 低、中水平放射性固体废物在符合国家规定的区域实行近地表处置

C. 高水平放射性固体废物实行集中的深地质处置

D. α 放射性固体废物在符合国家规定的区域实行近地表处置

66. 根据《中华人民共和国水法》，关于水资源开发利用中生态环境保护的说法，错误的是（　　）。

A. 跨流域调水，应当进行全面规划和科学论证，统筹兼顾调出和调入流域的用水需要

B. 开发、利用水资源，应当首先满足生活用水，兼顾工业、农业等用水需要

C. 开发、利用水资源，应当首先满足生活、生态环境用水，兼顾生产用水需要

D. 在水资源短缺的地区，国家鼓励对雨水和微咸水的收集、开发、利用和对海水的利用、淡化

67. 依据《中华人民共和国渔业法》，在鱼、虾、蟹洄游通道建闸、筑坝，若对渔业资源有严重影响，建设单位（　　）。

A. 不得建闸修坝

B. 应当拆除已建工程

C. 应当建造防洪设施

D. 应当建造过鱼设施或采取其他补救措施

68. 根据《中华人民共和国矿产资源法》，开采矿产资源，必须按照国家有关规定缴纳（　　）。

A. 资源税　　B. 资源补偿费

C. 资源税和资源补偿税　　D. 资源税和资源补偿费

69. 根据《中华人民共和国土地管理法》，国家实行(　　)制度。

A. 土地资源管理　　B. 土地用途管理

C. 土地用途管制　　D. 土地资源利用

70. 某公路项目因受地形限制需穿越部分湖区。根据《中华人民共和国水法》，关于该项目湖区路段通行方式的说法，正确的是(　　)。

A. 项目湖区路段可采用架设桥梁的形式通行

B. 项目湖区路段可采用路基（设过水涵洞）形式通行

C. 项目湖区路段可采用透水路基的形式通行

D. 项目湖区路段可采用湖底隧道的形式通行

71. 根据《中华人民共和国防洪法》，建设跨河、穿河、穿堤、临河的桥梁、码头等工程设施，应当符合防洪标准、岸线规划、航运要求和其他技术要求，不得危害堤防安全，影响河势稳定、妨碍行洪畅通；其(　　)未经有关水行政主管部门根据前述防洪要求审查同意的，建设单位不得开工建设。

A. 工程设计方案　　B. 工程建设方案

C. 可行性研究报告　　D. 环境影响评价报告

72. 根据《中华人民共和国土地管理法》，关于土地用途管制的说法，错误的是(　　)。

A. 国家编制土地利用总体规划，规定土地用途，将土地分为农用地、建设用地和未利用地

B. 严格限制农用地转为建设用地，控制建设用地总量，对农用地实行特殊保护

C. 使用土地的单位和个人必须严格按照土地利用总体规划确定的用途使用土地

D. 未利用地是指农用地和建设用地以外的土地

73. 根据《中华人民共和国河道管理条例》，修建桥梁、码头和其他设施，必须按照国家规定的防洪标准所确定的河宽进行，(　　)。

A. 不得缩窄行洪通道

B. 不得随意缩窄行洪通道

C. 尽可能不缩窄行洪通道

D. 可以宽于行洪通道

74. 根据《风景名胜区条例》，下列说法中错误的是(　　)。

A. 禁止违反风景名胜区规划，在风景名胜区内建设宾馆、招待所、培训中心、疗养院以及与风景名胜资源保护无关的其他建筑物

B. 禁止违反风景名胜区规划，在风景名胜区内设立各类开发区

C. 禁止在风景名胜区内乱扔垃圾

D. 禁止在风景名胜区内景物或者设施上刻划、涂污

75. 根据《基本农田保护条例》，下列不属于应列入基本农田保护区范围的是(　　)。

A. 县级以上地方人民政府批准确定的粮、棉、油生产基地内的耕地

B. 水果生产基地

C. 农业科研、教学试验田

D. 正在实施改造计划以及可以改造的中、低产田

76. 根据《土地复垦条例》，以下说法中错误的是(　　)。

A. 土地复垦义务人应当建立土地复垦质量控制制度，遵守土地复垦标准和环境保护标准，保护土壤质量与生态环境，避免污染土壤和地下水

B. 土地复垦义务人应当首先对拟损毁的耕地、林地、牧草地进行表土剥离，剥离的表土用于被损毁土地的复垦

C. 禁止将重金属污染物或者其他有毒有害物质用作回填或者充填材料

D. 将重金属污染物或者其他有毒有害物质用作回填或者充填材料复垦土地时，污染物浓度应该满足土壤质量标准要求

77. 根据《危险化学品安全管理条例》，重复使用的危险化学品包装物、容器，使用前的检查记录应当至少保存(　　)。

A. 1年　　B. 2年

C. 3年　　D. 4年

78. 根据《中华人民共和国防治海岸工程建设项目污染损害海洋环境管理条例》，以下不属于禁止兴建的海岸工程建设项目的是(　　)。

A. 在海洋特别保护区建设造船厂

B. 在海水渔场外围修建修船厂

C. 在红树林生长的地区修建港口

D. 在海滨风景游览区修建宾馆

79. 下列建设项目不适用《防治海岸工程建设项目污染损害海洋环境管理条例》的是(　　)。

A. 造船厂　　B. 拆船厂

C. 码头　　D. 港口

80. 《防治海洋工程建设项目污染损害海洋环境管理条例》规定的禁止进行围填海活动的区域不包括(　　)。

A. 鸟类栖息地

B. 经济生物的自然产卵场

C. 滩涂湿地

D. 经济生物的索饵场

81. 根据《中华人民共和国野生动物保护法》，国家对野生动物实行(　　)。

A. 重点保护　　B. 全面保护

C. 分类分级保护　　D. 平等保护

82. 根据《关于进一步加强涉及自然保护区开发建设活动监督管理的通知》，下列各种违法开发建设活动中，错误的是(　　)。

A. 禁止在自然保护区内进行开矿、开垦、挖沙、采石等法律明令禁止的活动

B. 新建、改建房应沿用当地传统居民风格，不应对自然景观造成破坏

C. 对违法排放污染物和影响生态环境的项目，要责令限期关停或关闭

D. 对自然保护区内已设置的商业探矿权、采矿权和取水权，要限期退出

83. 按开发方式，《全国主体功能区规划》将我国国土空间分为(　　)主体功能区。

A. 优化开发区域、重点开发区域、限制开发区域和禁止开发区域

B. 城市化地区、农产品主产区和重点生态功能区

C. 重要生态功能区、生态功能保护区、全国生态脆弱区

D. 重点生态功能保护区、全国生态脆弱区、特定工业区

84.《国务院关于加强环境保护重点工作的意见》指出的着力解决影响科学发展和损害群众健康的突出环境问题不包括(　　)。

A. 切实加强重金属污染防治　　B. 严格化学品环境管理

C. 深化重点领域污染综合防治　　D. 适度发展环保产业

85. 根据《国务院关于加强环境保护重点工作的意见》，对电力行业实行(　　)排放总量控制，继续加强燃煤电厂脱硫，全面推行燃煤电厂脱硝，新建燃煤机组应同步建设脱硫脱硝设施。

A. 二氧化硫、氮氧化物　　B. 二氧化硫

C. 二氧化硫、化学需氧量　　D. 二氧化硫、氮氧化物、$PM_{2.5}$

86. 根据《全国生态脆弱区保护规划纲要》，生态脆弱保护区规划的基本原则不包括(　　)。

A. 统筹规划，分步实施　　B. 预防为主，保护优先

C. 强化监管，适度开发　　D. 避免重复，互为补充

87. 根据《全国主体功能区划》，国家层面重点开发区域的发展方向和开发原则不包括(　　)。

A. 统筹规划国土空间　　B. 保护生态环境

C. 提高发展质量　　D. 优化基础设施布局

88. 根据《国家级自然保护区调整管理规定》，除(　　)外，国家级自然保护区因重大工程建设调整后，原则上不得再次调整。

A. 航空航天工程　　B. 国防重大建设工程

C. 重大基础工程　　D. 重大高速公路工程

89. 根据《风景名胜区条例》，下列活动中，不属于风景名胜区内禁止的是(　　)。

A. 张贴商业广告　　B. 乱扔垃圾

C. 修建储存腐蚀性物品的设施　　D. 在景物或设施上刻划

90. 根据《医疗废物管理条例》，关于医疗卫生管理机构对医疗废物管理要求的说法，错误的是(　　)。

A. 医疗废物暂时贮存的时间不得超过 2 天

B. 禁止将医疗废物混入其他废物和生活垃圾

C. 医疗废物在交医疗废物集中处置单位处置前应当就地消毒

D. 禁止在饮用水源保护区的水体上运输医疗废物

二、不定项选择题（共 30 题，每题 2 分。每题的备选项中，至少有 1 个符合题意。多选、错选、少选均不得分）

91. 下列属于环境保护单行法的有（　　）。

A.《中华人民共和国环境保护法》

B.《中华人民共和国固体废物污染环境防治法》

C.《中华人民共和国水污染防治法》

D.《中华人民共和国清洁生产促进法》

92. 根据《中华人民共和国环境保护法》，国务院和沿海地方各级人民政府应当加强对海洋环境的保护。（　　），应当符合法律法规规定和有关标准，防止和减少对海洋环境的污染损害。

A. 向海洋排放污染物

B. 向海洋倾倒废弃物

C. 进行海岸工程建设

D. 进行海洋工程建设

93. 根据《中华人民共和国环境保护法》，下列生产建设或者其他活动中，应予以防治的环境污染和危害的有（　　）。

A. 废气　　　　B. 粉尘

C. 放射性物质　　　　D. 振动

94. 根据《规划环境影响评价条例》，有（　　）情形之一的，审查小组应当提出不予通过环境影响报告书的意见。

A. 依据现有知识水平和技术条件，对规划实施可能产生的不良环境影响的程度或者范围不能做出科学判断的

B. 规划实施可能造成重大不良环境影响，并且无法提出切实可行的预防或者减轻对策和措施的

C. 内容存在其他重大缺陷或者遗漏的

D. 环境影响评价结论不明确、不合理或者错误的

95. 根据《规划环境影响评价条例》，下列规划中需要编制环境影响报告书的有（　　）。

A. 设区的市级以上土地利用总体规划

B. 省级及设区的市级工业各行业非指导性规划

C. 河南省旅游开发非指导性规划

D. 设区的市级以上海域建设、开发利用规划

96. 根据《中华人民共和国环境影响评价法》，某堤坝建设工程项目的环境影响报告书中应当包括的内容有（　　）。

A. 项目概况

B. 项目对环境可能造成影响的分析、预测和评估

C. 项目环境保护措施及其技术、经济论证

D. 对建设项目实施环境监测的建议

97. 根据《中华人民共和国环境影响评价法》，甲市编制的交通规划草案中，涉及一条穿越多个住宅小区的城市高架路，在这个规划草案的环境影响评价文件中，需包括(　　)。

A. 实施规划对环境可能造成的影响

B. 预防或减轻不良环境影响的对策和措施

C. 环境影响评价的结论

D. 公众参与情况

98. 根据《中华人民共和国大气污染防治法》，城市人民政府每年在向(　　)报告环境状况和环境保护目标完成情况时，应当报告大气环境质量限期达标规划执行情况，并向社会公开。

A. 本级人民代表大会

B. 本级人民政府

C. 本级常务委员会

D. 本级生态环境主管部门

99. 根据《中华人民共和国大气污染防治法》，在禁燃区内，禁止销售、燃用高污染燃料；禁止新建、扩建燃用高污染燃料的设施，已建成的，应当在城市人民政府规定的期限内改用(　　)。

A. 天然气　　B. 液化石油气

C. 电　　D. 煤

100. 根据《中华人民共和国水污染防治法》，禁止向水体排放的有(　　)。

A. 酸液　　B. 含热废水

C. 碱液　　D. 含病原体的污水

101. 根据《中华人民共和国水污染防治法》，县级以上地方人民政府农业主管部门和其他有关部门为防止水污染，应当采取的措施有(　　)。

A. 指导农业生产者科学、合理地施用化肥和农药

B. 推广测土配方施肥技术和高效低毒低残留农药

C. 推进农村污水、垃圾集中处理

D. 控制化肥和农药的过量使用

102. 根据《中华人民共和国固体废物污染环境防治法》，产生危险废物的单位，应当按照国家有关规定制定危险废物管理计划；建立危险废物管理台账，如实记录有关信息，并通过国家危险废物信息管理系统向所在地生态环境主管部门申报危险废物的(　　)等有关资料。

A. 名称　　B. 产生量

C. 流向　　D. 贮存

103. 某具有重要经济价值的天然渔场，由于过度捕捞造成渔业资源退化，已不能形成渔汛。根据《中华人民共和国海洋环境保护法》，下列说法正确的有(　　)。

A. 应当对该海域海洋生态系统进行修复

B. 应当对该海域以自然恢复为主、人工修复为辅

C. 应当在该海域建立海洋自然保护区

D. 应当在该海域建立海洋特别保护区

104. 某河道建有堤防工程，下列行为中，属于《中华人民共和国河道管理条例》禁止的有(　　)。

A. 在河滩地种植芦苇

B. 在护堤地种植玉米

C. 在河堤上晾晒粮食

D. 在沙洲掩埋生活垃圾

105. 以下关于放射性污染防治的环境影响评价的说法与《中华人民共和国放射性污染防治法》的规定相一致的有(　　)。

A. 核设施营运单位应当在申请领取核设施建造、运行许可证和办理装料、退役审批手续前编制环境影响报告书

B. 核设施的环境影响报告书须报生态环境主管部门审查批准

C. 开发利用或者关闭铀（钍）矿的单位，应当在申请领取采矿许可证或者办理退役审批手续前编制环境影响报告书

D. 开发利用或者关闭铀（钍）矿的环境影响报告书须报省级以上生态环境主管部门审批

106. 以下符合《中华人民共和国水法》相关规定的有(　　)。

A. 确需围垦河道的，应当经过科学论证，报省级以上人民政府批准

B. 在地下水超采地区，县级以上地方人民政府应当采取措施，严格控制开采地下水

C. 在江河、湖泊新建、改建或者扩大排污口，应当经生态环境主管部门同意，由有管辖权的水行政主管部门审批该建设项目的环境影响报告书

D. 从事工程建设，占用农业灌溉水源、灌排工程设施，或者对原有灌溉用水、供水水源有不利影响的，建设单位应当采取相应的补救措施

107. 根据《中华人民共和国草原法》，(　　)应当划为基本草原，实施严格管理。

A. 重要放牧场　　　　B. 割草地

C. 退耕还草地　　　　D. 草种基地

108. 根据《土地复垦条例》，下列土地类别中，属于土地复垦义务人负责复垦的有(　　)。

A. 历史遗留损毁土地

B. 堆放废石所占的土地

C. 地下采矿造成地表塌陷的土地

D. 交通设施建设活动临时占用所损毁的土地

109. 以下说法符合《中华人民共和国矿产资源法》规定的有(　　)。

A. 开采矿产资源，必须遵守有关环境保护的法律规定，防止污染环境

B. 开采矿产资源，应当节约用地

C. 关闭矿山，必须提出矿山闭坑报告

D. 耕地、草原、林地因采矿受到破坏的，矿山企业应当采取复垦利用措施

110. 根据《中华人民共和国土地管理法》，建设用地征用以下土地，必须经国务院批准的有(　　)。

A. 基本农田

B. 基本农田以外的耕地 40 公顷的

C. 基本农田以外的耕地 30 公顷的

D. 其他土地 80 公顷的

111. 根据《中华人民共和国噪声污染防治法》，各级人民政府及其有关部门制定、修改国土空间规划和相关规划应当(　　)。

A. 充分考虑城乡区域开发、改造和建设项目产生的噪声对周围生活环境的影响

B. 统筹规划，合理安排土地用途和建设布局

C. 以城乡建设发展为主，产生的环境噪声污染可以后治理

D. 少修铁路、公路

112. 根据《中华人民共和国自然保护区条例》，禁止在自然保护区的(　　)开展旅游和生产经营活动。

A. 缓冲区　　B. 实验区

C. 核心区　　D. 外围保护地带

113. 根据《危险化学品安全管理条例》，与危险化学品的生产装置或者储存数量构成重大危险源的储存设施之间的距离须符合国家标准或者国家有关规定的有(　　)。

A. 商业中心　　B. 学校

C. 饮用水源　　D. 军事管理区

114. 根据《中华人民共和国矿产资源法》，有关非经国务院授权的有关主管部门同意，不得开采矿产资源的地区描述准确的有(　　)。

A. 港口、机场、国防工程设施圈定地区以内

B. 重要工业区、大型水利工程设施、城镇市政工程设施附近一定距离以内

C. 国家规定的自然保护区、重要风景区

D. 历史文物和名胜古迹所在地

115. 根据《中华人民共和国土地管理法》，下列行为中，需由国务院批准的有(　　)。

A. 省、自治区、直辖市人民政府批准的道路、管线工程和大型基础设施建设项目，涉及农用地转为建设用地的

B. 国务院批准的建设项目占用土地，涉及农用地转为建设用地的

C. 为实施土地利用总体规划而将永久基本农田以外的农用地转为建设用地的

D. 征用基本农田的

116. 根据《中华人民共和国防沙治沙法》，下列属于沙化土地封禁保护区范围内明确禁止的行为有（　　）。

A. 一切破坏植被的活动　　B. 安置移民

C. 农牧民进行生产生活　　D. 修建铁路

117. 《全国生态环境保护纲要》中提出，对具有重要生态功能的林区、草原，应划为（　　）。

A. 禁垦区　　B. 禁猎区

C. 禁伐区　　D. 禁耕区

118. 根据《畜禽规模养殖污染防治条例》，下列区域中，属于禁止建设畜禽养殖场、养殖小区的有（　　）。

A. 城镇居民区　　B. 风景名胜区

C. 饮用水水源准保护区　　D. 水土流失重点预防区

119. 根据《中华人民共和国自然保护区条例》，以下关于对自然保护区内的人为活动进行禁限规定的说法，错误的有（　　）。

A. 自然保护区的核心区内，禁止任何单位和个人进入，也绝不允许进入从事科学研究活动

B. 自然保护区的缓冲区内，可进入从事科学研究观测活动

C. 自然保护区的缓冲区内，可进入从事驯化、繁殖珍稀、濒危野生动植物的活动

D. 自然保护区的实验区内，可进入从事科学试验、教学实习、参观考察、旅游等活动

120. 根据《防治海洋工程建设项目污染损害海洋环境管理条例》，下列海洋工程建设项目，其环境影响报告书必须由国家海洋主管部门核准的有（　　）。

A. 潮汐电站　　B. 海底隧道工程

C. 面积为 90 公顷的围海工程　　D. 海上石油钻井平台

押题模拟试卷（二）

一、单项选择题（共90题，每题1分。每题的备选项中，只有1个最符合题意）

1. 我国环境保护法律法规体系建立的依据和基础是(　　)。

A.《中华人民共和国宪法》

B.《中华人民共和国环境保护法》

C.《中华人民共和国环境影响评价法》

D.《环境保护国际公约》

2. 根据《中华人民共和国环境保护法》，关于排污许可的说法，错误的是(　　)。

A. 国家依照法律规定实行排污许可管理制度

B. 排放污染物的企业事业单位应当申请排污许可证

C. 实行排污许可管理的企业事业单位和其他生产经营者应当按照排污许可证的要求排放污染物

D. 实行排污许可管理的企业事业单位和其他生产经营者未取得排污许可证的，不得排放污染物

3. 根据《中华人民共和国环境保护法》，环境是指影响人类生存和发展的各种天然的和经过人工改造的(　　)的总体。

A. 生态因素　　B. 自然因素

C. 资源因素　　D. 生活因素

4. 根据《中华人民共和国环境保护法》，某市纺织厂为(　　)，依照有关规定搬迁的，该市人民政府应当予以支持。

A. 减少污染　　B. 改善环境

C. 增加收入　　D. 节能减排

5. 根据《中华人民共和国环境保护法》，各级人民政府对(　　)，应当采取措施予以保护，严禁破坏。

A. 各种类型的自然生态系统区域

B. 野生动植物自然分布区域

C. 水源涵养区域

D. 具有重大科学文化价值的地质构造

6. 根据《中华人民共和国环境保护法》，(　　)不符合我国环境保护规定的技术、设备、材料和产品。

A. 禁止引进　　B. 控制引进

C. 限制引进　　D. 适度引进

7. 根据《中华人民共和国环境影响评价法》，环境影响评价必须(　　)，综合考虑规划

或者建设项目实施后对各种环境因素及其所构成的生态系统可能造成的影响，为决策提供科学依据。

A. 科学、公开、公平　　B. 客观、公平、公正

C. 客观、公开、公正　　D. 公开、公正、公平

8. 根据《规划环境影响评价条例》，规划环境影响的篇章和说明的内容是(　　)。

A. 预防或减轻不良环境影响的政策、管理或者技术等措施

B. 规划草案的环境合理性和可行性

C. 预防或者减轻不良环境影响的对策和措施的合理性和有效性

D. 规划草案的调整建议

9. 审查小组在审查某省跨流域调水规划环境影响报告书时，发现其中未就跨流域调水对生态系统的影响进行评价。根据《规划环境影响评价条例》，审查小组应提出的审查意见是(　　)。

A. 对该规划的环境影响报告书进行修改

B. 对该规划的环境影响报告书进行修改并重新征求公众意见

C. 对该规划的环境影响报告书进行修改并重新审查

D. 对该规划的环境影响报告书进行修改并报生态环境主管部门审批

10. 某省人民政府拟报送一流域水电规划草案，根据《中华人民共和国环境影响评价法》和《规划环境影响评价条例》，该省人民政府在报送规划草案时，应当(　　)。

A. 将该规划的环境影响篇章或者说明作为规划草案的一部分，一并报送规划审批机关审查

B. 将该规划的环境影响报告书一并附送规划审批机关审查

C. 只将审查小组对该规划的环境影响报告书的审查意见一并附送规划审批机关审查

D. 只将有关单位、专家和公众对该规划的环境影响报告书的意见一并附送规划审批机关审查

11. 根据《中华人民共和国环境保护法》，排放污染物的企业事业单位，应当建立(　　)，明确单位负责人和相关人员的责任。

A. 环保设施日常运行维护制度　　B. 环保设施监测数据库

C. 环境保护责任制度　　D. 环境污染预防制度

12. 在某市道路建设规划草案审批中，因种种原因，对其所附的环境影响评价报告书的结论未予采纳，根据《中华人民共和国环境影响评价法》的规定，应当(　　)。

A. 对规划重新做环境影响评价

B. 对规划重新审批

C. 对不采纳的情况作出说明并存档备查

D. 判定审批无效

13. 根据《中华人民共和国环境影响评价法》，作为一项整体建设项目的某大型住宅小区，应进行(　　)。

A. 规划环境影响评价

B. 建设项目环境影响评价

C. 规划环境影响评价和建设项目环境影响评价

D. 无需进行任何环境影响评价

14. 某化工厂建设项目环评文件已经批准，工厂建设过程中因市场需要，拟采用全新的生产工艺，根据《中华人民共和国环境影响评价法》，(　　)。

A. 建设单位重新报批建设项目的环境影响评价文件

B. 建设单位将生产工艺变动的环境影响向原审批部门提交补充说明

C. 建设单位将生产工艺变动事宜书面告知原审批单位

D. 建设单位将生产工艺变动的环境影响评价交原审批部门备案

15. 根据《建设项目环境保护管理条例》，建设项目环境影响报告书、环境影响报告表自批准之日起满(　　)年，建设项目方开工建设的，其环境影响报告书、环境影响报告表应当报原审批部门重新审核。

A. 2　　B. 3

C. 4　　D. 5

16. 关于对建设项目的环境保护实行分类管理的说法，正确的是(　　)。

A. 建设项目对环境影响很小，不需要进行环境影响评价的，应当填报环境影响登记表

B. 建设项目对环境可能造成重大影响的，应当编制环境影响报告表，对建设项目产生的污染和对环境的影响进行全面、详细的评价

C. 建设项目对环境可能造成轻度影响的，应当编制环境影响报告书，对建设项目产生的污染和对环境的影响进行分析或者专项评价

D. 建设项目环境影响评价分类管理名录，由国务院环境保护行政主管部门在组织专家进行论证后公布

17. 根据《建设项目环境保护事中事后监督管理办法（试行）》，下列不属于事中监督管理的内容的是(　　)。

A. 环境保护法律法规的遵守情况和环境保护部门做出的行政处罚决定落实情况

B. 生产经营单位遵守环境保护法律法规的情况进行监督管理

C. 经批准的环境影响评价文件及批复中提出的环境保护措施落实情况和公开情况

D. 竣工环境保护验收和排污许可证的实施情况

18. 根据《中华人民共和国环境影响评价法》，下列情形中，属于应当重新报批环境影响评价文件的是(　　)。

A. 建设项目的规模发生变动　　B. 建设项目的性质发生变动

C. 建设项目的地点发生重大变动　　D. 建设项目防治污染的措施发生变动

19. 某餐饮连锁企业拟在全市各县开设门店，根据《建设项目环境影响登记表备案管理办法》，关于环境影响登记表备案要求的说法，正确的是(　　)。

A. 该企业门店环境影响登记表备案采用纸质备案方式

B. 门店开业后在该市生态环境主管部门备案

C. 门店开业前在各门店所在地县级生态环境主管部门备案

D. 该企业门店填报环境影响登记表时，可以就其填报内容的真实、准确、完整作出承诺

20. 根据《中华人民共和国环境影响评价法》，（　　）不需要编制环境影响评价报告书。

A. 畜牧业的有关专项规划　　B. 油（气）田总体开发方案

C. 城际铁路网建设规划　　D. 土地利用的有关规划

21. 根据《建设项目环境保护管理条例》，下列不属于国务院环境保护行政主管部门负责审批的是（　　）。

A. 核设施、绝密工程等特殊性质的建设项目

B. 跨省、自治区、直辖市行政区域的建设项目

C. 国务院审批的或者国务院授权有关部门审批的建设项目

D. 省、自治区、直辖市行政区域的建设项目

22. 根据《建设项目环境保护管理条例》，建设项目需要配套建设的环境保护设施，必须与主体工程（　　）。

A. 同时设计、同时施工、同时投产使用

B. 同时设计、同时施工

C. 同时施工、同时投产使用

D. 同时投产使用

23. 根据《中华人民共和国环境影响评价法》，建设项目可能造成跨行政区域的不良环境影响，有关生态环境主管部门对该项目的环境影响评价结论有争议的，其环境影响评价文件由（　　）审批。

A. 省级生态环境主管部门

B. 共同的上一级生态环境主管部门

C. 国务院生态环境主管部门

D. 县级以上生态环境主管部门

24. 根据《建设项目环境保护管理条例》，各行政机关审核、审批建设项目环境影响报告书、环境影响报告表或者备案环境影响登记表，其收费标准为（　　）。

A. 由各相关行政主管部门自行确定　　B. 由环境保护部统一确定

C. 由各级人民政府统一确定　　D. 不得收取任何费用

25. 根据《中华人民共和国环境影响评价法》，下列评价内容中，不属于建设项目环境影响报告书应当包括的是（　　）。

A. 建设项目周围环境现状

B. 建设项目对环境可能造成影响的分析、预测和评估

C. 建设项目环境保护措施及其技术、经济论证

D. 建设项目跟踪评价及环境保护措施的论证

26. 根据《关于生产和使用消耗臭氧层物质建设项目管理有关工作的通知》，关于生产和使用消耗臭氧层物质建设项目管理的说法，正确的是（　　）。

A. 禁止改建生产和使用作为制冷剂、发泡剂、灭火剂、溶剂、清洗剂、加工助剂、气雾剂、土壤熏蒸剂等受控用途的消耗臭氧层物质的建设项目

B. 新建、改建、扩建副产四氯化碳的建设项目，可视情况配套建设四氯化碳处置设施

C. 扩建生产受控用途的消耗臭氧层物质的建设项目，禁止增加消耗臭氧层物质生产能力

D. 新建生产化工原料用途的消耗臭氧层物质的建设项目，生产的消耗臭氧层物质仅用于企业自身下游化工产品的专用原料用途

27. 根据《关于进一步加强石油天然气行业环境影响评价管理的通知》，关于石油天然气行业环境影响评价要求的说法，错误的是(　　)。

A. 油气开采项目原则上应当以区块为单位开展环评

B. 海洋油气勘探工程应当填报环境影响登记表并进行备案

C. 未确定产能建设规模的陆地油气开采新区块，建设勘探井应当依法编制环境影响报告表

D. 编制油气开发相关专项规划，应当依法同步编制规划环境影响篇章和说明

28. 根据《建设项目环境影响评价报告书（表）编制监督管理办法》，下列建设项目环境影响评价报告书（表）质量问题中，不属于由市级以上生态环境主管部门对建设单位、技术单位和编制人员给予通报批评的是(　　)。

A. 污染源源强核算方法错误的　　B. 环境风险预测与评价内容不全的

C. 环境影响因素分析不全或者错误的　　D. 遗漏自然保护区等环境保护目标的

29. 根据《中华人民共和国大气污染防治法》，关于燃煤污染防治的说法，错误的是(　　)。

A. 禁止销售不符合民用散煤质量标准的煤炭

B. 禁止开采含放射性和砷等有毒有害物质的煤炭

C. 单位存放煤灰、煤渣等物料，应当采取防燃措施，防止大气污染

D. 新建煤矿应当同步建设配套的煤炭洗选设施，使煤炭的硫分、灰分含量达到规定标准

30. 《建设项目环境保护管理条例》规定，建设单位编制环境影响报告书，应当依照有关法律规定，征求建设项目所在地(　　)的意见。

A. 政府和居民　　B. 生态环境主管部门

C. 建设主管部门和居民　　D. 有关单位和居民

31. 依法应当编制环境影响报告书、环境影响报告表的建设项目，建设单位应当在(　　)将环境影响报告书、环境影响报告表报有审批权的生态环境主管部门审批；建设项目的环境影响评价文件未依法经审批部门审查或者审查后未予批准的，建设

单位不得开工建设。

A. 开工建设前　　　　　　　　　　B. 初步设计完成前

C. 可行性研究阶段　　　　　　　　D. 审批完成后

32. 根据《中华人民共和国固体废物污染环境防治法》，下列场所中，属于禁止任何单位或者个人倾倒、堆放、贮存固体废物的是(　　)。

A. 堤身　　　　B. 渠道　　　　C. 滩地　　　　D. 岸坡

33. 依据《建设项目环境影响评价文件分级审批规定》，下列建设项目中，省级以下环境保护部门无权审批其环境影响评价文件的是(　　)建设项目。

A. 化工　　　　　　　　　　　　B. 造纸

C. 印染　　　　　　　　　　　　D. 电石

34. 在项目建设、运行过程中产生不符合经审批的环境影响评价文件的情形的，(　　)也可以责成建设单位进行环境影响的后评价，采取改进措施。

A. 原环境影响评价文件审批部门

B. 当地生态环境主管部门

C. 原建设项目审批部门

D. 当地人民政府

35. 甲单位已于 2022 年 3 月 8 日终止，甲单位全部资产以及债权债务协议转让给乙单位。甲单位尚有部分工业固体废物未处置，甲乙双方在转让协议中未就该部分未处置的工业固体废物作出约定，并未达成一致意见。根据《中华人民共和国固体废物污染环境防治法》，下列关于未处置工业固体废物进行安全处置所产生的费用承担的说法，正确的是(　　)。

A. 甲单位承担　　　　　　　　　B. 乙单位承担

C. 双方共同承担　　　　　　　　D. 双方各承担一半

36. 依据《建设项目环境影响评价文件分级审批规定》，对下级环境保护部门超越法定职权做出的环境影响评价文件审批决定，上级环境保护部门应(　　)。

A. 撤销该审批决定

B. 补办委托手续后，对该审批决定予以认可

C. 对做出该审批决定的直接责任人员给予警告

D. 对可能造成较小环境影响的项目的审批决定予以认可

37. 依据《关于进一步加强环境影响评价管理防范环境风险的通知》，环境风险识别不包括(　　)。

A. 生产设施和危险物质的识别　　B. 有毒有害物质扩散途径的识别

C. 可能受影响的环境保护目标的识别　D. 环境风险防范和应急措施的识别

38. 根据《建设项目环境影响评价行为准则与廉政规定》，承担建设项目竣工环境保护验收监测或调查工作的单位及其验收监测或调查人员应当遵守的行为准则不包括(　　)。

A. 保守建设项目的技术秘密和业务秘密

B. 如实反映建设项目环境影响评价文件的落实情况

C. 在验收监测报告中应建设单位的要求编造数据

D. 严格按照国家和地方有关规定收取验收监测费用

39. 根据《中华人民共和国土壤污染防治法》，关于矿产资源开发区域土壤污染防治监督管理要求的说法，错误的是(　　)。

A. 排土场运营、管理单位应当进行土壤污染状况监测和定期评估

B. 尾矿库运营、管理单位应当加强尾矿库的安全管理，采取措施防止土壤污染

C. 各级人民政府生态环境、自然资源主管部门应当严格控制可能造成土壤污染的重点污染物排放

D. 属于病库的尾矿库的运营、管理单位应当按照规定，进行土壤污染状况监测和定期评估

40. 根据《中华人民共和国大气污染防治法》，工业涂装企业应当使用低挥发性有机物含量的涂料，并建立台账，台账保存期限不得少于(　　)年。

A. 2　　B. 3

C. 4　　D. 5

41. 以下关于防治固体废物污染水环境的说法，不符合《中华人民共和国水污染防治法》的是(　　)。

A. 禁止向水体倾倒工业废渣

B. 禁止将含有铬、氰化物、黄磷等的可溶性剧毒废渣埋入地下

C. 存放可溶性剧毒废渣的场所，必须采取防水、防渗漏、防流失的措施

D. 禁止在江河、湖泊最高水位线以下的滩地和岸坡堆放、存贮固体废弃物

42. 根据《中华人民共和国水污染防治法》，必要时，可以在饮用水水源保护区外围划定一定的区域作为(　　)。

A. 特级保护区　　B. 一级保护区

C. 准保护区　　D. 二级保护区

43. 根据《中华人民共和国噪声污染防治法》，在城市市区噪声敏感建筑物集中区域内，禁止进行产生环境噪声污染的建筑施工作业的时间段是(　　)。

A. 晚上 10 点至次日早晨 6 点

B. 晚上 7 点至次日早晨 7 点

C. 晚上 7 点至次日早晨 8 点

D. 晚上 8 点至次日早晨 8 点

44. 以下关于贮存危险废物的说法，不符合《中华人民共和国固体废物污染环境防治法》的是(　　)。

A. 贮存危险废物，应当按照危险废物特性分类进行

B. 混合贮存性质不相容而未经安全性处置的危险废物，需采取措施，避免环境污染

C. 贮存危险废物应当采取符合国家环境保护标准的防护措施，并不得超过 1 年

D. 禁止将危险废物混入非危险废物中贮存

45. 以下关于企业产生工业固体废物处理的说法，不符合《中华人民共和国固体废物污染环境防治法》的是(   )。

A. 产生工业固体废物的单位应当根据经济、技术条件对工业固体废物加以利用

B. 对其产生的暂时不利用的工业固体废物，可作为工业原料在原料仓库中进行短时间贮存

C. 对其产生的暂时不利用的工业固体废物，应当按照规定建设贮存设施、场所

D. 对其产生的暂时不利用的工业固体废物，应当安全分类存放

46. 根据《中华人民共和国固体废物污染环境防治法》，确有必要关闭、闲置或者拆除的，应当经(   )同意后核准，并采取防止污染环境的措施。

A. 国务院生态环境主管部门

B. 所在地的市、县级人民政府环境卫生主管部门商所在地生态环境主管部门

C. 所在地行政管理部门

D. 所在地水污染控制部门

47. 根据《中华人民共和国海洋环境保护法》，下列海域中，不得新建工业排污口的是(   )。

A. 海滨游乐场　　B. 渔业水域

C. 海水浴场　　D. 贝藻类养殖场

48. 某沿海电厂向海域排放冷却水，根据《中华人民共和国海洋环境保护法》，关于该电厂冷却水入海排污的说法，正确的是(   )。

A. 应保证排放海域邻近海滨游乐场的水温符合国家海洋环境质量标准

B. 应保证排放海域邻近海湾的水温符合国家海洋环境质量标准

C. 应保证排放海域邻近海滨浴场的水温符合国家海洋环境质量标准

D. 应保证邻近自然保护地、渔业水域的水温符合国家和地方海洋环境质量标准

49. 根据《中华人民共和国海洋环境保护法》，生态环境主管部门不需将入海排污口设置情况通报给(   )。

A. 海事管理机构　　B. 当地政府

C. 军队生态环境保护部门　　D. 渔业部门

50. 根据《中华人民共和国放射性污染防治法》，产生放射性固体废物的单位，应当按照国务院环境保护主管部门的规定，对其产生的放射性固体废物进行处理后，(   )。

A. 方可自行将其填埋　　B. 方可自行将其封存

C. 送交放射性固体废物处置单位处置　　D. 将其送交环境主管部门

51. 《中华人民共和国放射性污染防治法》规定，低、中水平放射性固体废物在符合国家规定的区域实行(   )。

A. 安全填埋　　B. 集中封存

C. 深地质处置　　D. 近地表处置

52. 以下关于企业技术改造时应采取的清洁生产措施的说法不符合《中华人民共和国清

洁生产促进法》的是(　　)。

A. 采用无毒、无害或者低毒、低害的原料，替代毒性大、危害严重的原料

B. 采用资源利用率高、污染物产生量少的工艺，替代资源利用率低、污染物产生量多的工艺

C. 对生产过程中产生的废物、废水和余热等进行综合利用或者循环使用

D. 淘汰原有设备，采用全套符合清洁生产机制的设备

53. 根据《中华人民共和国循环经济促进法》，发展循环经济应当在技术可行、经济合理和有利于节约资源、保护环境的前提下，按照(　　)的原则实施。

A. 资源化优先　　B. 减量化优先

C. 再利用优先　　D. 无害化优先

54. 根据《中华人民共和国循环经济促进法》对再利用的有关规定，下列说法错误的是(　　)。

A. 再利用是指将废物直接作为产品使用

B. 再利用是指将废物经修复、翻新、再制造后继续作为产品使用

C. 再利用是指将废物的全部或者部分作为其他产品的部件予以使用

D. 再利用是指将废物经修复、翻新、再制造后继续作为原料使用

55. 根据《中华人民共和国循环经济促进法》，禁止在电器电子等产品中使用的有毒有害物质名录，由(　　)制定。

A. 国务院循环经济发展综合管理部门会同国务院生态环境保护等有关主管部门

B. 国务院生态环境保护等有关主管部门

C. 国务院循环经济发展综合管理部门

D. 国务院生态环境主管部门

56. 根据《中华人民共和国水法》，开发利用水资源，应当首先满足(　　)的需要。

A. 生态环境用水　　B. 农业用水

C. 重点产业用水　　D. 城乡居民生活用水

57. 《中华人民共和国节约能源法》所称节约能源，是指加强用能管理，采取技术上可行、经济上合理以及环境和社会可以承受的措施，从能源生产到消费的各个环节，降低消耗、减少损失和污染物排放、制止浪费，有效、合理地利用(　　)。

A. 有用能　　B. 动能

C. 能量　　D. 能源

58. 根据《中华人民共和国防沙治沙法》，在沙化土地范围内从事开发建设活动的，必须事先就该项目可能对当地及相关地区生态产生的影响进行(　　)。

A. 预期评估

B. 环境规划

C. 生态影响评价

D. 环境影响评价

59. 根据《中华人民共和国草原法》，下列选项中，不属于编制草原保护、建设、利用规

划的原则的是(　　)。

A. 改善生态环境，维护生物多样性，促进草原的可持续利用

B. 建设为主、加强保护、分批改良、合理利用

C. 以现有草原为基础，因地制宜，统筹规划，分类指导

D. 生态效益、经济效益、社会效益相结合

60. 根据《中华人民共和国草原法》，国家对草原保护、建设、利用实行(　　)。国务院草原行政主管部门会同国务院有关部门编制全国草原保护、建设、利用规划，报国务院批准后实施。

A. 分地域规划制度　　B. 分流域规划制度

C. 统一规划制度　　D. 地方规划制度

61. 以下不符合《中华人民共和国文物保护法》中“建设工程选址中保护不可移动文物的有关规定”的是(　　)。

A. 建设工程选址因特殊情况不能避开不可移动文物的，应当尽可能实施原址保护

B. 无法实施原址保护，必须迁移异地保护或者拆除的文物，应当报省、自治区、直辖市人民政府批准

C. 全国重点文物保护单位必须迁移或者拆除的，须经国务院批准

D. 被拆除的国有不可移动文物中具有收藏价值的壁画、雕塑、建筑构件等由文物行政部门指定的文物收藏单位收藏

62. 根据《中华人民共和国森林法》，矿藏勘查、开采以及其他各类工程建设，确需占用林地时，占用林地的单位不需办理的事项是(　　)。

A. 应当经县级以上人民政府林业主管部门审核同意

B. 依法办理建设用地审批手续

C. 提交工程施工期间的林地保护方案

D. 应当缴纳森林植被恢复费

63. 根据《中华人民共和国森林法》，关于森林管理的说法，错误的是(　　)。

A. 禁止毁林开垦

B. 禁止在幼林地砍柴、毁苗、放牧

C. 禁止擅自移动或者损坏森林保护标志

D. 禁止采伐

64. 《中华人民共和国渔业法》适用的范围不包括(　　)。

A. 内水　　B. 专属经济区

C. 领海　　D. 毗连区

65. 根据《中华人民共和国矿产资源法》，国务院规定由指定的单位统一收购的矿产品，任何其他单位或者个人不得(　　)。

A. 采购　　B. 收购

C. 代购　　D. 购买

66. 根据《中华人民共和国土地管理法》，以下与国家占用耕地补偿制度不符的是(　　)。

A. 国家严格控制耕地转为非耕地

B. 非农业建设经批准占用耕地的，按照“占多少，垦多少”的原则，由占用耕地的单位负责开垦与所占用耕地的数量相当的耕地

C. 非农业建设经批准占用耕地，且没有条件开垦或者开垦的耕地不符合要求的，应当按照省、自治区、直辖市的规定缴纳耕地开垦费

D. 省、自治区、直辖市人民政府应当监督占用耕地的单位按照计划开垦耕地或者按照计划组织开垦耕地，并进行验收

67. 根据《中华人民共和国土地管理法》，经批准的建设项目需要使用国有建设用地的，建设单位应当持法律、行政法规规定的有关文件，向有批准权的县级以上人民政府自然资源主管部门提出建设用地申请，经自然资源主管部门审查，报(　　)批准。

A. 本级人民政府　　B. 上一级人民政府

C. 县级以上人民政府　　D. 省级人民政府

68. 根据《中华人民共和国水土保持法》，以下关于水土保持的说法不符合现有相关法律规定的是(　　)。

A. 生产建设项目选址、选线应当避让水土流失重点预防区和重点治理区

B. 依法应当编制水土保持方案的生产建设项目，其生产建设活动中排弃的砂、石、土、矸石、尾矿、废渣等应当全部堆放在水土保持方案确定的专门存放地

C. 在水土保持规划确定的容易发生水土流失的其他区域开办可能造成水土流失的生产建设项目，生产建设单位应当编制水土保持方案，报县级以上人民政府水行政主管部门审批

D. 在干旱缺水地区从事生产建设活动，应当采取防止风力侵蚀措施，设置降水蓄渗设施，充分利用降水资源

69. 根据《中华人民共和国水土保持法》，生产建设项目选址、选线应当避让(　　)；无法避让的，应当提高防治标准，优化施工工艺，减少地表扰动和植被损坏范围，有效控制可能造成的水土流失。

A. 水土流失区

B. 地表塌陷区

C. 水土流失重点预防区和重点治理区

D. 水土塌方区和重点治理区

70. 以下不符合《中华人民共和国水土保持法》中关于修建铁路、公路和水工程的规定的是(　　)。

A. 工程应当尽量减少破坏植被

B. 工程竣工后，取土场、开挖面必须采取硬化措施，防止水土流失

C. 铁路、公路两侧地界以内的山坡地，必须修建护坡或者采取其他土地整治措施

D. 废弃的沙、石、土不得向江河、湖泊、水库和专门存放地以外的沟渠倾倒

71. 根据《中华人民共和国清洁生产促进法》，下列措施中，不属于企业应当在技术改造过程中采取的清洁生产措施是(　　)。

A. 某铅锌冶炼企业更换除尘器破损布袋

B. 某制药厂采用无毒、无害的原料，替代毒性大、危害严重的原料

C. 某铅锌矿山对废水处理回用系统进行改造，使废水全部回用

D. 某石化企业采用污染物产生量少的工艺和设备，替代污染物产生量多的工艺和设备

72. 根据《中华人民共和国防洪法》，洪泛区、蓄滞洪区和防洪保护区的范围，在防洪规划或者防御洪水方案中划定，并报请(　　)按照国务院规定的权限批准后予以公告。

A. 当地人民政府防洪主管部门

B. 设区的市级以上人民政府

C. 省级人民政府

D. 省级以上人民政府

73. 根据《中华人民共和国水法》，关于水电站建设生态环境保护要求的说法，错误的是(　　)。

A. 应当兼顾防洪的需要　　B. 应当保护生态环境

C. 应当兼顾水上旅游的需要　　D. 应兼顾竹木流放的需要

74. 根据《中华人民共和国草原法》，下列草原中，不属于依法划分为基本草原的是(　　)。

A. 草原科研、教学试验基地　　B. 割草地

C. 人工草地　　D. 重要放牧场

75. 以下说法不符合《中华人民共和国河道管理条例》相关规定的是(　　)。

A. 修建桥梁、码头和其他设施，应按照当地环保机构确定的河宽进行

B. 桥梁和栈桥的梁底必须高于设计洪水位

C. 跨越河道的管道、线路的净空高度必须符合防洪和航运的要求

D. 城镇建设和发展不得占用河道滩地

76. 根据《中华人民共和国河道管理条例》，城镇规划的临河界限，由(　　)会同城镇规划等有关部门确定。

A. 城镇人民政府　　B. 城镇人民政府有关部门

C. 河道主管机关　　D. 城镇人民政府主管建设部门

77. 根据《风景名胜区条例》，(　　)不属于在风景名胜区内禁止进行的活动。

A. 修建采石场　　B. 开办煤矿

C. 修建弹药库　　D. 新建疗养院

78. 根据《基本农田保护条例》，下列耕地不能划入基本农田保护区的是(　　)。

A. 需要退耕还林、还牧、还湖的耕地

B. 蔬菜生产基地

C. 农业科研、教学试验田

D. 正在实施改造计划以及可以改造的中、低产田

79. 根据《基本农田保护条例》，在基本农田保护区禁止的行为不包括(　　)。

A. 在基本农田保护区内建窑、建房、建坟、挖砂、采石、采矿、取土

B. 向基本农田保护区提供城市垃圾、污泥作为肥料

C. 占用基本农田发展林果业

D. 在基本农田保护区内堆放固体废弃物

80. 根据《危险化学品安全管理条例》，有关部门派出的工作人员依法进行监督检查时，应当(　　)。

A. 事先通知　　B. 出示通知书

C. 出示执法证件　　D. 说明单位

81. 根据《中华人民共和国土地管理法》，下列土地利用总体规划确定的耕地中，依法可不划入永久基本农田的是(　　)。

A. 可以改造的中、低产田　　B. 农业科研试验田

C. 蔬菜生产基地　　D. 有良好的水土保持设施的耕地

82. 根据《防治海岸工程建设项目污染损害海洋环境管理条例》，以下建设项目属于“海岸工程”的是(　　)。

A. 滨海大型养殖场

B. 跨海桥梁工程

C. 围填海工程

D. 海底隧道工程

83. 根据《防治海洋工程建设项目污染损害海洋环境管理条例》，以下建设工程不属于“海洋工程”的是(　　)。

A. 码头　　B. 跨海桥梁工程

C. 围填海工程　　D. 盐田

84. 根据《防治海洋工程建设项目污染损害海洋环境管理条例》，关于海洋工程环境影响报告书，下列说法错误的是(　　)。

A. 海洋工程环境影响报告书中必须包括有关工程对近岸陆地生态系统影响的分析和评价的内容

B. 海洋主管部门在核准海洋工程环境影响报告书前，应当征求海事、渔业主管部门和军队环境保护部门的意见

C. 环境影响报告书一般由沿海县级以上地方人民政府海洋主管部门根据沿海省、自治区、直辖市人民政府规定的权限核准

D. 涉及海洋矿产资源勘探开发工程的环境影响报告书必须由国家海洋主管部门核准

85. 根据《环境影响评价公众参与办法》，生态环境主管部门应当自作出建设项目环境影响报告书审批决定之日起(　　)个工作日内，通过其网站或者其他方式向社会公告

审批决定全文，并依法告知提起行政复议和行政诉讼的权利及期限。

A. 3　B. 5　C. 7　D. 10

86. 根据《中华人民共和国自然保护区条例》，下列活动中，属于在实验区禁止从事的是(　　)。

A. 驯化珍稀、濒危野生动物　B. 采集草药

C. 参观考察　D. 旅游

87. 根据《土地复垦条例》，关于损毁土地复垦原则的说法，错误的是(　　)。

A. 复垦的土地应当优先用于农业

B. 自然灾害损毁的土地，由县级以上人民政府负责组织复垦

C. 土地复垦应当坚持科学规划、因地制宜、综合治理、经济可行、合理利用的原则

D. 生产建设活动损毁的土地，按照“谁使用，谁复垦”的原则，由生产建设单位或者个人负责复垦

88. 根据《污染地块土壤环境管理办法（试行）》，对于责任主体灭失或者责任主体不明确的污染地块，应依法承担相关责任的主体是(　　)。

A. 所在地县级人民政府　B. 原土地使用权人

C. 所在地设区的市级人民政府　D. 现土地使用权人

89. 《关于进一步加强环境影响评价管理防范环境风险的通知》明确指出要突出重点，全程监管，对(　　)等重点行业建设项目，应进一步加强环境影响评价管理，针对环境影响评价文件编制与审批、工程设计与施工、试运行、竣工环保验收等各个阶段实施全过程监管，强化环境风险防范及应急管理要求。

A. 石油天然气开采、油气/液体化工仓储及运输、石化化工

B. 石油天然气开采、石化化工

C. 危险化学品、危险废物、挥发性有机物、重金属

D. 化工、石化行业的生产和运输

90. 《危险化学品安全管理条例》所称重大危险源，是指生产、储存、使用或者搬运危险化学品，且危险化学品的数量(　　)的单元（包括场所和设施）。

A. 小于临界量

B. 超过临界量

C. 等于或者超过临界量

D. 等于或者小于临界量

二、不定项选择题（共30题，每题2分。每题的备选项中，至少有1个符合题意。多选、错选、少选均不得分）

91. 下列关于我国环境保护法律法规体系的说法中，正确的有(　　)。

A. 《中华人民共和国环境保护法》是环境保护的综合法

B. 《中华人民共和国大气污染法》是环境保护的相关法

C. 《中华人民共和国水法》是环境保护的相关法

D.《中华人民共和国环境影响评价法》是环境保护的单行法

92. 某化工厂超标排污严重污染环境，且经限期治理逾期未完成治理任务。根据《中华人民共和国环境保护法》，对这一行为可实施的行政处罚有(　　)。

A. 责令采取限制生产　　B. 责令停产整治

C. 责令停业　　D. 责令关闭

93. 某省一化工厂突然发生泄漏事故，造成严重的大气污染。根据《中华人民共和国环境保护法》，该化工厂应当(　　)。

A. 立即采取措施处理

B. 及时通报可能受到危害的单位和居民

C. 向当地环境保护主管部门和有关部门报告

D. 按期缴纳罚款

94. 根据《中华人民共和国环境保护法》，国务院环境保护主管部门统一发布(　　)。

A. 国家环境质量

B. 重点污染源监测信息

C. 环境状况公报

D. 其他重大环境信息

95. 根据《中华人民共和国环境保护法》，重点排污单位应当如实向社会公开其(　　)，以及防治污染设施的建设和运行情况，接受社会监督。

A. 主要污染物的名称

B. 排放方式

C. 排放浓度和总量

D. 超标排放情况

96. 根据《规划环境影响评价条例》，规划编制机关对规划环境影响进行跟踪评价，应当采取(　　)等形式征求有关单位、专家和公众的意见。

A. 调查问卷　　B. 现场走访

C. 听证会　　D. 座谈会

97. 根据《中华人民共和国环境影响评价法》，下列环评文件应由生态环境主管部门审批的有(　　)。

A. 某核电站建设项目

B. 横穿东北三省的某高速公路建设项目

C. 某绝密工程建设项目

D. 国务院授权建设部审批的建设项目

98. 根据《中华人民共和国土壤污染防治法》，土壤污染防治应当坚持的原则包括(　　)。

A. 预防优先　　B. 分区管理

C. 风险管控　　D. 公众参与

99. 根据《中华人民共和国大气污染防治法》，下列描述属于国家对严重污染大气环境的落后生产工艺和设备实行淘汰制度的有(　　)。

A. 国务院经济综合主管部门会同国务院有关部门确定严重污染大气环境的工艺、设备和产品淘汰期限，并纳入国家综合性产业政策目录

B. 生产者、进口者、销售者或者使用者应当在规定期限内停止生产、进口、销售或者使用列入相关规定目录中的设备和产品

C. 工艺的采用者应当在规定期限内停止采用列入相关规定目录中的工艺

D. 在落后工艺淘汰前，可将其转让给相对落后的国家和地区

100. 根据《中华人民共和国大气污染防治法》，以下关于燃煤和其他能源污染防治的措施中，正确的有(　　)。

A. 国家推行煤炭洗选加工，降低煤炭的硫分和灰分，限制高硫分、高灰分煤炭的开采

B. 限制开采含放射性和砷等有毒有害物质超过规定标准的煤炭

C. 单位存放煤炭、煤歼石、煤渣、煤灰等物料，应当采取防燃措施，防止大气污染

D. 禁止进口、销售和燃用不符合质量标准的石油焦

101. 根据《中华人民共和国水污染防治法》，生态环境主管部门对新、改、扩建直接或间接向水体排放污染物的水泥生产项目要严格执行(　　)。

A. 环境影响评价制度　　B. 必须缴纳排污费制度

C. “三同时”制度　　D. 水污染物排放标准

102. 根据《中华人民共和国水污染防治法》，城镇污水应当集中处理，县级以上地方人民政府应当(　　)。

A. 通过财政预算和其他渠道筹集资金

B. 统筹安排建设城镇污水集中处理设施及配套管网

C. 提高本行政区域城镇污水的收集率和处理率

D. 直接排放污水

103. 新建、改建、扩建经过以下(　　)区域的高速公路、城市高架、铁路和城市轨道交通线路等的，建设单位应当在可能造成噪声污染的重点路段设置声屏障或者采取其他减少振动、降低噪声的措施。

A. 城市文教区　　B. 普通住宅区

C. 医院和疗养院　　D. 城市商业区

104. 根据《中华人民共和国噪声污染防治法》，以下关于防治环境噪声污染的措施，说法正确的有(　　)。

A. 在城市范围内向周围生活环境排放工业噪声的，应当符合国家规定的工业企业厂界环境噪声排放标准

B. 在城市市区噪声敏感建筑物集中区域内，禁止在夜间进行一切产生环境噪声污

染的建筑施工作业

C. 禁止在噪声敏感建筑物集中区域使用高音广播喇叭

D. 建设噪声敏感建筑物，应当符合民用建筑隔声设计相关标准要求，不符合标准要求的，不得通过验收、交付使用

105. 以下关于危险废物管理计划的说法，符合《中华人民共和国固体废物污染环境防治法》的有(　　)。

A. 产生危险废物的单位应当制定危险废物管理计划

B. 危险废物管理计划应当包括减少危险废物产生量和降低危险废物危害性的措施

C. 危险废物管理计划应当包括危险废物贮存、利用、处置措施

D. 危险废物管理计划应当报产生危险废物的单位所在地生态环境主管部门备案

106. 为防治陆源污染物污染海洋环境，以下控制措施符合《中华人民共和国海洋环境保护法》规定的有(　　)。

A. 排污单位设置入海排污口，应当符合国土空间用途管制要求，海水动力条件和有关规定等情况确定

B. 排污单位设置入海排污口，应当报省级以上人民政府生态环境主管部门备案

C. 禁止向海域排放污染海洋环境、破坏海洋生态的放射性废水

D. 向海域排放含病原体的医疗废水时，应当经过处理，符合国家和地方有关排放标准后，方能排入海域

107. 根据《中华人民共和国森林法》，关于禁止毁林开垦、开采等行为有关规定的说法，正确的有(　　)。

A. 禁止在幼林地内砍柴

B. 禁止在幼林地内放牧

C. 禁止毁林采石、采砂、采土

D. 禁止移动为林业服务的标志

108. 根据《中华人民共和国放射性污染防治法》，关于核设施的环境影响评价书的审批，以下说法正确的有(　　)。

A. 核设施选址的环境影响报告书由国务院环境保护行政主管部门审查批准

B. 核设施选址的环境影响报告书由省级以上人民政府生态环境主管部门审查批准

C. 开发利用铀矿的环境影响报告书由国务院环境保护行政主管部门审查批准

D. 开发利用伴生放射性矿的环境影响报告书由国务院环境保护行政主管部门审查批准

109. 在水资源开发利用和河道管理中，以下做法与《中华人民共和国水法》不符的有(　　)。

A. 在不通航的河流或者人工水道上修建闸坝后可以通航的，闸坝建设单位应当同时修建过船设施或者预留过船设施位置

B. 禁止在饮用水水源保护区内设置排污口

C. 在水行政主管部门监督下，沿河居民可自行在河道采砂

D. 在水工程保护范围内，经批准可从事采石等对水工程运行影响轻微的活动

110. 根据《中华人民共和国水法》，国家鼓励开发、利用水运资源。在水生生物洄游通道、

通航或者竹木流放的河流上修建永久性拦河闸坝，建设单位应当同时修建(　　)设施。

A. 过鱼　　B. 过船

C. 过木　　D. 过滤

111. 依据《中华人民共和国文物保护法》，在文物保护单位的保护范围和建设控制地带内，下列说法正确的有(　　)。

A. 不得建设污染文物保护单位及其环境的设施

B. 不得进行可能影响文物保护单位安全及其环境的活动

C. 对已有的污染文物保护单位及其环境的设施，应当限期关闭

D. 对已有的污染文物保护单位及其环境的设施，应当限期治理

112. 以下关于草原使用管理的说法，不符合《中华人民共和国草原法》规定的有(　　)。

A. 进行矿藏开采和工程建设确需征用草原的，必须经省级以上人民政府草原行政主管部门审核同意，才可依照有关规定办理建设用地审批手续

B. 经县级以上地方人民政府草原行政主管部门审核同意后临时占用草原的，期限不得超过1年

C. 省级人民政府的生态环境主管部门可以在珍贵濒危野生动植物分布区建立草原自然保护区

D. 对严重退化、沙化、盐碱化的草原和生态脆弱区的草原，要实行禁牧、休牧制度

113. 根据《中华人民共和国自然保护区条例》，关于自然保护区的功能区划分及保护规定的说法，正确的有(　　)。

A. 自然保护区的核心区不允许进入从事科学研究活动

B. 自然保护区的外围应当划定一定面积的外围保护地带

C. 实验区可以进入从事科学试验、教学实习、参观考察、旅游以及驯化、繁殖珍稀、濒危野生动植物等活动

D. 自然保护区内保存完好的天然状态的生态系统，应当划为核心区

114. 根据《危险化学品安全管理条例》，下列化学品中，属于危险化学品的有(　　)。

A. 具有腐蚀性质，对设施具有危害的化学品

B. 具有毒害性质，对人体具有危害的剧毒化学品

C. 具有助燃性质，对人体、环境具有危害的化学品

D. 具有爆炸性质，对人体、设施、环境具有危害的化学品

115. 依据《中华人民共和国矿产资源法》，非经国务院授权的有关主管部门同意，(　　)不得开采矿产资源。

A. 城镇市政工程设施附近一定距离以内

B. 重要工业区附近一定距离以内

C. 小型水利工程设施附近一定距离以内

D. 港口、机场、国防工程设施圈定地区以内

116. 根据《风景名胜区条例》，下列关于风景名胜区的说法中，正确的有(　　)。

A. 新设立的风景名胜区与自然保护区不得重合或者交叉

B. 已设立的风景名胜区与自然保护区重合或者交叉的，风景名胜区规划与自然保护区规划应当相协调

C. 风景名胜区内的建设项目应当符合风景名胜区规划

D. 在国家级风景名胜区内修建缆车，项目的选址方案应当报国务院生态环境主管部门审查

117. 根据《土地复垦条例》，土地复垦时，为了保护土壤质量与生态环境、避免污染土壤和地下水的有关规定，说法正确的有(　　)。

A. 禁止将重金属污染物用作回填或者充填材料

B. 禁止将有毒有害物质用作回填或者充填材料

C. 受重金属污染的土地复垦后，不得用于种植食用农作物

D. 受有毒有害物质污染的土地复垦后，达到国家有关标准后，可以用于种植食用农作物

118. 根据《危险化学品安全管理条例》，危险化学品的生产装置和储存数量构成重大危险源的储存设施，与(　　)的距离必须符合国家标准或者国家有关规定。

A. 自然保护区　　B. 河流

C. 基本农田　　D. 运输工具加油站

119. 根据《全国生态环境保护纲要》，下列区域需要建立生态功能保护区的有(　　)。

A. 水土保持的重点预防保护区

B. 重要水源涵养区

C. 江河源头区

D. 江河洪水调蓄区

120. 根据《农用地土壤环境管理办法（试行）》，在保证下游最近灌溉取水点的水质符合农田灌溉水质标准的前提下，下列废水中，允许向农田灌溉渠道排放的有(　　)。

A. 工业废水　　B. 城镇污水

C. 未综合利用的畜禽养殖废水　　D. 农产品加工废水

全国环境影响评价工程师
职业资格考试

环境影响评价相关法律法规

参考答案及解析

押题模拟答案分册

押题模拟试卷（一）~（二）

押题模拟试卷（一）

一、单项选择题

1. C　**【解析】**根据《中华人民共和国环境保护法》第 30 条的规定，开发利用自然资源，应当合理开发，保护生物多样性，保障生态安全，依法制定有关生态保护和恢复治理方案并予以实施。引进外来物种以及研究、开发和利用生物技术，应当采取措施，防止对生物多样性的破坏。

2. A　**【解析】**《中华人民共和国环境保护法》第 5 条规定，环境保护坚持保护优先、预防为主、综合治理、公众参与、损害担责的原则。

3. C　**【解析】**《中华人民共和国环境保护法》第 12 条规定，每年 6 月 5 日为环境日。

4. B　**【解析】**根据《中华人民共和国环境保护法》第 13 条的规定，县级以上人民政府应当将环境保护工作纳入国民经济和社会发展规划。

5. C　**【解析】**根据《中华人民共和国环境保护法》第 62 条的规定，重点排污单位不公开或者不如实公开环境信息的，由县级以上地方人民政府环境保护主管部门责令公开，处以罚款，并予以公告。

6. B　**【解析】**《中华人民共和国环境影响评价法》第 4 条规定，环境影响评价必须客观、公开、公正，综合考虑规划或者建设项目实施后对各种环境因素及其所构成的生态系统可能造成的影响，为决策提供科学依据。

7. D　**【解析】**根据《中华人民共和国环境影响评价法》第 23 条的规定，建设项目可能造成跨行政区域的不良环境影响，有关生态环境主管部门对该项目的环境影响评价结论有争议的，其环境影响评价文件由共同的上一级生态环境主管部门审批。

8. C　**【解析】**《规划环境影响评价条例》第 9 条规定，对规划进行环境影响评价，应当遵守有关环境保护标准以及环境影响评价技术导则和技术规范。规划环境影响评价技术导则由国务院环境保护主管部门会同国务院有关部门制定；规划环境影响评价技术规范由国务院有关部门根据规划环境影响评价技术导则制定，并抄送国务院环境保护主管部门备案。

9. D　**【解析】**选项 A、C 错误，设区的市级以上人民政府审批的专项规划，在审批前由其环境保护主管部门召集有关部门代表和专家组成审查小组，对环境影响报告书进行审查。选项 B 错误，参与环境影响报告书编制的专家，不得作为该环境影响报告书审查小组的成员。

10. B　**【解析】**《规划环境影响评价条例》第 12 条规定，环境影响评价篇章或者说明、环境影响报告书，由规划编制机关编制或者组织规划环境影响评价技术机构编制。规划编制机关应当对环境影响评价文件的质量负责。

11. B　**【解析】**根据《专项规划环境影响报告书审查办法》的规定，专项规划的审批机关在作出审批专项规划草案的决定前，应当将专项规划环境影响报告书送同级生态环境主管部门，由同级生态环境主管部门会同专项规划的审批机关对环境影响报告书进行审查。生态环境主管部门应当自收到专项规划环境影响报告书之日起 30 日内，会同专项规划审批机关召集有关部门代表和专家组成审查小组，对专项规划环境影响报告书进行审查，并在审查小组提出书面审查意见之日起 10 日内将审查意见提交专项规划审批机关。

12. C　**【解析】**《规划环境影响评价条例》第 20 条规定，有下列情形之一的，审查小组应当提出对环境影响报告书进行修改并重新审查的意见：①基础资料、数据失实的；②评价方法选择不当的；③对不良环境影响的分析、预测和评估不准确、不深入，需要进一步论证的；④预防或者减轻不良环境影响的对策和措施存在严重缺陷的；⑤环境影响评价结论不明确、不合理或者错误的；⑥未附具对公众意见采纳与不采纳情况及其理由的说明，或者不采纳公众意见的理由明显不合理的；⑦内容存在其他重大缺陷或者遗漏的。

13. A　**【解析】**根据《规划环境影响评价条例》第 25 条的规定，规划环境影响的跟踪评价应当包括：①规划实施后实际产生的环境影响与环境影响评价文件预测可能产生的环境影响之间的比较分析和评估；②规划实施中所采取的预防或者减轻不良环境影响的对策和措施有效性的分析和评估；③公众对规划实施所产生的环境影响的意见；④跟踪评价的结论。

14. B　**【解析】**根据《规划环境影响评价条例》第 27 条的规定，规划实施过程中产生重大不良环境影响的，规划编制机关应当及时提出改进措施，向规划审批机关报告，并通报环境保护等有关部门。

15. D　**【解析】**《中华人民共和国环境影响评价法》第 30 条规定，规划审批机关对依法应当编写有关环境影响的篇章或者说明而未编写的规划草案，依法应当附送环境影响报告书而未附送的专项规划草案，违法予以批准的，对直接负责的主管人员和其他直接责任人员，由上级机关或者监察机关依法给予行政处分。《规划环境影响评价条例》第 32 条规定，规划审批机关有下列行为之一的，对直接负责的主管人员和其他直接责任人员，依法给予处分：①对依法应当编写而未编写环境影响篇章或者说明的综合性规划草案和专项规划中的指导性规划草案，予以批准的；②对依法应当附送而未附送环境影响报告书的专项规划草案，或者对环境影响报告书未经审查小组审查的专项规划草案，予以批准的。

16. B　**【解析】**根据《建设项目环境影响后评价管理办法（试行）》第 3 条的规定，下列建设项目运行过程中产生不符合经审批的环境影响报告书情形的，应当开展环境影响后评价：①水利、水电、采掘、港口、铁路行业中实际环境影响程度和范围较大，且主要环境影响在项目建成运行一定时期后逐步显现的建设项目，以及其他行业中穿越重要生态环境敏感区的建设项目；②冶金、石化和化工行业中有重大环境风险，建设地点敏感，且持续排放重金属或者持久性有机污染物的建设项目；③审批环境影响报告书的环境保护主管部门认为应当开展环境影响后评价的其他建设项目。

17. C 【解析】根据《建设项目环境保护管理条例》第 9 条的规定，环境保护行政主管部门审批环境影响报告书、环境影响报告表，应当重点审查建设项目的环境可行性、环境影响分析预测评估的可靠性、环境保护措施的有效性、环境影响评价结论的科学性等，并分别自收到环境影响报告书之日起 60 日内、收到环境影响报告表之日起 30 日内，作出审批决定并书面通知建设单位。

18. B 【解析】根据《建设项目环境保护管理条例》第 10 条的规定，国务院环境保护行政主管部门负责审批下列建设项目环境影响报告书、环境影响报告表：①核设施、绝密工程等特殊性质的建设项目；②跨省、自治区、直辖市行政区域的建设项目；③国务院审批的或者国务院授权有关部门审批的建设项目。

19. C 【解析】根据《关于规划环境影响评价加强空间管制、总量管控和环境准入的指导意见（试行）》，规划环评的空间管制成果应包括生态空间分布图和优化后的生活空间、生产空间分布图，生产、生活、生态空间及其组成区块开发管制总图，以及其他必要的支撑性图件。有关图件应配套编制空间区块说明表，详细说明各空间区块的地理位置、面积、现状、保护对象、准入要求和管制措施等。

20. D 【解析】根据《关于做好环境影响评价制度与排污许可制衔接相关工作的通知》，分期实施的允许排放量之和不得高于建设项目的总允许排放量。

21. A 【解析】根据《建设项目环境影响报告书（表）编制监督管理办法》第 2、3 条的规定，建设单位可以委托技术单位对其建设项目开展环境影响评价，编制环境影响报告书（表）；建设单位具备环境影响评价技术能力的，可以自行对其建设项目开展环境影响评价，编制环境影响报告书（表）。技术单位不得与负责审批环境影响报告书（表）的生态环境主管部门或者其他有关审批部门存在任何利益关系。任何单位和个人不得为建设单位指定编制环境影响报告书（表）的技术单位。建设单位应当对环境影响报告书（表）的内容和结论负责；技术单位对其编制的环境影响报告书（表）承担相应责任。

22. C 【解析】根据《中华人民共和国环境影响评价法》第 13 条的规定，设区的市级以上人民政府在审批专项规划草案，作出决策前，应当先由人民政府指定的生态环境主管部门或者其他部门召集有关部门代表和专家组成审查小组，对环境影响报告书进行审查。

23. C 【解析】根据《建设项目环境影响报告书（表）编制单位和编制人员信息公开管理规定（试行）》第 5 条的规定，环境影响报告书（表）基本情况信息应当包括下列内容：①建设项目名称、建设地点、项目类别；②环境影响评价文件类型；③建设单位信息；④编制单位、编制人员及其编制分工、编制方式等信息。

24. A 【解析】根据《中华人民共和国环境影响评价法》第 24 条的规定，建设项目的环境影响评价文件经批准后，建设项目的性质、规模、地点、采用的生产工艺或者防治污染、防止生态破坏的措施发生重大变动的，建设单位应当重新报批建设项目的环境影响评价文件。

25. C 【解析】根据《建设项目环境影响评价文件分级审批规定》第 9 条的规定，建设项目可能造成跨行政区域的不良环境影响，有关环境保护部门对该项目的环境影响评价结论有争议的，其环境影响评价文件由共同的上一级环境保护部门审批。

26. D 【解析】根据《中华人民共和国水污染防治法》第 40 条的规定，加油站等的地下油罐应当使用双层罐或者采取建造防渗池等其他有效措施，并进行防渗漏监测，防止地下水污染。

27. D 【解析】根据《建设项目环境保护管理条例》第 23 条的规定，建设项目需要配套建设的环境保护设施未建成、未经验收或者经验收不合格，建设项目即投入生产或者使用，或者在环境保护设施验收中弄虚作假的，由县级以上环境保护行政主管部门责令限期改正，处 20 万元以上 100 万元以下的罚款；逾期不改正的，处 100 万元以上 200 万元以下的罚款；对直接负责的主管人员和其他责任人员，处 5 万元以上 20 万元以下的罚款；造成重大环境污染或者生态破坏的，责令停止生产或者使用，或者报经有批准权的人民政府批准，责令关闭。

28. C 【解析】根据《中华人民共和国固体废物污染环境防治法》第 124 条的规定，处置是指将固体废物焚烧和用其他改变固体废物的物理、化学、生物特性的方法，达到减少已产生的固体废物数量、缩小固体废物体积、减少或者消除其危险成分的活动，或者将固体废物最终置于符合环境保护规定要求的填埋场的活动。

29. B 【解析】根据《建设项目环境影响评价分类管理名录》第 2 条的规定，建设单位应当按照本名录的规定，分别组织编制建设项目环境影响报告书、环境影响报告表或者填报环境影响登记表。高架路，立交桥，隧道，跨越大江大河（通航段）、海湾的桥梁等应编制环境影响报告书。

30. D 【解析】根据《建设项目环境保护事中事后监督管理办法（试行）》第 6 条的规定，事中监督管理的内容主要包括：经批准的环境影响评价文件及批复中提出的环境保护措施落实情况和公开情况；施工期环境监理和环境监测开展情况；竣工环境保护验收和排污许可证的实施情况；环境保护法律法规的遵守情况和环境保护部门做出的行政处罚决定落实情况。选项 D 属于事后监督管理的内容。

31. A 【解析】根据《建设项目环境保护管理条例》第 27 条的规定，流域开发、开发区建设、城市新区建设和旧区改建等区域性开发，编制建设规划时，应当进行环境影响评价。具体办法由国务院环境保护行政主管部门会同国务院有关部门另行规定。

32. B 【解析】根据《建设项目环境保护管理条例》第 14 条的规定，建设单位编制环境影响报告书，应当依照有关法律规定，征求建设项目所在地有关单位和居民的意见。

33. C 【解析】根据《建设项目环境影响评价分类管理名录》，只有煤气生产、有色金属合金制造两个皆为应当编制环境影响报告书的项目。

34. C 【解析】根据《关于进一步加强环境影响评价管理防范环境风险的通知》，建设项目竣工环境保护验收监测或调查时，应对环境风险防范设施和应急措施的落实情况进行全面调查。相关建设项目验收监测或调查报告，应设环境风险防范设施和应急措施落实情况专章；无相关内容的，各级环保部门不得受理其验收申请。

35. D 【解析】根据《中华人民共和国环境影响评价法》第 7 条的规定，规划有关环境影响的篇章或者说明，应当对规划实施后可能造成的环境影响作出分析、预测和评估，提出预防或者减轻不良环境影响的对策和措施，作为规划草案的组成部分一并报送规划审批机关。

36. A 【解析】根据《中华人民共和国环境影响评价法》第 31 条的规定，建设单位未依法报批建设项目环境影响报告书、报告表，擅自开工建设的，由县级以上生态环境主管部门责令停止建设。

37. B 【解析】根据《中华人民共和国环境影响评价法》第 10 条的规定，专项规划的环境影响报告书应当包括：①实施该规划对环境可能造成影响的分析、预测和评估；②预防或者减轻不良环境影响的对策和措施；③环境影响评价的结论。

38. A 【解析】根据《中华人民共和国土壤污染防治法》第 17 条的规定，地方人民政府生态环境主管部门应当会同自然资源主管部门对下列建设用地地块进行重点监测：①曾用于生产、使用、贮存、回收、处置有毒有害物质的；②曾用于固体废物堆放、填埋的；③曾发生过重大、特大污染事故的；④国务院生态环境、自然资源主管部门规定的其他情形。

39. A 【解析】根据《建设项目环境保护管理条例》第 16 条的规定，建设项目的初步设计，应当按照环境保护设计规范的要求，编制环境保护篇章，落实防治环境污染和生态破坏的措施以及环境保护设施投资概算。

40. C 【解析】《建设项目环境保护管理条例》由国务院制定并颁布实施，属于行政法规范畴。

41. B 【解析】根据《中华人民共和国大气污染防治法》第 49 条的规定，工业生产、垃圾填埋或者其他活动产生的可燃性气体应当回收利用，不具备回收利用条件的，应当进行污染防治处理。

42. C 【解析】根据《中华人民共和国水污染防治法》第 39 条的规定，禁止利用渗井、渗坑、裂隙和溶洞私调暗管，篡改、伪造监测数据，或者不正常运行水污染防治设施等逃避监管的方式排放水污染物。

43. B 【解析】根据《中华人民共和国水污染防治法》第 37、38 条的规定，禁止将含有汞、镉、砷、铬、铅、氰化物、黄磷等的可溶性剧毒废渣向水体排放、倾倒或者直接埋入地下。存放可溶性剧毒废渣的场所，应当采取防水、防渗漏、防流失的措施。禁止在江河、湖泊、运河、渠道、水库最高水位线以下的滩地和岸坡堆放、存贮固体废弃物和其他污染物。

44. A 【解析】根据《中华人民共和国水污染防治法》第 22 条的规定，向水体排放污染物的企业事业单位和其他生产经营者，应当按照法律、行政法规和国务院环境保护主管部门的规定设置排污口；在江河、湖泊设置排污口的，还应当遵守国务院水行政主管部门的规定。

45. D　**【解析】**根据《中华人民共和国噪声污染防治法》第 68 条的规定，已建成使用的居民住宅区电梯、水泵、变压器等共用设施设备由专业运营单位负责维护管理，符合民用建筑隔声设计相关标准要求。

46. B　**【解析】**根据《中华人民共和国噪声污染防治法》第 35 条的规定，在噪声敏感建筑物集中区域，禁止新建排放噪声的工业企业，改建、扩建工业企业的，应当采取有效措施防止工业噪声污染。

47. A　**【解析】**根据《中华人民共和国噪声污染防治法》第 56 条的规定，因铁路运行排放噪声造成严重污染的，铁路运输企业和设区的市、县级人民政府应当对噪声污染情况进行调查，制定噪声污染综合治理方案。

48. B　**【解析】**根据《中华人民共和国噪声污染防治法》第 38 条的规定，噪声重点排污单位应当按照国家规定，安装、使用、维护噪声自动监测设备，与生态环境主管部门的监控设备联网。

49. B　**【解析】**根据《中华人民共和国固体废物污染环境防治法》第 80 条的规定，从事收集、贮存、利用、处置危险废物经营活动的单位，应当按照国家有关规定申请取得许可证。

50. C　**【解析】**《中华人民共和国固体废物污染环境防治法》所要控制和防治的产生污染的固体废物，主要包括工业固体废物、生活垃圾以及建筑垃圾、农业固体废物及有关的危险废物。

51. D　**【解析】**根据《中华人民共和国固体废物污染环境防治法》第 124 条的规定，处置是指将固体废物焚烧和用其他改变固体废物的物理、化学、生物特性的方法，达到减少已产生的固体废物数量、缩小固体废物体积、减少或者消除其危险成分的活动，或者将固体废物最终置于符合环境保护规定要求的填埋场的活动。

52. B　**【解析】**根据《中华人民共和国海洋环境保护法》第 21 条的规定，向海洋倾倒废弃物，应当按照国家有关规定缴纳倾倒费。

53. D　**【解析】**根据《中华人民共和国土壤污染防治法》第 46 条的规定，因实施或者组织实施土壤污染状况调查和土壤污染风险评估、风险管控、修复、风险管控效果评估、修复效果评估、后期管理等活动所支出的费用，由土壤污染责任人承担。

54. A　**【解析】**根据《中华人民共和国海洋环境保护法》第 51 条的规定，禁止向海域排放油类、酸液、碱液、剧毒废液。

55. A　**【解析】**根据《中华人民共和国海洋环境保护法》第 51 条的规定，禁止向海域排放油类、酸液、碱液、剧毒废液。禁止向海域排放污染海洋环境、破坏海洋生态的放射性废水。严格控制向海域排放含有不易降解的有机物和重金属的废水。

56. A　**【解析】**根据《中华人民共和国放射性污染防治法》第 40 条的规定，向环境排放放射性废气、废液，必须符合国家放射性污染防治标准。

57. C 【解析】根据《中华人民共和国清洁生产促进法》第 11 条的规定，国务院清洁生产综合协调部门会同国务院环境保护、工业、科学技术、建设、农业等有关部门定期发布清洁生产技术、工艺、设备和产品导向目录。

58. C 【解析】根据《中华人民共和国循环经济促进法》第 2 条的规定，减量化是指在生产、流通和消费等过程中减少资源消耗和废物产生。

59. A 【解析】根据《中华人民共和国循环经济促进法》第 4 条的规定，在废物再利用和资源化过程中，应当保障生产安全，保证产品质量符合国家规定的标准，并防止产生再次污染。

60. C 【解析】根据《中华人民共和国水法》第 23 条的规定，在水资源不足的地区，应当对城市规模和建设耗水量大的工业、农业和服务业项目加以限制。

61. D 【解析】根据《中华人民共和国节约能源法》第 2 条的规定，能源是指煤炭、石油、天然气、生物质能和电力、热力以及其他直接或者通过加工、转换而取得有用能的各种资源。

62. A 【解析】根据《中华人民共和国防沙治沙法》第 30 条的规定，已经沙化的土地范围内的铁路、公路、河流和水渠两侧，城镇、村庄、厂矿和水库周围，实行单位治理责任制，由县级以上地方人民政府下达治理责任书，由责任单位负责组织造林种草或者采取其他治理措施。

63. D 【解析】在中华人民共和国领域内从事草原规划、保护、建设、利用和管理活动，适用《中华人民共和国草原法》。草原是指天然草原和人工草地。天然草原包括草地、草山和草坡，人工草地包括改良草地和退耕还草地，不包括城镇草地。

64. B 【解析】根据《中华人民共和国文物保护法》第 17 条的规定，在全国重点文物保护单位的保护范围内进行其他建设工程或者爆破、钻探、挖掘等作业的，必须经省、自治区、直辖市人民政府批准，在批准前应当征得国务院文物行政部门同意。

65. D 【解析】根据《中华人民共和国放射性污染防治法》第 43 条的规定，低、中水平放射性固体废物在符合国家规定的区域实行近地表处置。高水平放射性固体废物实行集中的深地质处置。α 放射性固体废物依照前款规定处置。禁止在内河水域和海洋上处置放射性固体废物。

66. C 【解析】根据《中华人民共和国水法》第 21 条的规定，开发、利用水资源，应当首先满足城乡居民生活用水，并兼顾农业、工业、生态环境用水以及航运等需要。

67. D 【解析】根据《中华人民共和国渔业法》第 32 条的规定，在鱼、虾、蟹洄游通道建闸、筑坝，对渔业资源有严重影响的，建设单位应当建造过鱼设施或者采取其他补救措施。

68. D 【解析】根据《中华人民共和国矿产资源法》第 5 条的规定，开采矿产资源，必须按照国家有关规定缴纳资源税和资源补偿费。

69. C 【解析】根据《中华人民共和国土地管理法》第 4 条的规定，国家实行土地用途管制制度。

70. A 【解析】选项 A 正确，选项 D 错误，湖底隧道相比架设桥梁经济投资大，技术难度高。选项 B 错误，路基（设过水涵洞）相比架设桥梁，不如架设桥梁对水力连通好。选项 C 错误，透水路基会导致公路污染物渗透到路基底部，进而污染湖泊水体。

71. B 【解析】根据《中华人民共和国防洪法》第 27 条的规定，建设跨河、穿河、穿堤、临河的桥梁、码头、道路、渡口、管道、缆线、取水、排水等工程设施，应当符合防洪标准、岸线规划、航运要求和其他技术要求，不得危害堤防安全，影响河势稳定、妨碍行洪畅通；其工程建设方案未经有关水行政主管部门根据前述防洪要求审查同意的，建设单位不得开工建设。

72. B 【解析】根据《中华人民共和国土地管理法》第 4 条的规定，国家实行土地用途管制制度。国家编制土地利用总体规划，规定土地用途，将土地分为农用地、建设用地和未利用地。严格限制农用地转为建设用地，控制建设用地总量，对耕地实行特殊保护。前款所称农用地是指直接用于农业生产的土地，包括耕地、林地、草地、农田水利用地、养殖水面等；建设用地是指建造建筑物、构筑物的土地，包括城乡住宅和公共设施用地、工矿用地、交通水利设施用地、旅游用地、军事设施用地等；未利用地是指农用地和建设用地以外的土地。使用土地的单位和个人必须严格按照土地利用总体规划确定的用途使用土地。

73. A 【解析】根据《中华人民共和国河道管理条例》第 12 条的规定，修建桥梁、码头和其他设施，必须按照国家规定的防洪标准所确定的河宽进行，不得缩窄行洪通道。

74. A 【解析】根据《风景名胜区条例》第 27 条的规定，禁止违反风景名胜区规划，在风景名胜区内设立各类开发区和在核心景区内建设宾馆、招待所、培训中心、疗养院以及与风景名胜资源保护无关的其他建筑物；已经建设的，应当按照风景名胜区规划，逐步迁出。

75. B 【解析】根据《基本农田保护条例》第 10 条的规定，下列耕地应当划入基本农田保护区，严格管理：①经国务院有关主管部门或者县级以上地方人民政府批准确定的粮、棉、油生产基地内的耕地；②有良好的水利与水土保持设施的耕地，正在实施改造计划以及可以改造的中、低产田；③蔬菜生产基地；④农业科研、教学试验田。

76. D 【解析】根据《土地复垦条例》第 16 条的规定，禁止将重金属污染物或者其他有毒有害物质用作回填或者充填材料。

77. B 【解析】根据《危险化学品安全管理条例》第 18 条的规定，对重复使用的危险化学品包装物、容器，使用单位在重复使用前应当进行检查；发现存在安全隐患的，应当维修或者更换。使用单位应当对检查情况做出记录，记录的保存期限不得少于

2年。

78. D 【解析】根据《防治海岸工程建设项目污染损害海洋环境管理条例》的规定，在海洋特别保护区建设造船厂、在海水渔场外围修建修船厂均属于在需要特殊保护的区域内建设污染环境、破坏景观的海岸工程建设项目的行为，应当禁止；在红树林生长的地区修建港口属于建设毁坏红树林生态系统的海岸工程建设项目，应当禁止。

79. B 【解析】根据《防治海岸工程建设项目污染损害海洋环境管理条例》第3条的规定，拆船厂建设项目的环境保护管理，依照《防止拆船污染环境管理条例》执行。

80. C 【解析】根据《防治海洋工程建设项目污染损害海洋环境管理条例》第20条的规定，严格控制围填海工程。禁止在经济生物的自然产卵场、繁殖场、索饵场和鸟类栖息地进行围填海活动。

81. C 【解析】根据《中华人民共和国野生动物保护法》第10条的规定，国家对野生动物实行分类分级保护。

82. C 【解析】根据《关于进一步加强涉及自然保护区开发建设活动监督管理的通知》，对违法排放污染物和影响生态环境的项目，要责令限期整改；整改后仍不达标的，要坚决依法关停或关闭，选项C错误。

83. A 【解析】根据《全国主体功能区规划》，按开发方式将国土空间划分为优化开发区域、重点开发区域、限制开发区域和禁止开发区域。

84. D 【解析】根据《国务院关于加强环境保护重点工作的意见》，着力解决影响科学发展和损害群众健康的突出环境问题包括：①切实加强重金属污染防治；②严格化学品环境管理；③确保核与辐射安全；④深化重点领域污染综合防治；⑤大力发展环保产业；⑥加快推进农村环境保护；⑦加大生态保护力度。

85. A 【解析】根据《国务院关于加强环境保护重点工作的意见》，对电力行业实行二氧化硫和氮氧化物排放总量控制，继续加强燃煤电厂脱硫，全面推行燃煤电厂脱硝，新建燃煤机组应同步建设脱硫脱硝设施。

86. D 【解析】根据《全国生态脆弱区保护规划纲要》，生态脆弱保护区规划的基本原则包括：①预防为主，保护优先；②分区推进，分类指导；③强化监管，适度开发；④统筹规划，分步实施。

87. D 【解析】根据《全国主体功能区划》，国家层面重点开发区域的发展方向和开发原则包括：①统筹规划国土空间；②健全城市规模结构；③促进人口加快集聚；④形成现代产业体系；⑤提高发展质量；⑥完善基础设施；⑦保护生态环境；⑧把握开发时序。

88. B 【解析】根据《国家级自然保护区调整管理规定》，除国防重大建设工程外，国家级自然保护区因重大工程建设调整后，原则上不得再次调整。

89. A 【解析】根据《风景名胜区条例》第26条的规定，在风景名胜区内禁止进行下列活动：①开山、采石、开矿、开荒、修坟立碑等破坏景观、植被和地形地貌的活动；②修建储存爆炸性、易燃性、放射性、毒害性、腐蚀性物品的设施；③在景物或者设施上刻划、涂污；④乱扔垃圾。

90. C 【解析】根据《医疗废物管理条例》第19条的规定，医疗卫生机构应当根据就近集中处置的原则，及时将医疗废物交由医疗废物集中处置单位处置。医疗废物中病原体的培养基、标本和菌种、毒种保存液等高危险废物，在交医疗废物集中处置单位处置前应当就地消毒。

二、不定项选择题

91. BC 【解析】环境保护单行法包括污染防治法（《中华人民共和国水污染防治法》《中华人民共和国大气污染防治法》《中华人民共和国固体废物污染环境防治法》《中华人民共和国环境噪声污染防治法》《中华人民共和国放射性污染防治法》等），生态保护法（《中华人民共和国水土保持法》《中华人民共和国野生动物保护法》《中华人民共和国防沙治沙法》等），《中华人民共和国海洋环境保护法》和《中华人民共和国环境影响评价法》。《中华人民共和国环境保护法》属于环境保护综合法，《中华人民共和国清洁生产促进法》属于环境保护相关法。

92. ABCD 【解析】《中华人民共和国环境保护法》第34条规定，国务院和沿海地方各级人民政府应当加强对海洋环境的保护。向海洋排放污染物、倾倒废弃物，进行海岸工程和海洋工程建设，应当符合法律法规规定和有关标准，防止和减少对海洋环境的污染损害。

93. ABCD 【解析】根据《中华人民共和国环境保护法》第42条的规定，排放污染物的企业事业单位和其他生产经营者，应当采取措施，防治在生产建设或者其他活动中产生的废气、废水、废渣、医疗废物、粉尘、恶臭气体、放射性物质以及噪声、振动、光辐射、电磁辐射等对环境的污染和危害。

94. AB 【解析】根据《规划环境影响评价条例》第21条的规定，审查小组应当提出不予通过环境影响报告书意见的情形包括：①依据现有知识水平和技术条件，对规划实施可能产生的不良环境影响的程度或者范围不能作出科学判断的；②规划实施可能造成重大不良环境影响，并且无法提出切实可行的预防或者减轻对策和措施的。

95. BC 【解析】设区的市级以上土地利用总体规划和设区的市级以上海域建设、开发利用规划需要编制环境影响篇章或说明。

96. ABCD 【解析】根据《中华人民共和国环境影响评价法》第17条的规定，建设项目的环境影响报告书应当包括：①建设项目概况；②建设项目周围环境现状；③建设项目对环境可能造成影响的分析、预测和评估；④建设项目环境保护措施及其技术、经济论证；⑤建设项目对环境影响的经济损益分析；⑥对建设项目实施环境监测的建议；⑦环境影响评价的结论。

97. ABCD 【解析】根据《中华人民共和国环境影响评价法》的规定，专项规划的环境影响报告书应当包括：①实施该规划对环境可能造成影响的分析、预测和评估；

②预防或者减轻不良环境影响的对策和措施；③环境影响评价的结论。专项规划编制机关应当认真考虑有关单位、专家和公众对环境影响报告书草案的意见，并应当在报送审查的环境影响报告书中附具对意见采纳或者不采纳的说明。甲市编制的交通规划草案属于可能造成不良环境影响并直接涉及公众环境权益的规划，必须有公众意见采纳和不采纳的说明。

98. AC 【解析】根据《中华人民共和国大气污染防治法》第16条的规定，城市人民政府每年在向本级人民代表大会或者其常务委员会报告环境状况和环境保护目标完成情况时，应当报告大气环境质量限期达标规划执行情况，并向社会公开。

99. ABC 【解析】根据《中华人民共和国大气污染防治法》第38条的规定，在禁燃区内，禁止销售、燃用高污染燃料；禁止新建、扩建燃用高污染燃料的设施，已建成的，应当在城市人民政府规定的期限内改用天然气、页岩气、液化石油气、电或者其他清洁能源。

100. AC 【解析】根据《中华人民共和国水污染防治法》的规定，禁止向水体排放油类、酸液、碱液或者剧毒废液；向水体排放含热废水，应当采取措施，保证水体的水温符合水环境质量标准，排除B项；含病原体的污水应当经过消毒处理；符合国家有关标准后，方可排放，排除D项。

101. ACD 【解析】根据《中华人民共和国水污染防治法》第55条的规定，县级以上地方人民政府农业主管部门和其他有关部门，应当采取措施，指导农业生产者科学、合理地施用化肥和农药，推广测土配方施肥技术和高效低毒低残留农药，控制化肥和农药的过量使用，防止造成水污染。

102. BCD 【解析】根据《中华人民共和国固体废物污染环境防治法》第78条的规定，产生危险废物的单位，应当按照国家有关规定制定危险废物管理计划；建立危险废物管理台账，如实记录有关信息，并通过国家危险废物信息管理系统向所在地生态环境主管部门申报危险废物的种类、产生量、流向、贮存、处置等有关资料。

103. AB 【解析】根据《中华人民共和国海洋环境保护法》第42条的规定，对遭到破坏的具有重要生态、经济、社会价值的海洋生态系统，应当进行修复。海洋生态修复应当以改善生境、恢复生物多样性和生态系统基本功能为重点，以自然恢复为主、人工修复为辅，并优先修复具有典型性、代表性的海洋生态系统。

104. ABCD 【解析】根据《中华人民共和国河道管理条例》第24条的规定，在河道管理范围内，禁止修建围堤、阻水渠道、阻水道路；种植高秆农作物、芦苇、杞柳、荻柴和树木（堤防防护林除外）；设置拦河渔具；弃置矿渣、石渣、煤灰、泥土、垃圾等。在堤防和护堤地，禁止建房、放牧、开渠、打井、挖窖、葬坟、晒粮、存放物料、开采地下资源、进行考古发掘以及开展集市贸易活动。

105. ABC 【解析】根据《中华人民共和国放射性污染防治法》第34条的规定，开发利用或者关闭铀（钍）矿的单位，应当在申请领取采矿许可证或者办理退役审批手续前编制环境影响报告书，报生态环境主管部门审查批准，排除D项。

106. BD 【解析】根据《中华人民共和国水法》的规定，禁止围垦河道。确需围垦的，应当经过科学论证，经省、自治区、直辖市人民政府水行政主管部门或者国务院水行政主管部门同意后，报本级人民政府批准，排除 A 项。在江河、湖泊新建、改建或者扩大排污口，应当经过有管辖权的水行政主管部门或者流域管理机构同意，由环境保护行政主管部门负责对该建设项目的环境影响报告书进行审批，排除 C 项。

107. ABCD 【解析】根据《中华人民共和国草原法》第 42 条的规定，国家实行基本草原保护制度。下列草原应当划为基本草原，实施严格管理：①重要放牧场；②割草地；③用于畜牧业生产的人工草地、退耕还草地以及改良草地、草种基地；④对调节气候、涵养水源、保持水土、防风固沙具有特殊作用的草原；⑤作为国家重点保护野生动植物生存环境的草原；⑥草原科研、教学试验基地；⑦国务院规定应当划为基本草原的其他草原。

108. BCD 【解析】根据《土地复垦条例》第 3 条的规定，生产建设活动损毁的土地，按照“谁损毁，谁复垦”的原则，由生产建设单位或者个人（以下称土地复垦义务人）负责复垦。但是，由于历史原因无法确定土地复垦义务人的生产建设活动损毁的土地（以下称历史遗留损毁土地），由县级以上人民政府负责组织复垦。自然灾害损毁的土地，由县级以上人民政府负责组织复垦。

109. AB 【解析】根据《中华人民共和国矿产资源法》第 32 条的规定，开采矿产资源，必须遵守有关环境保护的法律规定，防止污染环境。开采矿产资源，应当节约用地。耕地、草原、林地因采矿受到破坏的，矿山企业应当因地制宜地采取复垦利用、植树种草或者其他利用措施。

110. ABD 【解析】根据《中华人民共和国土地管理法》第 46 条的规定，征用下列土地的，由国务院批准：①永久基本农田；②永久基本农田以外的耕地超过 35 公顷的；③其他土地超过 70 公顷的。

111. AB 【解析】根据《中华人民共和国噪声污染防治法》第 18 条的规定，各级人民政府及其有关部门制定、修改国土空间规划和相关规划，应当依法进行环境影响评价，充分考虑城乡区域开发、改造和建设项目产生的噪声对周围生活环境的影响，统筹规划，合理安排土地用途和建设布局，防止、减轻噪声污染。有关环境影响篇章、说明或者报告书中应当包括噪声污染防治内容。

112. AC 【解析】根据《中华人民共和国自然保护区条例》的规定，禁止任何人进入自然保护区的核心区；禁止在自然保护区的缓冲区开展旅游和生产经营活动。

113. ABCD 【解析】根据《危险化学品安全管理条例》第 19 条的规定，危险化学品生产装置或者储存数量构成重大危险源的危险化学品储存设施（运输工具加油站、加气站除外），与下列场所、设施、区域的距离应当符合国家有关规定：①居住区以及商业中心、公园等人员密集场所；②学校、医院、影剧院、体育场（馆）等公共设施；③饮用水源、水厂以及水源保护区；④车站、码头（依法经许可从事危险化学品装卸作业的除外）、机场以及通信干线、通信枢纽、铁路线路、道路交通干线、水路交通干线、地铁风亭以及地铁站出入口；⑤基本农田保护区、基本草原、畜禽遗传资源保护区、畜禽规模化养殖场（养殖小区）、渔业水域以及种子、种畜禽、水产苗种生产基地；⑥河流、湖泊、风景名胜区、自然保护区；⑦军事禁区、军事管理区；⑧法律、行政法规规定的其他场所、设施、区域。

114. ABC　**【解析】**根据《中华人民共和国矿产资源法》第 20 条的规定，非经国务院授权的有关主管部门同意，不得在下列地区开采矿产资源：①港口、机场、国防工程设施圈定地区以内；②重要工业区、大型水利工程设施、城镇市政工程设施附近一定距离以内；③铁路、重要公路两侧一定距离以内；④重要河流、堤坝两侧一定距离以内；⑤国家规定的自然保护区、重要风景区，国家重点保护的不能移动的历史文物和名胜古迹所在地；⑥国家规定不得开采矿产资源的其他地区。

115. ABD　**【解析】**根据《中华人民共和国土地管理法》第 44 条的规定，在土地利用总体规划确定的城市和村庄、集镇建设用地规模范围内，为实施该规划而将永久基本农田以外的农用地转为建设用地的，按土地利用年度计划分批次按照国务院规定由原批准土地利用总体规划的机关或者其授权的机关批准。

116. AB　**【解析】**根据《中华人民共和国防沙治沙法》第 22 条的规定，在沙化土地封禁保护区范围内，禁止一切破坏植被的活动。禁止在沙化土地封禁保护区范围内安置移民。

117. AC　**【解析】**根据《全国生态环境保护纲要》，对具有重要生态功能的林区、草原，应划为禁垦区、禁伐区或禁牧区，严格管护。

118. AB　**【解析】**根据《畜禽规模养殖污染防治条例》第 11 条的规定，禁止在下列区域内建设畜禽养殖场、养殖小区：①饮用水水源保护区，风景名胜区；②自然保护区的核心区和缓冲区；③城镇居民区、文化教育科学研究区等人口集中区域；④法律、法规规定的其他禁止养殖区域。

119. AC　**【解析】**根据《中华人民共和国自然保护区条例》第 18、27 条的规定，自然保护区核心区禁止任何单位和个人进入。因科学研究的需要，必须进入核心区从事科学研究观测、调查活动的，应当事先向自然保护区管理机构提交申请和活动计划，并经自然保护区管理机构批准；其中，进入国家级自然保护区核心区的，应当经省、自治区、直辖市人民政府有关自然保护区行政主管部门批准。核心区外围可以划定一定面积的缓冲区，只准进入从事科学研究观测活动。

120. AB　**【解析】**根据《防治海洋工程建设项目污染损害海洋环境管理条例》第 11 条的规定，必须由国家海洋主管部门核准的情形包括：①涉及国家海洋权益、国防安全等特殊性质的工程；②海洋矿产资源勘探开发及其附属工程；③50 公顷以上的填海工程，100 公顷以上的围海工程；④潮汐电站、波浪电站、温差电站等海洋能源开发利用工程；⑤由国务院或者国务院有关部门审批的海洋工程。海上石油钻井平台则属于海洋矿产资源勘探开发工程。

押题模拟试卷（二）

一、单项选择题

1. A 【解析】《中华人民共和国宪法》是环境保护法律法规体系建立的依据和基础。

2. B 【解析】根据《中华人民共和国环境保护法》第45条的规定，国家依照法律规定实行排污许可管理制度。实行排污许可管理的企业事业单位和其他生产经营者应当按照排污许可证的要求排放污染物；未取得排污许可证的，不得排放污染物。

3. B 【解析】《中华人民共和国环境保护法》第2条规定，环境是指影响人类生存和发展的各种天然的和经过人工改造的自然因素的总体。

4. B 【解析】《中华人民共和国环境保护法》第23条规定，企业事业单位和其他生产经营者，为改善环境，依照有关规定转产、搬迁、关闭的，人民政府应当予以支持。

5. D 【解析】根据《中华人民共和国环境保护法》第29条的规定，各级人民政府对具有代表性的各种类型的自然生态系统区域，珍稀、濒危的野生动植物自然分布区域，重要的水源涵养区域，具有重大科学文化价值的地质构造、著名溶洞和化石分布区、冰川、火山、温泉等自然遗迹，以及人文遗迹、古树名木，应当采取措施予以保护，严禁破坏。

6. A 【解析】根据《中华人民共和国环境保护法》第46条的规定，禁止引进不符合我国环境保护规定的技术、设备、材料和产品。

7. C 【解析】根据《中华人民共和国环境影响评价法》第4条的规定，环境影响评价必须客观、公开、公正，综合考虑规划或者建设项目实施后对各种环境因素及其所构成的生态系统可能造成的影响，为决策提供科学依据。

8. A 【解析】根据《规划环境影响评价条例》第11条的规定，环境影响篇章或者说明应当包括：①规划实施对环境可能造成影响的分析、预测和评估，主要包括资源环境承载能力分析、不良环境影响的分析和预测以及与相关规划的环境协调性分析；②预防或者减轻不良环境影响的对策和措施，主要包括预防或者减轻不良环境影响的政策、管理或者技术等措施。

9. C 【解析】根据《规划环境影响评价条例》第20条的规定，有下列情形之一的，审查小组应当提出对环境影响报告书进行修改并重新审查的意见：①基础资料、数据失实的；②评价方法选择不当的；③对不良环境影响的分析、预测和评估不准确、不深入，需要进一步论证的；④预防或者减轻不良环境影响的对策和措施存在严重缺陷的；⑤环境影响评价结论不明确、不合理或者错误的；⑥未附具对公众意见采纳与不采纳情况及其理由的说明，或者不采纳公众意见的理由明显不合理的；⑦内容存在其他重大缺陷或者遗漏的。

10. B 【解析】根据《编制环境影响报告书的规划的具体范围（试行）》，流域水电规划应编制环境影响报告书。《中华人民共和国环境影响评价法》第8条规定，国务院有关部门、设区的市级以上地方人民政府及其有关部门，对其组织编制的工业、农业、畜牧业、林业、能源、水利、交通、城市建设、旅游、自然资源开发的有关专项规划，应当在该专项规划草案上报审批前，组织进行环境影响评价，并向审批该专项规划的机关提出环境影响报告书。根据《规划环境影响评价条例》第16条的规定，规划编制机关在报送审批专项规划草案时，应当将环境影响报告书一并附送规划审批机关审查；未附送环境影响报告书的，规划审批机关应当要求其补充；未补充的，规划审批机关不予审批。

11. C　【解析】根据《中华人民共和国环境保护法》第42条的规定，排放污染物的企业事业单位，应当建立环境保护责任制度，明确单位负责人和相关人员的责任。

12. C　【解析】根据《中华人民共和国环境影响评价法》第14条的规定，设区的市级以上人民政府或者省级以上人民政府有关部门在审批专项规划草案时，应当将环境影响报告书结论以及审查意见作为决策的重要依据。在审批中未采纳环境影响报告书结论以及审查意见的，应当作出说明，并存档备查。

13. B　【解析】根据《中华人民共和国环境影响评价法》第18条的规定，建设项目的环境影响评价，应当避免与规划的环境影响评价相重复。作为一项整体建设项目的规划，按照建设项目进行环境影响评价，不进行规划的环境影响评价。

14. A　【解析】根据《中华人民共和国环境影响评价法》第24条的规定，建设项目的环境影响评价文件经批准后，建设项目的性质、规模、地点、采用的生产工艺或者防治污染、防止生态破坏的措施发生重大变动的，建设单位应当重新报批建设项目的环境影响评价文件。

15. D　【解析】根据《建设项目环境保护管理条例》第12条的规定，建设项目环境影响报告书、环境影响报告表自批准之日起满5年，建设项目方开工建设的，其环境影响报告书、环境影响报告表应当报原审批部门重新审核。原审批部门应当自收到建设项目环境影响报告书、环境影响报告表之日起10日内，将审核意见书面通知建设单位；逾期未通知的，视为审核同意。

16. A　【解析】根据《建设项目环境保护管理条例》第7条的规定，国家根据建设项目对环境的影响程度，按照下列规定对建设项目的环境保护实行分类管理：①建设项目对环境可能造成重大影响的，应当编制环境影响报告书，对建设项目产生的污染和对环境的影响进行全面、详细的评价；②建设项目对环境可能造成轻度影响的，应当编制环境影响报告表，对建设项目产生的污染和对环境的影响进行分析或者专项评价；③建设项目对环境影响很小，不需要进行环境影响评价的，应当填报环境影响登记表。建设项目环境影响评价分类管理名录，由国务院环境保护行政主管部门在组织专家进行论证和征求有关部门、行业协会、企事业单位、公众等意见的基础上制定并公布。

17. B　【解析】根据《建设项目环境保护事中事后监督管理办法（试行）》第6条的规定，事中监督管理的内容主要是，经批准的环境影响评价文件及批复中提出的环境保护措施落实情况和公开情况；施工期环境监理和环境监测开展情况；竣工环境保护验收和排污许可证的实施情况；环境保护法律法规的遵守情况和环境保护部门做出的行政处罚决定落实情况。事后监督管理的内容主要是，生产经营单位遵守环境保护法律、法规的情况进行监督管理；产生长期性、累积性和不确定性环境影响的水利、水电、采掘、港口、铁路、冶金、石化、化工以及核设施、核技术利用和铀矿冶等编制环境影响报告书的建设项目，生产经营单位开展环境影响后评价及落实相应改进措施的情况。

18. C　**【解析】**根据《中华人民共和国环境影响评价法》第 24 条的规定，建设项目的环境影响评价文件经批准后，建设项目的性质、规模、地点、采用的生产工艺或者防治污染、防止生态破坏的措施发生重大变动的，建设单位应当重新报批建设项目的环境影响评价文件。

19. C　**【解析】**根据《建设项目环境影响登记表备案管理办法》第 6、7、11 条的规定，建设项目的建设地点涉及多个县级行政区域的，建设单位应当分别向各建设地点所在地的县级生态环境主管部门备案。建设项目环境影响登记表备案采用网上备案方式。对国家规定需要保密的建设项目，建设项目环境影响登记表备案采用纸质备案方式。建设单位填报建设项目环境影响登记表时，应当同时就其填报的环境影响登记表内容的真实、准确、完整作出承诺，并在登记表中的相应栏目由该建设单位的法定代表人或者主要负责人签署姓名。

20. D　**【解析】**根据《中华人民共和国环境影响评价法》第 8 条的规定，国务院有关部门、设区的市级以上地方人民政府及其有关部门，对其组织编制的工业、农业、畜牧业、林业、能源、水利、交通、城市建设、旅游、自然资源开发的有关专项规划，应当在该专项规划草案上报审批前，组织进行环境影响评价，并向审批该专项规划的机关提出环境影响报告书。

21. D　**【解析】**根据《建设项目环境保护管理条例》第 10 条的规定，国务院环境保护行政主管部门负责审批下列建设项目环境影响报告书、环境影响报告表：①核设施、绝密工程等特殊性质的建设项目；②跨省、自治区、直辖市行政区域的建设项目；③国务院审批的或者国务院授权有关部门审批的建设项目。

22. A　**【解析】**根据《建设项目环境保护管理条例》第 15 条的规定，建设项目需要配套建设的环境保护设施，必须与主体工程同时设计、同时施工、同时投产使用。

23. B　**【解析】**根据《中华人民共和国环境影响评价法》第 23 条的规定，建设项目可能造成跨行政区域的不良环境影响，有关生态环境主管部门对该项目的环境影响评价结论有争议的，其环境影响评价文件由共同的上一级生态环境主管部门审批。

24. D　**【解析】**根据《建设项目环境保护管理条例》第 12 条的规定，审核、审批建设项目环境影响报告书、环境影响报告表及备案环境影响登记表，不得收取任何费用。

25. D　**【解析】**根据《中华人民共和国环境影响评价法》第 17 条的规定，建设项目的环境影响报告书应当包括下列内容：①建设项目概况；②建设项目周围环境现状；③建设项目对环境可能造成影响的分析、预测和评估；④建设项目环境保护措施及其技术、经济论证；⑤建设项目对环境影响的经济损益分析；⑥对建设项目实施环境监测的建议；⑦环境影响评价的结论。

26. D 【解析】选项 A 错误，禁止新建、扩建生产和使用作为制冷剂、发泡剂、灭火剂、溶剂、清洗剂、加工助剂、气雾剂、土壤熏蒸剂等受控用途的消耗臭氧层物质的建设项目。选项 B 错误，新建、改建、扩建副产四氯化碳的建设项目，应当配套建设四氯化碳处置设施。选项 C 错误，改建、异址建设生产受控用途的消耗臭氧层物质的建设项目，禁止增加消耗臭氧层物质生产能力。

27. D 【解析】根据《关于进一步加强石油天然气行业环境影响评价管理的通知》，编制油气开发相关专项规划，应当依法同步编制规划环境影响报告书，报送生态环境主管部门依法召集审查。

28. D 【解析】根据《建设项目环境影响报告书（表）编制监督管理办法》第 26 条的规定，在监督检查过程中发现环境影响报告书（表）不符合有关环境影响评价法律法规、标准和技术规范等规定、存在下列质量问题之一的，由市级以上生态环境主管部门对建设单位、技术单位和编制人员给予通报批评：①评价因子中遗漏建设项目相关行业污染源源强核算或者污染物排放标准规定的相关污染物的；②降低环境影响评价工作等级，降低环境影响评价标准，或者缩小环境影响评价范围的；③建设项目概况描述不全或者错误的；④环境影响因素分析不全或者错误的；⑤污染源源强核算内容不全，核算方法或者结果错误的；⑥环境质量现状数据来源、监测因子、监测频次或者布点等不符合相关规定，或者所引用数据无效的；⑦遗漏环境保护目标，或者环境保护目标与建设项目位置关系描述不明确或者错误的；⑧环境影响评价范围内的相关环境要素现状调查与评价、区域污染源调查内容不全或者结果错误的；⑨环境影响预测与评价方法或者结果错误，或者相关环境要素、环境风险预测与评价内容不全的；⑩未按相关规定提出环境保护措施，所提环境保护措施或者其可行性论证不符合相关规定的。选项 D 属于由市级以上生态环境主管部门对建设单位及其相关人员、技术单位、编制人员予以处罚的情形。

29. B 【解析】根据《中华人民共和国大气污染防治法》第 33 条的规定，禁止开采含放射性和砷等有毒有害物质超过规定标准的煤炭。

30. D 【解析】根据《建设项目环境保护管理条例》第 14 条的规定，建设单位编制环境影响报告书，应当依照有关法律规定，征求建设项目所在地有关单位和居民的意见。

31. A 【解析】根据《建设项目环境保护管理条例》第 9 条的规定，依法应当编制环境影响报告书、环境影响报告表的建设项目，建设单位应当在开工建设前将环境影响报告书、环境影响报告表报有审批权的环境保护行政主管部门审批；建设项目的环境影响评价文件未依法经审批部门审查或者审查后未予批准的，建设单位不得开工建设。

32. B 【解析】根据《中华人民共和国放射性污染防治法》第 20 条的规定，禁止任何单位或者个人向江河、湖泊、运河、渠道、水库及其最高水位线以下的滩地和岸坡以及法律法规规定的其他地点倾倒、堆放、贮存固体废物。

33. D 【解析】根据《建设项目环境影响评价文件分级审批规定》第 8 条的规定，电石等对环境可能造成重大影响的建设项目环境影响评价文件由省级环境保护部门负责审批，而化工、造纸、印染等污染较重的建设项目环境影响评价文件由省级或地级市环境保护部门负责审批。

34. A 【解析】根据《中华人民共和国环境影响评价法》第 27 条的规定，在项目建设、运行过程中产生不符合经审批的环境影响评价文件的情形的，建设单位应当组织环境影响的后评价，采取改进措施，并报原环境影响评价文件审批部门和建设项目审批部门备案；原环境影响评价文件审批部门也可以责成建设单位进行环境影响的后评价，采取改进措施。

35. B 【解析】根据《中华人民共和国固体废物污染环境防治法》第 41 条的规定，产生工业固体废物的单位发生变更的，变更后的单位应当按照国家有关环境保护的规定对未处置的工业固体废物及其贮存、处置的设施、场所进行安全处置或者采取有效措施保证该设施、场所安全运行。变更前当事人对工业固体废物及其贮存、处置的设施、场所的污染防治责任另有约定的，从其约定；但是，不得免除当事人的污染防治义务。

36. A 【解析】根据《建设项目环境影响评价文件分级审批规定》第 10 条的规定，下级环境保护部门超越法定职权、违反法定程序或者条件做出环境影响评价文件审批决定的，上级环境保护部门可以按照下列规定处理：①依法撤销或者责令其撤销超越法定职权、违反法定程序或者条件做出的环境影响评价文件审批决定。②对超越法定职权、违反法定程序或者条件做出环境影响评价文件审批决定的直接责任人员，建议由任免机关或者监察机关依照《环境保护违法违纪行为处分暂行规定》，对直接责任人员，给予警告、记过或者记大过处分；情节较重的，给予降级处分；情节严重的，给予撤职处分。

37. D 【解析】根据《进一步加强环境影响评价管理防范环境风险的通知》，环境风险识别应包括生产设施和危险物质的识别，有毒有害物质扩散途径的识别（如大气环境、水环境、土壤等）以及可能受影响的环境保护目标的识别。

38. C 【解析】《建设项目环境影响评价行为准则与廉政规定》中规定，承担建设项目竣工环境保护验收监测或调查工作的单位及其验收监测或调查人员，应当遵守以下行为准则：①验收监测或调查单位及其主要负责人应当对建设项目竣工环境保护验收监测报告或验收调查报告结论负责；②建立严格的质量审核制度和质量保证体系，严格按照国家有关法律法规规章、技术规范和技术要求，开展验收监测或调查工作和编制验收监测或验收调查报告，并接受环境保护行政主管部门的日常监督检查；③验收监测报告或验收调查报告应当如实反映建设项目环境影响评价文件的落实情况及其效果；④禁止泄露建设项目技术秘密和业务秘密；⑤在验收监测或调查过程中不得隐瞒真实情况、提供虚假材料、编造数据或者实施其他弄虚作假行为；⑥验收监测或调查收费应当严格执行国家和地方有关规定；⑦不得在验收监测或调查工作中为个人谋取私利；⑧不得进行其他妨碍验收监测或调查工作廉洁、独立、客观、公正的行为。

39. A 【解析】根据《中华人民共和国土壤污染防治法》第 23 条的规定，各级人民政府生态环境、自然资源主管部门应当依法加强对矿产资源开发区域土壤污染防治的监督管理，按照相关标准和总量控制的要求，严格控制可能造成土壤污染的重点污染物排放。尾矿库运营、管理单位应当按照规定，加强尾矿库的安全管理，采取措施防止土壤污染。危库、险库、病库以及其他需要重点监管的尾矿库的运营、管理单位应当按照规定，进行土壤污染状况监测和定期评估。

40. B 【解析】根据《中华人民共和国大气污染防治法》第 46 条的规定，工业涂装企业应当使用低挥发性有机物含量的涂料，并建立台账，记录生产原料、辅料的使用量、废弃量、去向以及挥发性有机物含量。台账保存期限不得少于 3 年。

41. B 【解析】根据《中华人民共和国水污染防治法》第 37 条的规定，禁止将含有汞、镉、砷、铬、铅、氰化物、黄磷等的可溶性剧毒废渣向水体排放、倾倒或者直接埋入地下。

42. C 【解析】根据《中华人民共和国水污染防治法》第 63 条的规定，饮用水水源保护区分为一级保护区和二级保护区；必要时，可以在饮用水水源保护区外围划定一定的区域作为准保护区。

43. A 【解析】根据《中华人民共和国环境噪声污染防治法》的规定，在噪声敏感建筑物集中区域，禁止夜间进行产生噪声的建筑施工作业。"夜间"是指晚上 10 点至次日早晨 6 点之间的期间。

44. B 【解析】根据《中华人民共和国固体废物污染环境防治法》第 81 条的规定，收集、贮存危险废物，应当按照危险废物特性分类进行。禁止混合收集、贮存、运输、处置性质不相容而未经安全性处置的危险废物。贮存危险废物应当采取符合国家环境保护标准的防护措施，并不得超过 1 年。禁止将危险废物混入非危险废物中贮存。

45. B 【解析】根据《中华人民共和国固体废物污染环境防治法》第 40 条的规定，产生工业固体废物的单位应当根据经济、技术条件对工业固体废物加以利用；对暂时不利用或者不能利用的，应当按照国务院生态环境主管部门的规定建设贮存设施、场所，安全分类存放，或者采取无害化处置措施。

46. B 【解析】根据《中华人民共和国固体废物污染环境防治法》第 55 条的规定，禁止擅自关闭、闲置或者拆除生活垃圾处理设施、场所；确有必要关闭、闲置或者拆除的，应当经所在地的市、县级人民政府环境卫生主管部门商所在地生态环境主管部门同意后核准，并采取防止污染环境的措施。

47. C 【解析】根据《中华人民共和国海洋环境保护法》第 48 条的规定，禁止在自然保护地、重要渔业水域、海水浴场、生态保护红线区域及其他需要特别保护的区域，新设工业排污口和城镇污水处理厂排污口；法律、行政法规另有规定的除外。

48. D 【解析】根据《中华人民共和国海洋环境保护法》第 54 条的规定，向海域排放含热废水，应当采取有效措施，保证邻近自然保护地、渔业水域的水温符合国家和地方海洋环境质量标准，避免热污染对珍稀濒危海洋生物、海洋水产资源造成危害。

49. B 【解析】根据《中华人民共和国海洋环境保护法》第 47 条的规定，生态环境主管部门应当在完成备案后 15 个工作日内将入海排污口设置情况通报自然资源、渔业等部门和海事管理机构、海警机构、军队生态环境保护部门。

50. C 【解析】根据《中华人民共和国放射性污染防治法》第 45 条的规定，产生放射性固体废物的单位，应当按照国务院环境保护行政主管部门的规定，对其产生的放射性固体废物进行处理后，送交放射性固体废物处置单位处置，并承担处置费用。

51. D 【解析】根据《中华人民共和国放射性污染防治法》第 43 条的规定，低、中水平放射性固体废物在符合国家规定的区域实行近地表处置；高水平放射性固体废物实行集中的深地质处置。

52. D 【解析】根据《中华人民共和国清洁生产促进法》第 19 条的规定，企业在进行技术改造过程中，应当采取以下清洁生产措施：①采用无毒、无害或者低毒、低害的原料，替代毒性大、危害严重的原料；②采用资源利用率高、污染物产生量少的工艺和设备，替代资源利用率低、污染物产生量多的工艺和设备；③对生产过程中产生的废物、废水和余热等进行综合利用或者循环使用；④采用能够达到国家或者地方规定的污染物排放标准和污染物排放总量控制指标的污染防治技术。

53. B 【解析】根据《中华人民共和国循环经济促进法》第 4 条的规定，发展循环经济应当在技术可行、经济合理和有利于节约资源、保护环境的前提下，按照减量化优先的原则实施。

54. D 【解析】根据《中华人民共和国循环经济促进法》第 2 条的规定，再利用是指将废物直接作为产品或者经修复、翻新、再制造后继续作为产品使用，或者将废物的全部或者部分作为其他产品的部件予以使用。

55. A 【解析】根据《中华人民共和国循环经济促进法》第 19 条的规定，对在拆解和处置过程中可能造成环境污染的电器电子等产品，不得设计使用国家禁止使用的有毒有害物质。禁止在电器电子等产品中使用的有毒有害物质名录，由国务院循环经济发展综合管理部门会同国务院生态环境保护等有关主管部门制定。

56. D 【解析】根据《中华人民共和国水法》第 21 条的规定，开发、利用水资源，应当首先满足城乡居民生活用水，并兼顾农业、工业、生态环境用水以及航运等需要。在干旱和半干旱地区开发、利用水资源，应当充分考虑生态环境用水需要。

57. D 【解析】根据《中华人民共和国节约能源法》第 3 条的规定，节约能源是指加强用能管理，采取技术上可行、经济上合理以及环境和社会可以承受的措施，从能源生产到消费的各个环节，降低消耗、减少损失和污染物排放、制止浪费，有效、合理地利用能源。

58. D 【解析】根据《中华人民共和国防沙治沙法》第 21 条的规定，在沙化土地范围内从事开发建设活动的，必须事先就该项目可能对当地及相关地区生态产生的影响进行环境影响评价，依法提交环境影响报告；环境影响报告应当包括有关防沙治沙的内容。

59. B 【解析】根据《中华人民共和国草原法》第 18 条的规定，编制草原保护、建设、利用规划，应当依据国民经济和社会发展规划并遵循下列原则：①改善生态环境，维护生物多样性，促进草原的可持续利用；②以现有草原为基础，因地制宜，统筹规划，分类指导；③保护为主、加强建设、分批改良、合理利用；④生态效益、经济效益、社会效益相结合。

60. C 【解析】根据《中华人民共和国草原法》第 17 条的规定，国家对草原保护、建设、利用实行统一规划制度。国务院草原行政主管部门会同国务院有关部门编制全国草原保护、建设、利用规划，报国务院批准后实施。

61. C 【解析】根据《中华人民共和国文物保护法》第 20 条的规定，全国重点文物保护单位不得拆除；需要迁移的，须由省、自治区、直辖市人民政府报国务院批准。

62. C 【解析】根据《中华人民共和国森林法》第 37 条的规定，矿藏勘查、开采以及其他各类工程建设，应当不占或者少占林地；确需占用林地的，应当经县级以上人民政府林业主管部门审核同意，依法办理建设用地审批手续。占用林地的单位应当缴纳森林植被恢复费。

63. D 【解析】根据《中华人民共和国森林法》第 39 条的规定，禁止毁林开垦、采石、采砂、采土以及其他毁坏林木和林地的行为。禁止向林地排放重金属或者其他有毒有害物质含量超标的污水、污泥，以及可能造成林地污染的清淤底泥、尾矿、矿渣等。禁止在幼林地砍柴、毁苗、放牧。禁止擅自移动或者损坏森林保护标志。

64. D 【解析】在中华人民共和国的内水、滩涂、领海、专属经济区以及中华人民共和国管辖的一切其他海域从事养殖和捕捞水生动物、水生植物等渔业生产活动，都必须遵守《中华人民共和国渔业法》。

65. B 【解析】根据《中华人民共和国矿产资源法》第 34 条的规定，国务院规定由指定的单位统一收购的矿产品，任何其他单位或者个人不得收购；开采者不得向非指定单位销售。

66. B 【解析】根据《中华人民共和国土地管理法》第 30 条的规定，国家保护耕地，严格控制耕地转为非耕地。国家实行占用耕地补偿制度。非农业建设经批准占用耕地的，按照“占多少，垦多少”的原则，由占用耕地的单位负责开垦与所占用耕地的数量和质量相当的耕地；没有条件开垦或者开垦的耕地不符合要求的，应当按照省、自治区、直辖市的规定缴纳耕地开垦费，专款用于开垦新的耕地。省、自治区、直辖市人民政府应当制定开垦耕地计划，监督占用耕地的单位按照计划开垦耕地或者按照计划组织开垦耕地，并进行验收。

67. A 【解析】根据《中华人民共和国土地管理法》第 53 条的规定，经批准的建设项目需要使用国有建设用地的，建设单位应当持法律、行政法规规定的有关文件，向有批准权的县级以上人民政府自然资源主管部门提出建设用地申请，经自然资源主管部门审查，报本级人民政府批准。

68. B　**【解析】**根据《中华人民共和国水土保持法》第28条的规定，依法应当编制水土保持方案的生产建设项目，其生产建设活动中排弃的砂、石、土、矸石、尾矿、废渣等应当综合利用；不能综合利用，确需废弃的，应当堆放在水土保持方案确定的专门存放地，并采取措施保证不产生新的危害。

69. C　**【解析】**根据《中华人民共和国水土保持法》第24条的规定，生产建设项目选址、选线应当避让水土流失重点预防区和重点治理区；无法避让的，应当提高防治标准，优化施工工艺，减少地表扰动和植被损坏范围，有效控制可能造成的水土流失。

70. B　**【解析】**根据《中华人民共和国水土保持法》第38条的规定，对生产建设活动所占用土地的地表土应当进行分层剥离、保存和利用，做到土石方挖填平衡，减少地表扰动范围；对废弃的砂、石、土、矸石、尾矿、废渣等存放地，应当采取拦挡、坡面防护、防洪排导等措施。生产建设活动结束后，应当及时在取土场、开挖面和存放地的裸露土地上植树种草、恢复植被，对闭库的尾矿库进行复垦。

71. A　**【解析】**根据《中华人民共和国清洁生产促进法》第19条的规定，企业在进行技术改造过程中，应当采取以下清洁生产措施：①采用无毒、无害或者低毒、低害的原料，替代毒性大、危害严重的原料；②采用资源利用率高、污染物产生量少的工艺和设备，替代资源利用率低、污染物产生量多的工艺和设备；③对生产过程中产生的废物、废水和余热等进行综合利用或者循环使用；④采用能够达到国家或者地方规定的污染物排放标准和污染物排放总量控制指标的污染防治技术。

72. D　**【解析】**根据《中华人民共和国防洪法》第29条的规定，洪泛区、蓄滞洪区和防洪保护区的范围，在防洪规划或者防御洪水方案中划定，并报请省级以上人民政府按照国务院规定的权限批准后予以公告。

73. C　**【解析】**根据《中华人民共和国水法》第26条的规定，建设水力发电站，应当保护生态环境，兼顾防洪、供水、灌溉、航运、竹木流放和渔业等方面的需要。

74. C　**【解析】**根据《中华人民共和国草原法》第42条的规定，国家实行基本草原保护制度。下列草原应当划为基本草原，实施严格管理：①重要放牧场；②割草地；③用于畜牧业生产的人工草地、退耕还草地以及改良草地、草种基地；④对调节气候、涵养水源、保持水土、防风固沙具有特殊作用的草原；⑤作为国家重点保护野生动植物生存环境的草原；⑥草原科研、教学试验基地；⑦国务院规定应当划为基本草原的其他草原。

75. A　**【解析】**根据《中华人民共和国河道管理条例》第12、16条的规定，修建桥梁、码头和其他设施，必须按照国家规定的防洪标准所确定的河宽进行，不得缩窄行洪通道。桥梁和栈桥的梁底必须高于设计洪水位，并按照防洪和航运的要求，留有一定的超高。跨越河道的管道、线路的净空高度必须符合防洪和航运的要求。城镇建设和发展不得占用河道滩地。

76. C 【解析】根据《中华人民共和国河道管理条例》第 16 条的规定，城镇建设和发展不得占用河道滩地。城镇规划的临河界限，由河道主管机关会同城镇规划等有关部门确定。

77. D 【解析】根据《风景名胜区条例》第 26 条的规定，在风景名胜区内禁止进行下列活动：①开山、采石、开矿、开荒、修坟立碑等破坏景观、植被和地形地貌的活动；②修建储存爆炸性、易燃性、放射性、毒害性、腐蚀性物品的设施；③在景物或者设施上刻划、涂污；④乱扔垃圾。新建疗养院为限制性活动。

78. A 【解析】根据《基本农田保护条例》第 10 条的规定，下列耕地应当划入基本农田保护区，严格管理：①经国务院有关主管部门或者县级以上地方人民政府批准确定的粮、棉、油生产基地内的耕地；②有良好的水利与水土保护设施的耕地，正在实施改造计划以及可以改造的中、低产田；③蔬菜生产基地；④农业科研、教学试验田。根据土地利用总体规划，铁路、公路等交通沿线，城市和村庄、集镇建设用地区周边的耕地，应当优先划入基本农田保护区。需要退耕还林、还牧、还湖的耕地，不应当划入基本农田保护区。

79. B 【解析】根据《基本农田保护条例》第 17、25 条的规定，禁止任何单位和个人在基本农田保护区内建窑、建房、建坟、挖砂、采石、采矿、取土、堆放固体废弃物或者进行其他破坏基本农田活动。禁止任何单位和个人占用基本农田发展林果业和挖塘养鱼。向基本农田保护区提供肥料和作为肥料的城市垃圾、污泥的，应当符合国家有关标准。

80. C 【解析】根据《危险化学品安全管理条例》第 7 条的规定，负有危险化学品安全监督管理职责的部门依法进行监督检查，监督检查人员不得少于 2 人，并应当出示执法证件。

81. D 【解析】根据《中华人民共和国土地管理法》第 33 条的规定，国家实行永久基本农田保护制度。下列耕地应当根据土地利用总体规划划为永久基本农田，实行严格保护：①经国务院农业农村主管部门或者县级以上地方人民政府批准确定的粮、棉、油、糖等重要农产品生产基地内的耕地；②有良好的水利与水土保持设施的耕地，正在实施改造计划以及可以改造的中、低产田和已建成的高标准农田；③蔬菜生产基地；④农业科研、教学试验田；⑤国务院规定应当划为永久基本农田的其他耕地。

82. A 【解析】根据《防治海岸工程建设项目污染损害海洋环境管理条例》第 2 条的规定，海岸工程建设项目具体包括：①港口、码头、航道、滨海机场工程项目；②造船厂、修船厂；③滨海火电站、核电站、风电站；④滨海物资存储设施工程项目；⑤滨海矿山、化工、轻工、冶金等工业工程项目；⑥固体废弃物、污水等污染物处理处置排海工程项目；⑦滨海大型养殖场；⑧海岸防护工程、砂石场和入海河口处的水利设施；⑨滨海石油勘探开发工程项目；⑩国务院环境保护主管部门会同国家海洋主管部门规定的其他海岸工程项目。

83. A 【解析】根据《防治海洋工程建设项目污染损害海洋环境管理条例》第3条的规定，海洋工程建设项目主要包括：①围填海、海上堤坝工程；②人工岛、海上和海底物资储藏设施、跨海桥梁、海底隧道工程；③海底管道、海底电（光）缆工程；④海洋矿产资源勘探开发及其附属工程；⑤海上潮汐电站、波浪电站、温差电站等海洋能源开发利用工程；⑥大型海水养殖场、人工鱼礁工程；⑦盐田、海水淡化等海水综合利用工程；⑧海上娱乐及运动、景观开发工程；⑨国家海洋主管部门会同国务院环境保护主管部门规定的其他海洋工程。而码头属于海岸工程建设项目。

84. A 【解析】根据《防治海洋工程建设项目污染损害海洋环境管理条例》第9条的规定，海洋工程可能对海岸生态环境产生破坏的，其环境影响报告书中应当增加工程对近岸自然保护区等陆地生态系统影响的分析和评价。

85. C 【解析】根据《环境影响评价公众参与办法》第27条的规定，生态环境主管部门应当自作出建设项目环境影响报告书审批决定之日起7个工作日内，通过其网站或者其他方式向社会公告审批决定全文，并依法告知提起行政复议和行政诉讼的权利及期限。

86. B 【解析】根据《中华人民共和国自然保护区条例》第26条的规定，禁止在自然保护区内进行砍伐、放牧、狩猎、捕捞、采药、开垦、烧荒、开矿、采石、挖沙等活动。但是，法律、行政法规另有规定的除外。

87. D 【解析】根据《土地复垦条例》第3条的规定，生产建设活动损毁的土地，按照“谁损毁，谁复垦”的原则，由生产建设单位或者个人（以下称土地复垦义务人）负责复垦。但是，由于历史原因无法确定土地复垦义务人的生产建设活动损毁的土地（以下称历史遗留损毁土地），由县级以上人民政府负责组织复垦。自然灾害损毁的土地，由县级以上人民政府负责组织复垦。

88. A 【解析】根据《污染地块土壤环境管理办法（试行）》第10条的规定，按照“谁污染，谁治理”原则，造成土壤污染的单位或者个人应当承担治理与修复的主体责任。责任主体发生变更的，由变更后继承其债权、债务的单位或者个人承担相关责任。责任主体灭失或者责任主体不明确的，由所在地县级人民政府依法承担相关责任。土地使用权依法转让的，由土地使用权受让人或者双方约定的责任人承担相关责任。土地使用权终止的，由原土地使用权人对其使用该地块期间所造成的土壤污染承担相关责任。土壤污染治理与修复实行终身责任制。

89. A 【解析】根据《关于进一步加强环境影响评价管理防范环境风险的通知》，对石油天然气开采、油气/液体化工仓储及运输、石化化工等重点行业建设项目，应进一步加强环境影响评价管理，针对环境影响评价文件编制与审批、工程设计与施工、试运行、竣工环保验收等各个阶段实施全过程监管，强化环境风险防范及应急管理要求。

90. C 【解析】根据《危险化学品安全管理条例》第19条的规定，重大危险源是指生产、储存、使用或者搬运危险化学品，且危险化学品的数量等于或者超过临界量的单元（包括场所和设施）。

二、不定项选择题

91. ACD　**【解析】**《中华人民共和国大气污染法》是环境保护的单行法。

92. ABCD　**【解析】**《中华人民共和国环境保护法》第 60 条规定，企业事业单位和其他生产经营者超过污染物排放标准或者超过重点污染物排放总量控制指标排放污染物的，县级以上人民政府环境保护主管部门可以责令其采取限制生产、停产整治等措施；情节严重的，报经有批准权的人民政府批准，责令停业、关闭。

93. ABC　**【解析】**根据《中华人民共和国环境保护法》第 47 条的规定，在发生或者可能发生突发环境事件时，企业事业单位应当立即采取措施处理，及时通报可能受到危害的单位和居民，并向环境保护主管部门和有关部门报告。

94. ABD　**【解析】**根据《中华人民共和国环境保护法》第 54 条的规定，国务院环境保护主管部门统一发布国家环境质量、重点污染源监测信息及其他重大环境信息。省级以上人民政府环境保护主管部门定期发布环境状况公报。

95. ABCD　**【解析】**《中华人民共和国环境保护法》第 55 条规定，重点排污单位应当如实向社会公开其主要污染物的名称、排放方式、排放浓度和总量、超标排放情况，以及防治污染设施的建设和运行情况，接受社会监督。

96. ABD　**【解析】**《规划环境影响评价条例》第 26 条规定，规划编制机关对规划环境影响进行跟踪评价，应当采取调查问卷、现场走访、座谈会等形式征求有关单位、专家和公众的意见。

97. ABCD　**【解析】**根据《中华人民共和国环境影响评价法》第 23 条的规定，国务院生态环境主管部门负责审批下列建设项目的环境影响评价文件：①核设施、绝密工程等特殊性质的建设项目；②跨省、自治区、直辖市行政区域的建设项目；③由国务院审批的或者由国务院授权有关部门审批的建设项目。

98. CD　**【解析】**根据《中华人民共和国土壤污染防治法》第 3 条的规定，土壤污染防治应当坚持预防为主、保护优先、分类管理、风险管控、污染担责、公众参与的原则。

99. ABC　**【解析】**根据《中华人民共和国大气污染防治法》第 27 条的规定，国家对严重污染大气环境的工艺、设备和产品实行淘汰制度。国务院经济综合主管部门会同国务院有关部门确定严重污染大气环境的工艺、设备和产品淘汰期限，并纳入国家综合性产业政策目录。生产者、进口者、销售者或者使用者应当在规定期限内停止生产、进口、销售或者使用列入前款规定目录中的设备和产品。工艺的采用者应当在规定期限内停止采用列入前款规定目录中的工艺。被淘汰的设备和产品，不得转让给他人使用。

100. ACD　**【解析】**根据《中华人民共和国大气污染防治法》第 33 条的规定，禁止开采含放射性和砷等有毒有害物质超过规定标准的煤炭，选项 B 错误。

101. ACD 【解析】根据《中华人民共和国水污染防治法》第 10、19 条的规定，排放污染物不得超过国家或者地方规定的水污染物排放标准。新建、改建、扩建直接或者间接向水体排放污染物的建设项目和其他水上设施，应当依法进行环境影响评价。建设项目的水污染防治设施，应当与主体工程同时设计、同时施工、同时投入使用。

102. ABC 【解析】根据《中华人民共和国水污染防治法》第 49 条的规定，城镇污水应当集中处理。县级以上地方人民政府应当通过财政预算和其他渠道筹集资金，统筹安排建设城镇污水集中处理设施及配套管网，提高本行政区域城镇污水的收集率和处理率。

103. ABC 【解析】根据《中华人民共和国噪声污染防治法》第 46、88 条的规定，新建、改建、扩建经过噪声敏感建筑物集中区域的高速公路、城市高架、铁路和城市轨道交通线路等的，建设单位应当在可能造成噪声污染的重点路段设置声屏障或者采取其他减少振动、降低噪声的措施，符合有关交通基础设施工程技术规范以及标准要求。噪声敏感建筑物集中区域是指用于居住、科学研究、医疗卫生、文化教育、机关团体办公、社会福利等需要保持安静的建筑物为主的区域。

104. AD 【解析】根据《中华人民共和国噪声污染防治法》第 43、64 条的规定，在噪声敏感建筑物集中区域，禁止夜间进行产生噪声的建筑施工作业，但抢修、抢险施工作业，因生产工艺要求或者其他特殊需要必须连续施工作业的除外。禁止在噪声敏感建筑物集中区域使用高音广播喇叭，但紧急情况以及地方人民政府规定的特殊情形除外。

105. ABCD 【解析】根据《中华人民共和国固体废物污染环境防治法》第 78 条的规定，产生危险废物的单位，应当按照国家有关规定制定危险废物管理计划。危险废物管理计划应当包括减少危险废物产生量和降低危险废物危害性的措施以及危险废物贮存、利用、处置措施。危险废物管理计划应当报产生危险废物的单位所在地生态环境主管部门备案。

106. ACD 【解析】根据《中华人民共和国海洋环境保护法》第 47 条的规定，入海排污口位置的选择，应当符合国土空间用途管制要求，根据海水动力条件和有关规定，经科学论证后，报设区的市级以上人民政府生态环境主管部门备案，排除 B 项。

107. ABC 【解析】根据《中华人民共和国森林法》第 39 条的规定，禁止毁林开垦、采石、采砂、采土以及其他毁坏林木和林地的行为。禁止向林地排放重金属或者其他有毒有害物质含量超标的污水、污泥，以及可能造成林地污染的清淤底泥、尾矿、矿渣等。禁止在幼林地砍柴、毁苗、放牧。禁止擅自移动或者损坏森林保护标志。

108. AC 【解析】根据《中华人民共和国放射性污染防治法》第 18、34 条的规定，核设施选址，应当进行科学论证，并按照国家有关规定办理审批手续。在办理核设施选址审批手续前，应当编制环境影响报告书，报国务院环境保护行政主管部门审查批准；未经批准，有关部门不得办理核设施选址批准文件，排除B项。开发利用或者关闭铀（钍）矿的单位，应当在申请领取采矿许可证或者办理退役审批手续前编制环境影响报告书，报国务院环境保护行政主管部门审查批准。开发利用伴生放射性矿的单位，应当在申请领取采矿许可证前编制环境影响报告书，报省级以上人民政府环境保护行政主管部门审查批准，排除D项。

109. CD 【解析】根据《中华人民共和国水法》的规定，国家实行河道采砂许可制度，必须获得采砂许可证的单位或个人方可在河道内采砂，排除C项。在水工程保护范围内，禁止从事影响水工程运行和危害水工程安全的爆破、打井、采石、取土等活动，排除D项。

110. ABC 【解析】根据《中华人民共和国水法》第27条的规定，国家鼓励开发、利用水运资源。在水生生物洄游通道、通航或者竹木流放的河流上修建永久性拦河闸坝，建设单位应当同时修建过鱼、过船、过木设施，或者经国务院授权的部门批准采取其他补救措施，并妥善安排施工和蓄水期间的水生生物保护、航运和竹木流放，所需费用由建设单位承担。

111. ABD 【解析】根据《中华人民共和国文物保护法》第19条的规定，在文物保护单位的保护范围和建设控制地带内，不得建设污染文物保护单位及其环境的设施，不得进行可能影响文物保护单位安全及其环境的活动。对已有的污染文物保护单位及其环境的设施，应当限期治理。

112. BC 【解析】根据《中华人民共和国草原法》第40、43条的规定，需要临时占用草原的，应当经县级以上地方人民政府草原行政主管部门审核同意。临时占用草原的期限不得超过2年，并不得在临时占用的草原上修建永久性建筑物、构筑物。国务院草原行政主管部门或者省、自治区、直辖市人民政府可以按照自然保护区管理的有关规定在珍稀濒危野生动植物分布区建立草原自然保护区。

113. CD 【解析】根据《中华人民共和国自然保护区条例》第18条的规定，自然保护区可以分为核心区、缓冲区和实验区。自然保护区内保存完好的天然状态的生态系统以及珍稀、濒危动植物的集中分布地，应当划为核心区，禁止任何单位和个人进入；除依照本条例第27条的规定经批准外，也不允许进入从事科学研究活动。核心区外围可以划定一定面积的缓冲区，只准进入从事科学研究观测活动。缓冲区外围划为实验区，可以进入从事科学试验、教学实习、参观考察、旅游以及驯化、繁殖珍稀、濒危野生动植物等活动。原批准建立自然保护区的人民政府认为必要时，可以在自然保护区的外围划定一定面积的外围保护地带。

114. ABCD 【解析】根据《危险化学品安全管理条例》第3条的规定，危险化学品是指具有毒害、腐蚀、爆炸、燃烧、助燃等性质，对人体、设施、环境具有危害的剧毒化学品和其他化学品。

115. ABD 【解析】根据《中华人民共和国矿产资源法》第20条的规定，非经国务院授权的有关主管部门同意，不得在下列地区开采矿产资源：①港口、机场、国防工程设施圈定地区以内；②重要工业区、大型水利工程设施、城镇市政工程设施附近一定距离以内；③铁路、重要公路两侧一定距离以内；④重要河流、堤坝两侧一定距离以内；⑤国家划定的自然保护区、重要风景区，国家重点保护的不能移动的历史文物和名胜古迹所在地；⑥国家规定不得开采矿产资源的其他地区。

116. ABC 【解析】根据《风景名胜区条例》的规定，新设立的风景名胜区与自然保护区不得重合或者交叉；已设立的风景名胜区与自然保护区重合或者交叉的，风景名胜区规划与自然保护区规划应当相协调。风景名胜区内的建设项目应当符合风景名胜区规划，并与景观相协调，不得破坏景观、污染环境、妨碍游览。在国家级风景名胜区内修建缆车、索道等重大建设工程，项目的选址方案应当报省、自治区人民政府建设主管部门和直辖市人民政府风景名胜区主管部门核准。

117. ABD 【解析】根据《土地复垦条例》第 16 条的规定，禁止将重金属污染物或者其他有毒有害物质用作回填或者充填材料。受重金属污染物或者其他有毒有害物质污染的土地复垦后，达不到国家有关标准的，不得用于种植食用农作物。

118. ABC 【解析】根据《危险化学品安全管理条例》第 19 条的规定，危险化学品生产装置或者储存数量构成重大危险源的危险化学品储存设施（运输工具加油站、加气站除外），与下列场所、设施、区域的距离应当符合国家有关规定：①居住区以及商业中心、公园等人口密集场所；②学校、医院、影剧院、体育场（馆）等公共设施；③饮用水水源、水厂以及水源保护区；④车站、码头（依法经许可从事危险化学品装卸作业的除外）、机场以及通信干线、通信枢纽、铁路线路、道路交通干线、水路交通干线、地铁风亭以及地铁站出入口；⑤基本农田保护区、基本草原、畜禽遗传资源保护区、畜禽规模化养殖场（养殖小区）、渔业水域以及种子、种畜禽、水产苗种生产基地；⑥河流、湖泊、风景名胜区、自然保护区；⑦军事禁区、军事管理区；⑧法律、行政法规规定的其他场所、设施、区域。

119. ABCD 【解析】根据《全国生态环境保护纲要》，江河源头区、重要水源涵养区、水土保持的重点预防保护区和重点监督区、江河洪水调蓄区、防风固沙区和重要渔业水域等重要生态功能区，在保持流域、区域生态平衡，减轻自然灾害，确保国家和地区生态环境安全方面具有重要作用。对这些区域的现有植被和自然生态系统应严加保护，通过建立生态功能保护区，实施保护措施，防止生态环境的破坏和生态功能的退化。

120. BCD 【解析】根据《农用地土壤环境管理办法（试行）》第 12 条的规定，农田灌溉用水应当符合相应的水质标准，防止污染土壤、地下水和农产品。禁止向农田灌溉渠道排放工业废水或者医疗污水。向农田灌溉渠道排放城镇污水以及未综合利用的畜禽养殖废水、农产品加工废水的，应当保证其下游最近的灌溉取水点的水质符合农田灌溉水质标准。